中学教科書ワーク　学習カード
ポケットスタディ
47都道府県
社会 地理

🔊 音声つき

○ どの都道府県？ 　　北海道地方

ヒント
1. 面積日本一！
2. 大規模な農業が盛ん
3. 古くからアイヌの人々が住んでいた

1

○ どの都道府県？ 　　東北地方

ヒント
1. りんごの生産量日本一！
2. 「ねぶた祭」が有名
3. 有名な伝統産業は漆器の津軽塗

縄文時代の大規模な集落跡である三内丸山遺跡があるよ

2

○ どの都道府県？ 　　東北地方

ヒント
1. リアス海岸が続く三陸海岸
2. 沖合に潮目（潮境）があってよい漁場
3. 南部鉄器が有名

3

○ どの都道府県？ 　　東北地方

ヒント
1. 冷害に強い品種，「ひとめぼれ」を開発
2. 仙台七夕まつりは夏の風物詩
3. 東北で唯一の政令指定都市がある

杜の都！

4

○ どの都道府県？ 　　東北地方

ヒント
1. 銘柄米の「あきたこまち」
2. 夏は「竿燈まつり」
3. 青森県との県境に世界遺産の「白神山地」

5

○ どの都道府県？

ヒント
1. さくらんぼの生産量日本一
2. 「はえぬき」，「つや姫」などの銘柄米
3. 天童将棋駒が有名

JN096427

米作りや果樹栽培が行われているよ

6

○ どの都道府県？ 　　東北地方

ヒント
1. ももの生産が盛ん
2. 郡山市内の高速道路沿いに工業団地
3. 有名な伝統産業は漆器の会津塗

常磐炭鉱が閉山してから温泉を活用してテーマパークに

7

○ どの都道府県？ 　　関東地方

ヒント
1. 白菜やねぎなどの近郊農業が盛ん
2. 筑波研究学園都市
3. 霞ヶ浦がある

8

○ どの都道府県？ 　　関東地方

ヒント
1. いちごの生産量日本一
2. かんぴょうの生産が盛ん
3. 群馬などとともに北関東工業地域の一部

9

○ どの都道府県？ 　　関東地方

ヒント
1. 嬬恋村などで高原野菜を栽培
2. こんにゃくいもの生産が盛ん
3. ここを含む北関東は冬にからっ風が吹く

昔は製糸が盛ん！

10

○ どの都道府県？ 　　関東地方

ヒント
1. さいたま新都心
2. 首都圏の水害を防ぐ地下の放水路がある
3. 小松菜の生産が盛ん

11

北海道　◎札幌市

❶面積の特徴は？
❷○○な農業が盛ん
❸古くから住む先住民族の人々は？

\ズバッ/と答えて！

使い方

音声も
聞けるよ！

●切り取ってリングなどでとじましょう。
●カードは表からも裏からも使えます。
●それぞれの地図の縮尺は異なります。

https://www.kyokashowork.jp/so11.html

岩手県　◎盛岡市

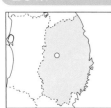

❶リアス海岸で有名
❷暖流と寒流が出会う場所は何？
❸鉄瓶や茶釜で有名な伝統的工芸品は？

\ズバッ/と答えて！

青森県　◎青森市

❶生産量１位の果物
❷東北三大祭りの１つ，青森○○祭
❸この県で有名な伝統的工芸品は？

\ズバッ/と答えて！

秋田県　◎秋田市

❶産地や品種が登録された米は？
❷東北三大祭りの１つ
❸隣の県との県境にある世界自然遺産

\ズバッ/と答えて！

宮城県　◎仙台市

❶やませが原因で起こる農業への被害は？
❷仙台市の夏祭り
❸人口が多く特別な権限をもつ大都市

\ズバッ/と答えて！

福島県　◎福島市

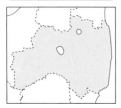

❶県を代表する果物
❷高速道路のそばに工場を集めたのは？
❸会津地方の有名な伝統的工芸品は？

\ズバッ/と答えて！

山形県　◎山形市

❶佐藤錦などが有名で生産が盛んな果物
❷銘柄米の○○や○○
❸天童市で作られる伝統的工芸品は？

\ズバッ/と答えて！

栃木県　◎宇都宮市

❶とちおとめで有名な農産物
❷盛んにつくられる工芸作物
❸関東内陸の工業地域

\ズバッ/と答えて！

茨城県　◎水戸市

❶大消費地に近い農業
❷大学や研究機関が移転した都市
❸日本で２番目に大きい湖

\ズバッ/と答えて！

埼玉県　◎さいたま市

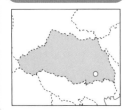

❶さいたま○○○に東京の一部機能を分散
❷春日部市の地下にある放水路が防ぐ災害
❸生産が盛んな野菜

\ズバッ/と答えて！

群馬県　◎前橋市

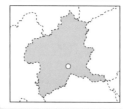

❶キャベツなど冷涼な気候を生かす野菜
❷盛んにつくられる工芸作物
❸内陸の冬の乾いた風

\ズバッ/と答えて！

どの都道府県？　関東地方

ヒント
1. 成田国際空港がある
2. 石油化学工業が盛んな京葉工業地域
3. 落花生の生産量日本一

近郊農業による野菜の生産も盛ん！

12

どの都道府県？　関東地方

ヒント
1. 首都。政治や経済の中枢で，世界都市
2. 過密が深刻化
3. 伊豆諸島，小笠原諸島も含む

「小笠原諸島」は世界遺産

約1000km

13

どの都道府県？　関東地方

ヒント
1. 横浜市で「みなとみらい21」を再開発
2. 京浜工業地帯の中心
3. 三浦半島で1年中生花を栽培

鎌倉には，鎌倉幕府が置かれたよ

14

どの都道府県？　中部地方

ヒント
1. 米の生産が特に盛ん
2. 信濃川・阿賀野川の下流に越後平野
3. 燕市などで地場産業の金属加工が盛ん

おせんべいなどの米菓，おもちの生産量も日本一

15

どの都道府県？　中部地方

ヒント
1. チューリップの球根栽培が盛ん
2. アルミニウム加工や製薬が盛ん
3. 黒部川で水力発電

くすり〜

16

どの都道府県？　中部地方

ヒント
1. 金沢市はもと城下町
2. 輪島塗・加賀友禅などの伝統的工芸品
3. 北陸新幹線で関東と結び付く

和菓子も発展

17

どの都道府県？　中部地方

ヒント
1. 鯖江市の眼鏡枠
2. 越前和紙などの伝統的工芸品が有名
3. 恐竜の化石が発掘された

杉田玄白の出身地

18

どの都道府県？　中部地方

ヒント
1. 甲府盆地に扇状地が広がる
2. もも・ぶどうの生産が盛ん
3. ワインをつくるワイナリーが多い

果物の生産は，おもに扇状地で行われているよ

19

どの都道府県？　中部地方

ヒント
1. 高原野菜のレタスの生産量が日本一
2. 諏訪盆地で精密機械工業が発達
3. 旧中山道の宿場町の町並みが人気

日本で一番多い8つの県と接しているよ

20

どの都道府県？　中部地方

ヒント
1. 濃尾平野に輪中地帯
2. 白川郷の合掌造りは世界遺産
3. 多治見市でファインセラミックスを生産

白川村の合掌造り集落は世界遺産！

21

どの都道府県？　中部地方

ヒント
1. 焼津港は遠洋漁業基地の代表
2. 茶の生産量日本一
3. 製紙や楽器の生産が盛んな東海工業地域

22

どの都道府県？　中部地方

ヒント
1. 自動車工業が盛ん
2. 中京工業地帯の中心
3. 東海の中心で名古屋大都市圏を形成

豊田市

23

東京都 ◎東京
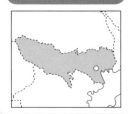
❶政治・経済・文化で世界と結び付く都市
❷人口が集中して起こる問題
❸世界遺産の島

\ズバッ/と答えて！

千葉県 ◎千葉市

❶日本最大の貿易額の空港
❷東京湾沿いの工業地域
❸生産量日本一の豆

\ズバッ/と答えて！

新潟県 ◎新潟市

❶生産量1位の穀物
❷日本で一番長い河川
❸北陸などで盛んな冬の副業から生まれた産業

\ズバッ/と答えて！

神奈川県 ◎横浜市

❶町を新しい目的のためにつくり直すこと
❷湾岸部の工業地帯
❸南部の冬でも温暖な半島

\ズバッ/と答えて！

石川県 ◎金沢市

❶城の周りにできた町
❷有名な○○塗
❸東京 - 金沢間を結ぶ新幹線

\ズバッ/と答えて！

富山県 ◎富山市
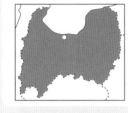
❶県内で球根の栽培が盛んな花
❷雪解け水の利用で何の金属加工が盛ん？
❸水を使った発電

\ズバッ/と答えて！

山梨県 ◎甲府市

❶山地から川が出るところに広がる傾斜地
❷生産が盛んな果樹
❸生産が盛んなぶどうからつくる酒

\ズバッ/と答えて！

福井県 ◎福井市
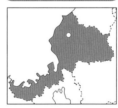
❶鯖江市で盛んに生産
❷古くから伝わる技術でつくる工芸品
❸勝山市で盛んに発掘された○○の化石

\ズバッ/と答えて！

岐阜県 ◎岐阜市

❶南部の濃尾平野で堤防に囲まれた低地
❷白川郷の伝統的な家
❸古くから陶磁器の生産で知られる市

\ズバッ/と答えて！

長野県 ◎長野市
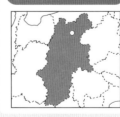
❶標高の高い高原で盛んに栽培される野菜
❷精密機械工業が盛んな○○盆地
❸昔の街道沿いの町

\ズバッ/と答えて！

愛知県 ◎名古屋市

❶最も盛んな工業
❷○○工業地帯の中心
❸三大都市圏のうち名古屋市を中心とした地域

\ズバッ/と答えて！

静岡県 ◎静岡市
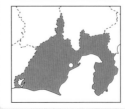
❶世界各地の海でまぐろなどをとる漁業
❷生産量日本一の工芸作物
❸沿岸部の工業地域

\ズバッ/と答えて！

どの都道府県？ 近畿地方

ヒント
1. 四日市市に石油化学コンビナート
2. リアス海岸が見られる志摩半島
3. 東海に含めることもある

「松阪牛」も特産のひとつ！ 24

どの都道府県？ 近畿地方

ヒント
1. 日本最大の湖，琵琶湖がある
2. 琵琶湖から大阪湾に淀川が流れる
3. タヌキの置物で有名な信楽焼がある

25

どの都道府県？ 近畿地方

ヒント
1. 平安京が置かれた
2. 西陣織・清水焼などの伝統的工芸品
3. 景勝地として知られる天橋立

世界遺産

26

どの都道府県？ 近畿地方

ヒント
1. 阪神工業地帯の中心
2. 高い技術をもつ中小企業の町工場が多い
3. 堺市にある大仙古墳は世界遺産に登録

江戸時代は「天下の台所」 27

どの都道府県？ 近畿地方

ヒント
1. 姫路城
2. 郊外の丘陵地を削りニュータウンを建設
3. 阪神・淡路大震災の教訓を生かしている

実は日本酒の生産量日本一！20歳になったら思い出してね

28

どの都道府県？ 近畿地方

ヒント
1. 平城京が置かれた
2. 東大寺の大仏などの文化財が多い
3. 紀伊山地ですぎやひのきの林業が盛ん

29

どの都道府県？ 近畿地方

ヒント
1. みかんの生産量日本一
2. 梅の生産量も日本一
3. 黒潮の影響で冬も気候が温暖

30

どの都道府県？ 中国・四国地方

ヒント
1. 日本最大級の砂丘
2. らっきょう，なしの生産が盛ん
3. 境港市は妖怪で町おこし

魚をつかまえる「鳥取部」がいたのが県名の由来という説があるよ

31

どの都道府県？ 中国・四国地方

ヒント
1. 「神話の里」といわれ，出雲大社が有名
2. 石見銀山は世界遺産に登録
3. 宍道湖でしじみの養殖が盛ん

世界に輸出された銀！

32

どの都道府県？ 中国・四国地方

ヒント
1. 倉敷市水島地区に石油化学コンビナート
2. 白桃・マスカットの生産が盛ん
3. 学生服の生産日本一

33

どの都道府県？ 中国・四国地方

ヒント
1. かきの養殖が盛ん
2. 瀬戸内工業地域の一部
3. 呉市や福山市には製鉄所が建設された

中濃ソース

34

どの都道府県？ 中国・四国地方

ヒント
1. 周南市には石油化学コンビナートが形成
2. 萩市が観光で人気
3. 下関市ではふぐの漁が盛ん

県西部の秋芳洞はラムサール条約に登録！

35

滋賀県　◎大津市

① 日本最大の湖
② 大阪湾に向かって①から流れる川
③ 甲賀市を中心につくられる陶器

＼ズバッ／と答えて！

三重県　◎津市

① 伊勢湾岸に石油コンビナートが広がる市
② 入り組んだ海岸
③ 三重県と中部地方の太平洋側の地域

＼ズバッ／と答えて！

大阪府　◎大阪市

① ○○工業地帯の中心
② 東大阪市の町工場など規模の小さい企業
③ 大阪市と○○市は政令指定都市

＼ズバッ／と答えて！

京都府　◎京都市

① 794年から置かれた都
② 京都市で生まれた伝統的な織物
③ 日本海側の景勝地

＼ズバッ／と答えて！

奈良県　◎奈良市

① 奈良時代に置かれていた都
② 奈良の大仏がある寺
③ 「吉野すぎ」などの林業が盛んな山地

＼ズバッ／と答えて！

兵庫県　◎神戸市

① 世界遺産の城
② 住宅地を広げるために郊外につくった町
③ 1995年に起こった震災

＼ズバッ／と答えて！

鳥取県　◎鳥取市

① 日本最大級の砂浜海岸，鳥取○○
② 生産が盛んな果物
③ 地域活性化を目指す取り組み

＼ズバッ／と答えて！

和歌山県　◎和歌山市

① 愛媛県，静岡県でも生産が盛んな果物
② 生産量日本一の果物
③ 日本の太平洋沖を北上する暖流

＼ズバッ／と答えて！

岡山県　◎岡山市

① 石油化学工業や鉄鋼業が盛んな○○市
② 丘陵地で栽培され，海外でも人気の果物
③ 生産量日本一の服

＼ズバッ／と答えて！

島根県　◎松江市

① 神話にも出てくる古い神社
② 世界遺産の史跡
③ 宍道湖で養殖しているのは？

＼ズバッ／と答えて！

山口県　◎山口市

① 石油製品を製造する工場が集まるのは？
② 武家屋敷が人気の市
③ ふぐ漁が盛んな市

＼ズバッ／と答えて！

広島県　◎広島市

① 養殖が盛んな水産物
② 瀬戸内海沿岸に広がる工業地域
③ 呉市や福山市で発達した重化学工業

＼ズバッ／と答えて！

どの都道府県？ 中国・四国地方

ヒント
1. 大鳴門橋で兵庫県の淡路島とつながる
2. 阿波踊りにたくさんの観光客
3. すだちの生産日本一

36

どの都道府県？ 中国・四国地方

ヒント
1. 瀬戸大橋で岡山県とつながる
2. 水不足に備えるためのため池がある
3. オリーブの生産量日本一

讃岐うどん

37

どの都道府県？ 中国・四国地方

ヒント
1. いよかん，まだいの生産量日本一
2. しまなみ海道で広島県とつながる
3. 今治市のタオルは地域ブランド

38

どの都道府県？ 中国・四国地方

ヒント
1. 高知平野でなすやピーマンの促成栽培
2. なすの生産量日本一
3. 過疎が進んだ馬路村はゆずで町おこし

かつおの水あげ量も多いよ！

39

どの都道府県？ 九州地方

ヒント
1. 筑紫平野に九州の人口が集中
2. 北九州工業地帯（地域）の中心
3. 公害の反省から北九州市はエコタウンに

40

どの都道府県？ 九州地方

ヒント
1. のりの生産量日本一
2. 有田焼などの伝統的工芸品が有名
3. 日本最大の干潟のある有明海

「吉野ヶ里遺跡」があるよ

41

どの都道府県？ 九州地方

ヒント
1. 対馬，五島列島など，971の島々
2. 西部は大陸棚が広がり漁業が盛ん
3. 島原半島に雲仙岳

42

どの都道府県？ 九州地方

ヒント
1. 大きなカルデラを形成した阿蘇山がある
2. 水俣市で公害病の経験を生かす取り組み
3. トマトの生産量日本一

43

どの都道府県？ 九州地方

ヒント
1. 温泉のわき出す量が日本一
2. 別府温泉や湯布院温泉が有名
3. 日本最大級の地熱発電所

温泉も地熱発電も，火山のめぐみだね

焼酎

44

どの都道府県？ 九州地方

ヒント
1. きゅうり・ピーマンの促成栽培
2. ブランド化したマンゴーが人気
3. 鶏肉（ブロイラー）の生産量が日本一

45

どの都道府県？ 九州地方

ヒント
1. 活発に活動する桜島
2. 豚の飼育頭数が日本一
3. 水はけのよいシラス台地が広がる

世界遺産「屋久島」

46

どの都道府県？ 九州地方

ヒント
1. かつての琉球王国
2. サンゴ礁の美しい海を観光に生かす
3. アメリカ軍の軍用地が多く置かれている

47

香川県 ◎高松市

❶岡山県と香川県をつなぐ橋
❷讃岐平野で水不足を防ぐ池
❸小豆島で生産が盛ん

\ズバッ/と答えて！

徳島県 ◎徳島市

❶明石海峡大橋と○○橋で本州とつながる
❷8月に行われる人気の祭り
❸生産量日本一の果物

\ズバッ/と答えて！

高知県 ◎高知市

❶温暖な気候を生かして野菜や果物を生産
❷生産量日本一の野菜
❸地域の人口が減ること

\ズバッ/と答えて！

愛媛県 ◎松山市

❶養殖が盛んな魚
❷本州四国連絡橋の尾道 - 今治ルート
❸高品質なタオルの生産が盛んな市

\ズバッ/と答えて！

佐賀県 ◎佐賀市

❶養殖で生産量日本一の水産物
❷○○焼で有名な磁器
❸❶の養殖が盛んな海

\ズバッ/と答えて！

福岡県 ◎福岡市

❶福岡県と佐賀県にかけて広がる平野
❷日本の重工業が発祥した工業地帯
❸かつて製鉄業で発展

\ズバッ/と答えて！

熊本県 ◎熊本市

❶火山の噴火でできた大きなくぼ地
❷環境モデル都市になった市
❸生産量日本一の野菜

\ズバッ/と答えて！

長崎県 ◎長崎市

❶○○や五島列島など多くの島からなる
❷大陸の周辺の水深200mまでの海底
❸島原半島に○○岳

\ズバッ/と答えて！

宮崎県 ◎宮崎市

❶促成栽培される，生産量日本一の野菜
❷ブランド化した果物
❸生産量日本一の畜産物

\ズバッ/と答えて！

大分県 ◎大分市

❶火山で温められた地下水がわき出す
❷○○温泉や湯布院温泉が有名
❸火山の熱を使う発電

\ズバッ/と答えて！

沖縄県 ◎那覇市

❶かつて栄えた国は？
❷○○の海を観光に生かす
❸置かれているのはこの国の軍用地？

\ズバッ/と答えて！

鹿児島県 ◎鹿児島市

❶薩摩半島と大隅半島の間にある火山
❷飼育頭数が日本一
❸火山の噴出物でできた台地

\ズバッ/と答えて！

帝国書院版 社会地理 もくじ

カード音声 ステージ1 ステージ2 ステージ3

写真提供：アフロ，隈部澄男，毎日新聞社，ロイター（敬称略・五十音順）
ポケットスタディ音声：那波一寿

予習・復習　こつこつ　解答　p.1

  確認のワーク ステージ**1**　**第1章　世界の姿①**

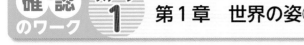 教科書の **要点**（　　　）にあてはまる語句を答えよう。

❶ 私たちの住む地球を眺めて　教 p.2〜3

↓六大陸と三大洋

● 六つの大陸と三つの大洋

◆陸地と海洋の面積の割合は約3：7。

最大の大陸は（①　　　　　　　），

最大の大洋は（②　　　　　　　）。

● 世界の地域区分

◆世界は六つの州に分けられる。

■ ユーラシア大陸▶

（③　　　　　　　　　　　）州とアジア州。

■ アジア州はさらに，日本が位置する（④　　　　　　　　）などの地域に分けられる。

地球は「水の惑星」ともよばれる美しい星だよ。

❷ いろいろな国の国名と位置　教 p.4〜7

◆世界には190余りの国がある。

◆周りを海に囲まれた国を島国といい，海に面していない国を

（⑤　　　　　　　　　　）という。

◆面積が世界最大の国は（⑥　　　　　　　　　），
<small>面積は日本の45倍</small>

世界最小の国は（⑦　　　　　　　　　）。
<small>イタリアのローマ市内にある</small>

◆人口が特に多い国の一つは（⑧　　　　　　　）。
<small>首都はペキン</small>

● さまざまな視点で世界の国を見る

▶料理や，映画や物語の舞台，盛んなスポーツなど。サンタクロースの国フィンランド，カレーの国インドなど。

◆国と国の境を（⑨　　　　　　　）という。川や湖などの自然の地形に沿って決められたものがある。

◆経線や緯線といった人間が考えた線に沿う直線的な国境をもつ国▶アフリカ大陸に多い。

■ かつてヨーロッパの国々の支配を受けたことのなごり。

↓島国と内陸国

モンゴル
内陸国

日本
島国

0　1000km

● 国名の由来から見た国々

◆コロンビアは探検家コロンブスの名前に由来する。

◆赤道近くの（⑩　　　　　　　　）は「赤道」という意味。

● 国旗に注目して見た国々

◆（⑪　　　　　　　　　）州の国旗は，南十字星が描かれたり，太平洋を象徴する青色を地色としたりするものが多い。イギリスの国旗の「ユニオンジャック」を取り入れた国旗もある。

↓いろいろな国境

山脈に沿った国境　　経線・緯線に沿った国境
河川に沿った国境
海峡に沿った国境

📖 教科書の 資料 次の問いに答えよう。

(1) 世界で最も面積の大きい大陸を，右の地図中から選びなさい。

（　　　　　　　　）

(2) 世界で最も面積の大きい海洋を，地図中から選びなさい。

（　　　　　　　　）

(3) 次の文の□□にあてはまる数字をそれぞれ書きなさい。

①（　　　　） ②（　　　　）

地球の全体の面積からすると，陸地は約 ① ，海洋は約 ② の割合となっており水の惑星とよばれる。

(4) 地図中のウラル山脈の東側の州を何といいますか。 （　　　　　　　　　　）

📖 教科書 チェック 一問一答 次の問いに答えよう。 /10問中

★は教科書の太字の語句

① 世界の六つの大陸のうち，ユーラシア大陸と陸つづきとなっている大陸を何といいますか。 □①＿＿＿＿＿＿＿

② 世界の三つの大洋は，太平洋，インド洋ともう一つは何ですか。 □②＿＿＿＿＿＿＿

③ 世界の六つの州のうち，オーストラリア大陸などが含まれる州を何といいますか。 □③＿＿＿＿＿＿＿

④ ユーラシア大陸をヨーロッパ州とアジア州に分けているロシアの山脈を何といいますか。 □④＿＿＿＿＿＿＿

⑤ 日本のように周りを海に囲まれ，海の上に国境がある国を何といいますか。 □★⑤＿＿＿＿＿＿＿

⑥ 世界で最も面積が小さいバチカン市国が首都のローマ市内に位置している国はどこですか。 □⑥＿＿＿＿＿＿＿

⑦ 直線的な国境をもつ国は，何という大陸に多く見られますか。 □⑦＿＿＿＿＿＿＿

⑧ 名前が探検家コロンブスに由来する南アメリカ州の国はどこですか。 □⑧＿＿＿＿＿＿＿

⑨ 南アメリカ州のエクアドルの国名は何という線が国内に位置することに由来していますか。 □⑨＿＿＿＿＿＿＿

⑩ オセアニア州の国の国旗のデザインに取り入れられているイギリスの国旗を何といいますか。 □⑩＿＿＿＿＿＿＿

 知識の泉 北半球と南半球では，季節が逆になります。12月のクリスマスのころは，北半球にある日本では冬ですが，南半球に位置するオーストラリアでは夏になります。

予習・復習　こつこつ　解答 p.1

教科書の 要 点 （　　）にあてはまる語句を答えよう。

❶緯度と経度

教 p.8～9

地球上の位置を表す緯度と経度

◆（① 　　　　　　）▶地球を南北に分ける角度。

　■同じ緯度を結んだ線が緯線。

　■（② 　　　　　　）を 0 度の緯線とする。

◆赤道より北側は**北緯**，南側は**南緯**と表す。赤道から北極

　点または南極点までそれぞれ**90度**に分かれる。

◆（③ 　　　　　　）▶地球を東西に分ける角度。

　■同じ経度を結んだ線が経線。

　■ 0 度の経線を（④ 　　　　　　）という。

　この経線は，イギリスのロンドンを通る。

◆**本初子午線**より東側は**東経**，西側は**西経**と表す。

　■東西に**180度**ずつ分かれる。

　■東経180度の経線と西経180度の経線は同じもの。

緯度と経度で位置を示す

◆緯度と経度▶地球上の位置を住所の番地のように正確に表す

　ことができる。

❷地球儀と世界地図の違い

教 p.10～11

地球儀と世界地図の違い

◆地球を小さくした模型である（⑤ 　　　　　　）▶距離や

　面積，形，方位などを正しく表す。

◆（⑥ 　　　　　　）の世界地図▶

　（⑦ 　　　　　　）の地球をそのまま表せな

　い→目的ごとにいろいろな地図がある。

◆緯線と経線が（⑧ 　　　　　　）に交わる地

　図▶昔は船で海を渡る際に使われていた。緯度が高

　くなるほど，実際の面積より（⑨ 　　　　　　）

　く表される。

◆面積が正しい地図▶距離と方位は表せない。

◆（⑩ 　　　　　　）からの距離と方位が正しい地図▶図の

　中心からは距離と方位は正しく表される。

　■中心以外の地点どうしの距離と方位は正しくない。

◆それぞれの地図の特徴を知って目的にあわせて使うことが大

　切。

↓緯線と経線

ロンドン　北極点　本初子午線（経度度0度の線）

北緯　緯線（横の線）

西経　経線（縦の線）

赤道（緯度 0度の線）　南緯　南極点　東経

↓中心からの距離と方位が正しい地図

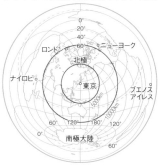

↓緯線と経線が直角に交わる地図

↓8方位の表し方

北

北西　　北東

西　　　　　東

南西　　南東

南

😊まるごと暗記　😊**赤道** 緯度0度　**本初子午線** 経度0度　😊**地球儀** 距離，方位，面積などが正しい

教科書の 資料 　次の問いに答えよう。

(1) 右の世界地図は，中心からの何と方位が正しい地図ですか。
（　　　　　　　　）

(2) 東京から10000km以内の範囲にすべてが含まれる大陸名を書きなさい。
（　　　　　　　　）

(3) 地図中の都市のうち，東京から最も離れているものはどれですか。
（　　　　　　　　）

(4) ニューヨークは，東京から見ておよそどの方位に位置していますか。最も適当な八方位を ┈┈ から選びなさい。
（　　　　　　　　）

> 北東　　北西　　南東　　南西

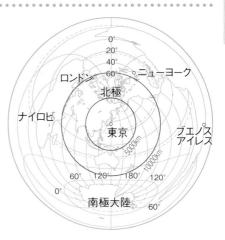

教科書 一問一答（チェック）　次の問いに答えよう。

/10問中

★は教科書の太字の語句

1 緯度と経度

①地球の中心から地表を見たとき，地球を南北に分ける角度が同じところを結んだ線を何といいますか。
★① ＿＿＿＿＿＿＿＿＿

②緯度は，赤道を0度として南北にそれぞれ何度までありますか。
② ＿＿＿＿＿＿＿＿＿

③地球の中心から地表を見たとき，地球を東西に分ける角度が同じところを結んだ線を何といいますか。
★③ ＿＿＿＿＿＿＿＿＿

④経度は，本初子午線を0度として東西にそれぞれ何度までありますか。
④ ＿＿＿＿＿＿＿＿＿

⑤0度の③が通り，旧グリニッジ天文台があるイギリスの都市はどこですか。
⑤ ＿＿＿＿＿＿＿＿＿

⑥③を表すすべての線が結んでいる地点は，北極点とどこですか。
⑥ ＿＿＿＿＿＿＿＿＿

2 地球儀と世界地図の違い

⑦距離や面積，形，方位などを正しく表す，地球を小さくした模型を何といいますか。
★⑦ ＿＿＿＿＿＿＿＿＿

⑧⑦に代わって，平面で世界全体を見渡すことができるように作られた地図を何といいますか。
★⑧ ＿＿＿＿＿＿＿＿＿

⑨緯線と経線が直角に交わる地図で，緯度が高くなるほど大きく表されるものは距離と何ですか。
⑨ ＿＿＿＿＿＿＿＿＿

⑩中心からの距離が正しい地図で，もう一つ正しく表されるものは何ですか。
⑩ ＿＿＿＿＿＿＿＿＿

知識の泉　北緯40度の緯線は，日本では東北地方の秋田県を通ります。秋田県の年間平均気温は，同じ緯度にあるスペインのマドリードよりも約3度，低くなります。

こつこつ テスト直前 解答 p.1

定着のワーク ステージ**2** **第1章 世界の姿**

1 地球を眺めて 右の地図を見て，次の問いに答えなさい。

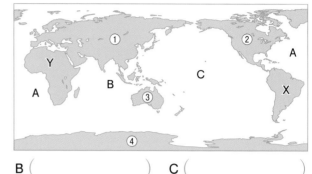

よく出る (1) 地図中の①～④の大陸名を書きなさい。

①（　　　　　　　）
②（　　　　　　　）
③（　　　　　　　）
④（　　　　　　　）

よく出る (2) 地図中の**A**～**C**の大洋名を書きなさい。　A（　　　　　　　）　B（　　　　　　　）　C（　　　　　　　）

(3) 世界の六つの州のうち，地図中の**X**・**Y**の州名をそれぞれ書きなさい。　X（　　　　　　　）　Y（　　　　　　　）

(4) 地球の表面積全体を10としたとき，陸地対海洋のおよその割合を次から選びなさい。　（　　　　　　　）

ア　3対7　　イ　4対6　　ウ　5対5　　エ　6対4

> **ヒントの森**
> (3)大陸の名前と州の名前が同じです。
> (4)陸よりも海のほうが多くなっています。

2 いろいろな国の国名と位置 右の地図を見て，次の問いに答えなさい。

(1) 現在，世界には，いくつ余りの国がありますか。次から選びなさい。　（　　　　）

ア　150　　イ　170
ウ　190　　エ　210

(2) 地図中の国旗をもつ，**X**の国を何といいますか。
（　　　　　　　）

(3) 次の文にあてはまる国を　　からそれぞれ選びなさい。

① 「寒い」という意味の国名である，地図中の**A**の国。
（　　　　　　　）

② 面積が世界で2番目に広い地図中の**B**の国。
（　　　　　　　）

③ 首都にバチカン市国が位置する国。　（　　　　　　　）

④ 内陸国にあたる国。　（　　　　　　　）

> エクアドル　　チリ　　カナダ　　インド
> イタリア　　エジプト　　オランダ　　モンゴル

> **ヒントの森**
> (2)ユニオンジャックという国旗です。
> (3)①南アメリカ州にある2文字の国名の国です。②ロシアに次いで大きく日本の26倍の面積です。③首都はローマです。④海に面していない国です。

❸ **緯度と経度** 右の地図を見て，次の問いに答えなさい。

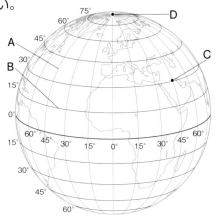

(1) 地図中の**A**のような地球の東西の位置を示す線を何といいますか。（　　　　　　）

(2) (1)のうち，0度の線を特に何といいますか。（　　　　　　）

(3) (2)の線が首都の郊外を通っている国を次から選びなさい。（　　　）
　　ア　アメリカ　　イ　イギリス
　　ウ　ロシア　　　エ　中国

(4) 地図中の**B**など，地球の南北の位置を示す線を何といいますか。（　　　　　　）

(5) (4)のうち，0度の線を特に何といいますか。（　　　　　　）

(6) 地球を(5)の線を境に二つに分けたとき，北側の部分を何といいますか。（　　　　　　）

(7) 次の文中の□□にあてはまる語句をそれぞれ書きなさい。
　　①（　　　　　）　②（　　　　　）
　　地図中Cの地点を，緯度と経度を用いて表すと□①□30度，□②□45度と表される。

(8) 地図中Dの地点を何といいますか。（　　　　　　）

ヒントの森
(3)旧グリニッジ天文台を(2)の線が通ります。
(7)緯度は北緯または南緯，経度は東経または西経で表します。
(8)北緯90度の地点です。

❹ **地球儀と世界地図の違い** 次の地図を見て，あとの問いに答えなさい。

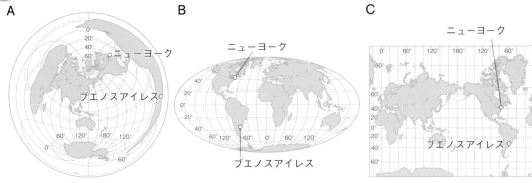

(1) **A**〜**C**の世界地図の特色を次からそれぞれ選びなさい。
　　A（　　　）　**B**（　　　）　**C**（　　　）
　　ア　二つの地点を結んだ直線上では，経線に対して常に同じ角度になる。
　　イ　中心からの距離と方位が正しく表される。　　ウ　面積が正しく表される。

(2) 次の文中の□□にあてはまる語句をそれぞれ選びなさい。
　　①（　　　　　）　②（　　　　　）
　　Cでは，高緯度での面積が実際よりも①｜小さく　大きく｜表される。また，示された都市のうち，東京の東に位置するのは，②｜ニューヨーク　ブエノスアイレス｜である。

ヒントの森
(2)①グリーンランドの大きさを比べましょう。②方位が正しい地図で考えましょう。

予習・復習 こつこつ 解答 p.2

確認のワーク ステージ**1** 第2章　日本の姿①

📖 教科書の **要点** （　）にあてはまる語句を答えよう。

❶ 世界の中での日本の位置 教 p.14〜15

●緯度・経度で見た日本の位置

◆日本は，緯度では，およそ北緯20度から50度の間。アメリカ合衆国や中国，アフリカ大陸北部から（①　　　　　　）南部などと同じくらい。イタリアなどが位置する地域

◆経度では，およそ東経120度から155度の間。オーストラリアや（②　　　　　　）の東部などと同じくらい。面積が世界最大の国

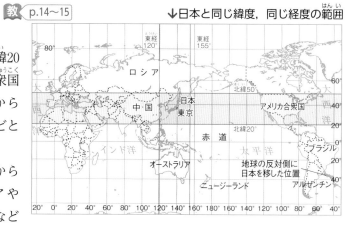

↓日本と同じ緯度，同じ経度の範囲

●世界の他地域から見た日本の位置

◆日本の位置は，大陸や海，国との関係から表せる。

■ 大陸との関係では，（③　　　　　　）の東にある国。

■ アメリカ合衆国から見ると▶（④　　　　　　）を挟んで海の向こうにある島国。三つの大洋の一つ

■ 韓国から見ると，日本海を挟んで（⑤　　　　　　）にある隣国。方位

◆ヨーロッパを中心にすると，最も東にある東アジアは**極東**ともいう。

❷ 時差でとらえる日本の位置 教 p.16〜17

●地球上における位置と時差の関係

◆地球はほぼ24時間で1回転（360度）する。

■ 経度が（⑥　　　　　　）度違うと**1時間**の差。360÷24

◆世界の国々は，（⑦　　　　　　）を決め，それに合わせた時刻を標準時として使用している。標準時の基準となる経線

■ 日本は，兵庫県明石市を通る東経（⑧　　　　　　）度の経線を標準時の基準としている。

◆二つの地域の標準時の差▶時差という。

◆日付を調節するため，（⑨　　　　　　）上のほぼ180度の経線に沿って，（⑩　　　　　　）が設けられている。

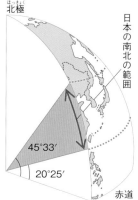

↓緯度でみた日本の南北の範囲

北極

日本の南北の範囲

45°33′

20°25′

赤道

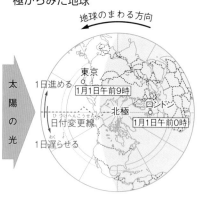

↓東京が1月1日午前9時のときに北極からみた地球

地球のまわる方向

太陽の光

東京 1日進める 1月1日午前9時

北極

ロンドン 1月1日午前0時

日付変更線

1日遅らせる

教科書の 資料　次の問いに答えよう。

(1) 地図中のAは，日本の時刻の基準となる経線です。この線が通る県を次から選びなさい。（　　　　　）

山梨県　愛知県
奈良県　兵庫県

(2) 地図をもとにすると，Aの線が通る明石市とカイロの経度の差は何度ですか。（　　　　　）度

(3) (2)より，日本とカイロでは，それぞれの地域の時刻に何時間の差がありますか。（　　　　　）時間

教科書 一問一答 次の問いに答えよう。 /10問中

★は教科書の太字の語句

① 世界の中での日本の位置

①世界の大陸のうち，北部が日本と同じくらいの緯度にある大陸はどこですか。　①＿＿＿

②日本と同じくらいの経度にある，大陸全体が一つの国となっているオセアニア州の国はどこですか。　②＿＿＿

③ユーラシア大陸との位置関係からいうと，日本は，この大陸のどの方位の側にありますか。　③＿＿＿

④韓国から見ると，日本は，何という海を挟んだ隣国であるといえますか。　④＿＿＿

⑤ヨーロッパから見て東側にある地域であることから，日本など東アジアの地域を何といいますか。　⑤＿＿＿

⑥近東とよばれる地域と，⑤の地域の間に位置することから，西アジア諸国を何といいますか。　⑥＿＿＿

② 時差でとらえる日本の位置

⑦世界の国々が，基準となる経線をもとに定めている，それぞれの時刻を何といいますか。　★⑦＿＿＿

⑧⑦を決めるにあたり，基準となる経線の上を太陽が通る時刻を何といいますか。　★⑧＿＿＿

⑨基準となる経線の経度差が15度あるごとに1時間生じる，二つの地域の⑦の差を何といいますか。　⑨＿＿＿

⑩日付を調節するための日付変更線は，ほぼ何度の経線に沿って設けられていますか。　⑩＿＿＿

知識の泉　日本の標準時子午線の経度は，本初子午線を基準に，15度の倍数にあたる東経135度と定められました。兵庫県明石市のこの経線上には，現在，天文科学館が建っています。

予習・復習 こつこつ 解答 p.2

確認のワーク ステージ**1**　第2章　日本の姿②

教科書の 要点 （　）にあてはまる語句を答えよう。

1 日本の領域とその特色 教 p.18〜21

● 日本の領域

◆ 一つの国の範囲を（①　　　　　　　）といい，領土，領海，領空からなる。日本の領海は海岸線から12海里（約22.2km）の範囲。

◆ 日本の領土は，北海道と本州，四国，九州の四つの大きな島と数千の小さな島々からなり，国土面積は約（②　　　　　　　）万km²である。

● 海の資源の利用と排他的経済水域

◆ 領海の外側，海岸線から（③　　　　　　　）海里（約370km）までは**排他的経済水域**で，沿岸国に水域内の資源を利用する権利がある。

◆ 日本近海は**水産資源**や**鉱産資源**が豊富にある。

■ 排他的経済水域を守る取り組みが行われている。
■ **接続水域**▶領海の外側で海岸線から24海里。

● 日本の領土／北方領土・竹島・尖閣諸島

◆ 日本の領域は，各国が守るべき（④　　　　　　　）に基づいて定められてきた。

◆（⑤　　　　　　　），択捉島，色丹島，歯舞群島からなる
北方領土▶（⑥　　　　　　　）が不法に占拠。

◆ 竹島▶（⑦　　　　　　　）が不法に占拠。

◆ 尖閣諸島▶日本固有の領土。
（⑧　　　　　　　）などが領有権を主張。

2 都道府県と県庁所在地 教 p.22〜23

● 都道府県の成り立ち▶廃藩置県で始まる。

◆（⑨　　　　　　　）の都道府県がある。
都は東京，道は北海道，府は大阪と京都，それ以外は県。

● 都道府県庁所在地の成り立ち／都道府県の境界

◆（⑩　　　　　　　）所在地▶都道府県議会なども置かれ，政治などの中心。

◆ 都道府県境が，**未確定**の所や**飛び地**もある。

↓領土・領海・領空の模式図

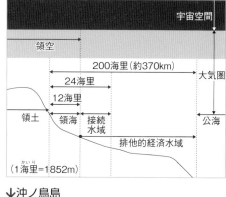
宇宙空間
領空
200海里（約370km）
24海里
12海里
大気圏
領土　領海　接続水域　公海
排他的経済水域
（1海里＝1852m）

↓沖ノ鳥島

↓都道府県庁所在地

0　200km

札幌
前橋　盛岡
金沢　仙台
神戸 大津　宇都宮
松山　松江　水戸
　　　　　さいたま
　　　甲府　横浜
津　名古屋
高松
那覇

まるごと暗記 ⦿**領域** 領土・領空・領海　⦿**排他的経済水域** 海岸線から200海里以内の領海をのぞく範囲

📖 教科書の 資料 次の問いに答えよう。

(1) 地図中の①〜④の島は，それぞれ日本の北端，南端，東端，西端に位置しています。①〜④の島名を次からそれぞれ選びなさい。

①（　　　　　　　）　②（　　　　　　　　）
③（　　　　　　　）　④（　　　　　　　　）

| 与那国島 | 択捉島 | 沖ノ鳥島 | 南鳥島 |

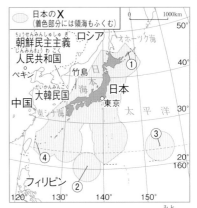

(2) 日本の海岸線から12海里までの海を何といいますか。
（　　　　　　　　　　　　　）

(3) 地図中の X は，沿岸国である日本に，水産資源や海底の鉱産資源を管理する権利が認められている海域です。この海域を何といいますか。　（　　　　　　　　　　　　　　）

📖 教科書 **チェック** 一問一答 次の問いに答えよう。

/10問中

★は教科書の太字の語句

1 日本の領域とその特色

①一つの国の範囲である領域は，領土，領海のほかに何からなりますか。

☐①★＿＿＿＿＿＿＿＿＿＿

②日本の領土を構成する四つの大きな島は，北海道，四国，九州ともう一つは何ですか。

☐②＿＿＿＿＿＿＿＿＿＿

③領海の外側にあり，海岸線から24海里までの水域のことを何といいますか。

☐③★＿＿＿＿＿＿＿＿＿＿

④ロシアが不法に占拠している，国後島，択捉島，色丹島，歯舞群島からなる領土を何といいますか。

☐④★＿＿＿＿＿＿＿＿＿＿

⑤韓国が不法に占拠している，日本海にある島根県の島を何といいますか。

☐⑤★＿＿＿＿＿＿＿＿＿＿

⑥東シナ海にある日本が管理する沖縄県の島々で，中国などが領有権を主張する島々を何といいますか。

☐⑥★＿＿＿＿＿＿＿＿＿＿

2 都道府県と県庁所在地

⑦都道府県のしくみが始まった，明治政府が行った政策を何といいますか。

☐⑦＿＿＿＿＿＿＿＿＿＿

⑧現在の日本の都道府県のうち，府であるものは大阪とどこですか。

☐⑧＿＿＿＿＿＿＿＿＿＿

⑨都道府県庁所在地のうち，都道府県名と異なる名前となっている北海道の都市はどこですか。

☐⑨＿＿＿＿＿＿＿＿＿＿

⑩都道府県の境界線のうち，未確定ながらも富士山の山頂を境界線とするのは静岡県とどこですか。

☐⑩＿＿＿＿＿＿＿＿＿＿

 知識の泉 南鳥島や沖ノ鳥島が含まれる小笠原諸島は，大陸と地続きになったことがなく，貴重な生物が生育していることから，2011年に世界自然遺産に登録されました。

こつこつ　テスト直前　解答 p.3

定着のワーク ステージ2　第2章　日本の姿

1 世界の中での日本の位置　右の地図を見て，次の問いに答えなさい。

(1) 地図中の——は日本の範囲を示す緯線です。a・bにあてはまる緯度を次からそれぞれ選びなさい。

a （　　　　）
b （　　　　）

ア　南緯20度　　イ　北緯20度
ウ　北緯30度　　エ　北緯40度
オ　北緯50度

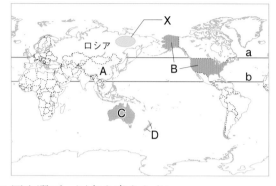

(2) 地図中**A〜D**のうち，次の文にあてはまる国を選び，国名を書きなさい。

① 日本とほぼ同じ緯度にある国（2つ）

（　　，　　　　）（　　，　　　　）

② 日本とほぼ同じ経度にある国

（　　，　　　　）

(3) ロシアの**X**のあたりから見ると，日本はどの方位にある国といえますか。　　　　（　　　　　）

ヒントの森
(1)aは日本の北端，bは日本の南端あたりを通る緯線です。

2 時差でとらえる日本の位置　右の地図を見て，次の問いに答えなさい。

(1) 地図中の**A**は日本の標準時子午線です。この経線の経度は何度ですか。

（　　　　　）

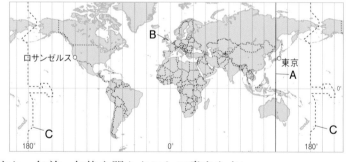

(2) **B**国は，0度の経線を基準に標準時を定めています。東京が1月1日午前10時であるとき，**B**国は何月何日何時ですか。午前・午後を明らかにして書きなさい。

（　　　月　　　日　　　　　）

(3) 次の文中の　　にあてはまる数字をそれぞれ書きなさい。

① （　　　　　）　② （　　　　　）

ロサンゼルスは，西経120度の経線を基準に標準時を定めている。ロサンゼルスと東京では，標準時子午線の経度差は，①　度なので，時差は②　時間である。

(4) **C**は，日付を調節するために経度180度の線にほぼ沿って設けられています。この線を何といいますか。

（　　　　　　　）

ヒントの森
(2)標準時子午線どうしの経度差が15度につき1時間の時差が生じます。
(3)東経の地域と西経の地域との時差を考える場合は，東経側と西経側の経度を加えて計算します。

3 日本の領域とその特色　右の地図を見て，次の問いに答えなさい。

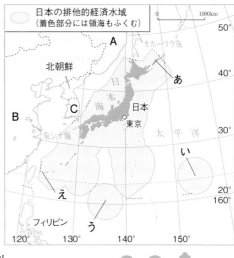

日本の排他的経済水域
（着色部分には領海もふくむ）

(1) ①与那国島，②南鳥島を地図中**あ**〜**え**からそれぞれ選びなさい。

①（　　　　）　②（　　　　）

(2) 日本の領海は，海岸線から何海里までの範囲にあたりますか。（　　　　）

(3) 排他的経済水域内で沿岸国のみに認められる権利を次から2つ選びなさい。

（　　　　）（　　　　）

ア　魚などの水産資源を利用する権利

イ　船や航空機で通行する権利

ウ　海底の鉱産資源を利用する権利

エ　海底ケーブルやパイプラインを敷設する権利

(4) 次の①〜③にあてはまる島をあとから一つずつ選びなさい。

①（　　　　）　②（　　　　）　③（　　　　）

① A国が不法に占拠している島々の一つである。

② 沖縄県に属すが，近年，B国が領有権を主張している。

③ C国が不法に占拠している。

ア　尖閣諸島　　イ　歯舞群島　　ウ　竹島

第1部
第2章

4 都道府県と県庁所在地　右の地図を見て，次の問いに答えなさい。

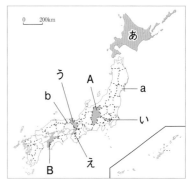

(1) 地図中**あ**〜**え**のうち，東京都を選びなさい。（　　　　）

(2) 現在の日本の都道府県のうち，県の数はいくつですか。（　　　　）

(3) A県とB県の昔の「国」の名を次からそれぞれ選びなさい。

A（　　　　）

B（　　　　）

ア　加賀　　イ　信濃　　ウ　伊予　　エ　薩摩

(4) a県とb県の県庁所在地の都市名をそれぞれ書きなさい。

a（　　　　）　b（　　　　）

(5) 都道府県庁所在地や都道府県境の説明について，誤っている文を次から選びなさい。（　　　　）

ア　かつては城下町や港町として栄えていた。

イ　都道府県議会など，都道府県の政治の中心的機関がある。

ウ　都道府県境は，山地や河川など，地形に沿って引かれる場合が多い。

エ　都道府県境はすべての都道府県で確定している。

実力判定テスト　ステージ3　総合問題編　第1章　世界の姿　第2章　日本の姿　30分　/100

1 右の地図を見て，次の問いに答えなさい。

4点×9（36点）

(1) 地図1について，次の問いに答えなさい。

① X・Yの海洋名をそれぞれ書きなさい。

② 地図中にかかれていない大陸を2つ書きなさい。

③ 世界で最も面積の大きいAにある国を何といいますか。

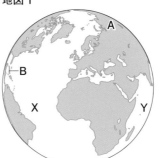

地図1

地図2

④ B国のような，国全体が海に囲まれている国を何といいますか。

(2) 次のさくいんが示す都市を，地図2中ア～エからそれぞれ選びなさい。

① 45G6S　　② 45E5S

(3) 地図2中あ～うのうち，本初子午線にあたるものを選びなさい。

(1)	① X		Y			
	②			③		④
(2)	①		②		(3)	

2 右の地図を見て，次の問いに答えなさい。

(3)完答，4点×5（20点）

(1) 地図中の東京について，次の問いに答えなさい。

① 東京から最も距離が近い都市を，地図中から選びなさい。

② 東京から真東に進んだときに最初に到達する大陸は何ですか。

(2) 地図中の赤道が通る国を次から選びなさい。

ア　インド　　　イ　エクアドル

ウ　モンゴル　　オ　オーストラリア

中心からの距離と方位が正しい地図

(3) 地図中Xの地点の緯度と経度をそれぞれ書きなさい。

(4) 右のような世界地図を地球儀と比べたとき，不便な点を簡単に書きなさい。

(1)	①		②		(2)	
(3)	緯度		経度			
(4)						

目標	世界の大陸や海洋，国をおさえる。 緯度・経度や地図の使い方をおさえる。 時差や日本の領域をおさえる。	自分の得点まで色をぬろう！

自分の得点まで色をぬろう！
😣がんばろう！　　　😊もう一歩　😄合格！
0　　　　　　　　　　　　60　　80　　100点

③ 右の地図を見て，次の問いに答えなさい。　　4点×6（24点）

(1) 日本とほぼ同じ緯度にある国を次から
　　2つ選びなさい。
　　ア　イタリア　　　イ　ブラジル
　　ウ　イギリス　　　エ　ノルウェー
　　オ　ガーナ　　　　カ　イラン

(2) 日本を地球の反対側に移した位置に最
　　も近い国を，地図中ア〜エから選びなさい。

 (3) 日本の位置関係について，日本から最も距離が近い大陸と方位にふれて，簡単に説明し
　　なさい。

(4) 本初子午線を基準とする標準時より時刻が早いのは東経・西経のどちらの地域ですか。

 (5) ニューヨークの標準時子午線は西経75度です。東京が1月1日午後4時であるとき，
　　ニューヨークは何月何日何時にあたるか，午前・午後を明らかにして書きなさい。

(1)		(2)		(3)	
(4)				(5)	

④ 次の問いに答えなさい。　　4点×5（20点）

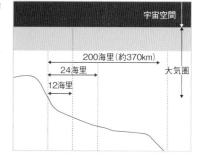

(1) 右の図のうち，排他的経済水域にあたる部分を，図中
　　に斜線を引いて示しなさい。

(2) 日本の国土の端から端まで，最も長いところの距離を
　　次から選びなさい。
　　ア　1000km　　イ　1500km　　ウ　3000km

(3) 次の文にあてはまる都道府県の県庁所在地を[　　]から
　　選びなさい。
　　① ロシアが不法に占拠する北方領土が属する。
　　② 与那国島や尖閣諸島が属する。

松江市　　那覇市　　金沢市　　仙台市　　札幌市

 (4) (1)の排他的経済水域はどのような海域ですか。「沿岸国」の語句を使って簡単に書きな
　　さい。

(1)	図中に図示	(2)		(3) ①		②	
(4)							

実力判定テスト ステージ3 資料活用・思考力問題編
第1章 世界の姿
第2章 日本の姿
こつこつ　解答 ▶ p.4
30分　/100

① 右の地図を見て，次の問いに答えなさい。　5点×6（30点）

(1) 地図中のパリは，さくいんでは次のように書かれています。下線部の意味を，あとからそれぞれ選びなさい。

　　パリ　…　a45　bF　c6　dN

　ア　範囲内の南北の位置　イ　ページ
　ウ　緯線間（行）の位置　エ　経線間（列）の位置

(2) 次の①・②の都市は，地図帳のさくいんではどのように表示されますか。(1)を参考に書きなさい。
　①　ベルン
　②　ブリュッセル

(1) a		b		c		d	
(2) ①				②			

② 次の地図を見て，あとの問いに答えなさい。　5点×6（30点）

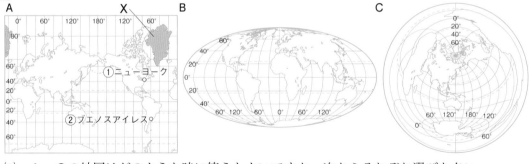

(1) A〜Cの地図はどのような時に使うとよいですか。次からそれぞれ選びなさい。
　ア　東京からの距離を調べる。　　イ　複数の国の面積と形を調べる。
　ウ　大陸や島の面積を比べる。　　エ　都市の緯度と経度の違いを調べる。

(2) Aの地図のXの島は，Bの地図ではどのように表されていますか。Xの島にあたる部分を，Bの地図にぬりなさい。

(3) Aの地図の①，②の都市は東京からどちらの方位にありますか。地図を参考にして，16方位で書きなさい。

(1) A		B		C		(2)	図中に表記
(3) ①				②			

第1部
第1章 第2章

3 右の地図を見て，次の問いに答えなさい。　　5点×3（15点）

(1) ロシアやアメリカ合衆国のような国は，国内にいくつもの標準時を設けています。これらの国の特徴を簡単に書きなさい。

(2) 地図中のロンドンを通る**X**の経線を何といいますか。

(3) 日本の空港を午前9時50分に出発した飛行機が，ロンドンの空港に同じ日の午後1時に到着しました。飛行時間は何時間何分でしたか。

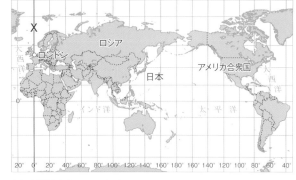

(1)			
(2)		(3)	

4 次の問いに答えなさい。　　5点×5（25点）

資料1　主な国の排他的経済水域の面積

ア　排他的経済水域の面積 701万km²　／ 769万km² 国土面積
イ　191 ／ 541
ウ　38 ／ 447
エ　27 ／ 483
※排他的経済水域の面積に領海も含む。

資料2　沖ノ鳥島

(1) 排他的経済水域は，沿岸から何海里の範囲ですか。

(2) 資料1中の**ア～エ**のうち，日本を示すものを選びなさい。

(3) (2)で選んだ日本の排他的経済水域の面積の特色を，簡単に書きなさい。

(4) 資料2の沖ノ鳥島が護岸工事をされている理由を，簡単に書きなさい。

(5) 日本の略地図を，解答欄の緯線・経線を参考にしてかきなさい。

(1)	海里	(2)	
(3)			(5)
(4)			

確認のワーク ステージ**1** 第1章 人々の生活と環境①

教科書の要点 ( )にあてはまる語句を答えよう。

① 世界のさまざまな生活と環境　教 p.26〜29

↓さまざまな気候帯の雨温図

●世界のさまざまな気候

◆**熱帯**▶一年中暑く降水量が多い地域。

- ■ (①　　　　　　　) **気候**…一年中雨が多い。

- ■ **サバナ気候**…(②　　　　　　　) と乾季がある。

◆**乾燥帯**▶雨がとても少ない地域。

- ■ (③　　　　　　　) **気候**…砂や岩の砂漠が広がる。

- ■ (④　　　　　　　) **気候**…少しだけ雨が降る。
  草原が広がり、遊牧が行われる

◆**温帯**▶四季の変化がはっきりしている地域。

- ■ (⑤　　　　　　　) **気候**…日本など。夏と冬の気温の

  差が大きく、一年を通して降水量が多い。

- ■ **西岸海洋性気候**…ヨーロッパの大西洋岸など。一年を通

  して気温と降水量の差が (⑥　　　　　　　)。
  偏西風や暖流の影響を受ける

- ■ **地中海性気候**…地中海沿岸など。

  (⑦　　　　　　　) に雨が多く、夏に乾燥。

◆**亜寒帯（冷帯）**▶夏が短く、冬の寒さが厳しい。

  (⑧　　　　　　　) の森林が広がる。
  葉が細く針状の樹木

◆**寒帯**▶一年中寒さが厳しい。

- ■ (⑨　　　　　　　) **気候**…夏の間だけ氷がとけ

  てわずかにこけ類が生える。

- ■ (⑩　　　　　　　) **気候**…一年中氷と雪に覆わ

  れる。

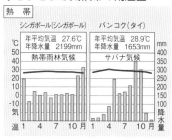

熱帯

シンガポール（シンガポール）	バンコク（タイ）
年平均気温 27.6℃ 年降水量 2199mm	年平均気温 28.9℃ 年降水量 1653mm
熱帯雨林気候	サバナ気候

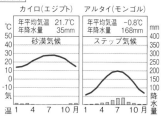

乾燥帯

カイロ（エジプト）	アルタイ（モンゴル）
年平均気温 21.7℃ 年降水量 35mm	年平均気温 -0.8℃ 年降水量 168mm
砂漠気候	ステップ気候

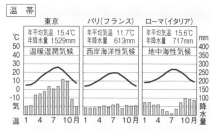

温帯

東京	パリ（フランス）	ローマ（イタリア）
年平均気温 15.4℃ 年降水量 1529mm	年平均気温 11.7℃ 年降水量 613mm	年平均気温 15.6℃ 年降水量 717mm
温暖湿潤気候	西岸海洋性気候	地中海性気候

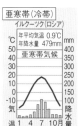

亜寒帯（冷帯）

イルクーツク（ロシア）
年平均気温 0.9℃ 年降水量 479mm
亜寒帯気候

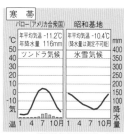

寒帯

バロー（アメリカ合衆国）	昭和基地
年平均気温 -11.2℃ 年降水量 116mm	年平均気温 -10.4℃ （降水量は測定不可）
ツンドラ気候	氷雪気候

（「理科年表」2020年、ほか）

② 暑い地域の暮らし　教 p.30〜31

●インドネシアの位置と自然／暑い地域での暮らし

◆熱帯に位置し、(⑪　　　　　　　) という一時的

  な強い雨が毎日のように降る。

◆緑の葉が一年中茂る (⑫　　　　　　　) という森

  林が広がる。

◆伝統的な家は、木材や木の葉を使った高床の家。
  熱や湿気がこもらないための工夫
  人々は汗を吸いやすく風通しのよい衣服を着る。

◆キャッサバやタロいもなどのいも類、米が主食。
  タピオカなどに加工される

●外国人観光客の増加と生活の変化

◆観光開発が進む影響で、熱帯林が減少。

↓高床になっている家

😊まるごと暗記　😊**熱帯** 暑くて雨が多い　😊**西岸海洋性気候** 年間の降水量の差が小さい

📖教科書の 資料　次の問いに答えよう。

(1) 赤道を中心に広がる気候帯を，右の地図から選びなさい。

（　　　　　　　　）帯

(2) 日本が含まれる気候帯を，右の地図から選びなさい。

（　　　　　　　　）帯

(3) 次の文の▢にあてはまる語句をそれぞれ書きなさい。

① （　　　　　　　）

② （　　　　　　　）

世界の気候帯

パリ　ローマ　アルタイ　イルクーツク　バロー
カイロ　　　　　　　　　東京　　北回帰線
　　　　　　バンコク
　　　　シンガポール　　赤　道
　　　　　　　　　　　南回帰線
（W. P. ケッペン原図（1923年発表）ほか）
昭和基地

熱帯	乾燥帯	温帯	亜寒帯	寒帯
▢熱帯雨林気候	▢ステップ気候	▢西岸海洋性気候	■亜寒帯	▢ツンドラ気候
■サバナ気候	▢砂漠気候	▢温暖湿潤気候	（冷帯）気候	▢氷雪気候
		▢地中海性気候		

第2部
第1章

乾燥帯は，雨がとても ① という特徴（とくちょう）がある。亜寒帯は，夏と冬の気温の差が ② 。

📖教科書 チェック 一 問 一 答　次の問いに答えよう。　/10問中

★は教科書の太字の語句

1 世界のさまざまな生活と環境

① 五つの気候帯のうち，一年中暑くて四季の変化がなく，降水量が多い気候帯を何といいますか。
★①＿＿＿＿＿＿＿

② 五つの気候帯のうち，雨がとても少ない気候帯を何といいますか。
★②＿＿＿＿＿＿＿

③ ②の気候帯の地域で行われている，移動（いどう）しながら家畜（かちく）を飼育（しいく）することを何といいますか。
③＿＿＿＿＿＿＿

④ 五つの気候帯のうち，四季の変化がはっきりしている気候帯を何といいますか。
★④＿＿＿＿＿＿＿

⑤ ④のうち，西岸海洋性気候に影響（あた）を与える，一年中同じ向きで吹（ふ）く風を何といいますか。
⑤＿＿＿＿＿＿＿

⑥ 五つの気候帯のうち，短い夏と寒さの厳しい冬があり，夏と冬の気温の差が大きい気候帯を何といいますか。
★⑥＿＿＿＿＿＿＿

⑦ 五つの気候帯のうち，一年中寒さが厳しく，樹木（じゅもく）が育たない気候帯を何といいますか。
★⑦＿＿＿＿＿＿＿

2 暑い地域の暮らし

⑧ 赤道が通っていて①の気候帯が分布（ぶんぷ）している，スマトラ島やジャワ島などからなる国はどこですか。
⑧＿＿＿＿＿＿＿

⑨ ⑧の国でタロいもなどとともに主食とされてきた，タピオカなどに加工されるいも類を何といいますか。
⑨＿＿＿＿＿＿＿

⑩ ⑧の国で，観光地の開発や農地の拡大などによって減少しているのはどのような森林ですか。
★⑩＿＿＿＿＿＿＿

知識の泉　五つの気候帯のうち，世界全体で最も大きな面積を占めているのは乾燥帯です。日本の大部分が含まれる温帯は，世界全体では最も割合が小さくなっています。

予習・復習 こつこつ 解答 p.5

ステージ1 第1章　人々の生活と環境②

教科書の 要点 （　）にあてはまる語句を答えよう。

1 乾燥した地域の暮らし　教 p.32〜33

↓砂漠の中のオアシス

●アラビア半島の位置と自然／乾燥した地域での暮らし

◆アラビア半島▶広大な（①　　　　　　　）が広がる。
　　　　　　　　雨が少なく草木が育たない
　■人々は水が得られる**オアシス**周辺で暮らす。

◆農地に水を引く（②　　　　　　　）により，小麦や
なつめやしを栽培。らくだや羊の**遊牧**。

◆強い日ざしや砂ぼこりから身を守るための，長袖で丈
の長い衣服を使用。日干しれんがの家。

●買い物をめぐる生活の変化

◆伝統的な市場のほか，都市化が進んだ地域では大型の

（③　　　　　　　）が見られるようになった。
　　　　　　　暑い日でも快適

遊牧で育てたらくだや羊を焼いた料理をよく食べるんだって。

2 温暖な地域の暮らし　教 p.34〜35

●スペインの位置と自然／地中海性気候の下での暮らし

◆スペインは（④　　　　　　　）の沿岸に位置し，気候は
　　　　　　　ヨーロッパ南部の海
（⑤　　　　　　　）のうちの**地中海性気候**。
　四季の変化がある気候帯

◆夏の強い日ざしをさえぎり，はねかえすために，窓を小さく
し，壁を石灰で白く塗った家がみられる。

↓スペインの窓によろい戸がある建物

◆オリーブ，オレンジなどかんきつ類，ぶどうなどを栽培。
　　　乾燥に強い
●伝統と現代の生活文化の共存

◆昼食後に長く休憩をとる（⑥　　　　　　　）とよばれる習
慣を廃止する動きが見られる。

◆強い日ざしを生かした（⑦　　　　　　　）発電が増加。

3 寒い地域の暮らし　教 p.36〜37

●シベリアの位置と自然／寒さが厳しい地域での暮らし

◆シベリアは，（⑧　　　　　　　）の北に広がる地域。**亜寒**
　　　　　　　　ヨーロッパとアジアにまたがる大陸
帯（冷帯）や（⑨　　　　　　　）にあたる。
　　　　　　　　一年中寒さが厳しい気候帯
◆**永久凍土**がとけないように（⑩　　　　　　　）になってい
　　　　　　　　　　　　　　建物の熱が伝わらないようにする工夫
る建物が多い。

◆保温性の高い毛皮のコートや帽子を利用。

●外国文化の流入と生活の変化

◆航空機や鉄道で外国製品が流入し新鮮な野菜や果物が冬でも
買えるようになった。日本や韓国の家電製品も輸入。

　■外国製品・文化が生活に溶け込む。

↓永久凍土の断面

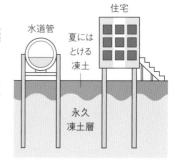
住宅
水道管
夏にはとける凍土
永久凍土層

教科書の 資料 次の問いに答えよう。

(1) ①～③の雨温図が示す気候を　　　からそれぞれ選びなさい。
①（　　　　　　）
②（　　　　　　）
③（　　　　　　）

> 砂漠気候　　亜寒帯　　地中海性気候

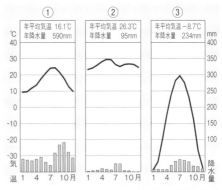

①　年平均気温 16.1℃　年降水量 590mm

②　年平均気温 26.3℃　年降水量 95mm

③　年平均気温 -8.7℃　年降水量 234mm

（「理科年表」2020年, ほか）

第2部
第1章

(2) 砂漠気候の地域に見られる水が得られる場所を何といいますか。　（　　　　　　）

(3) 次の文中の　　　にあてはまる季節をそれぞれ書きなさい。　①（　　　　　）②（　　　　　）

:::　地中海性気候の地域では, ① に乾燥し, ② に雨が多く降る。

教科書 チェック 一問一答 次の問いに答えよう。

/10問中

★は教科書の太字の語句

❶ 乾燥した地域の暮らし

①西アジアに位置し, 乾燥した砂漠が広がっている半島を何といいますか。
□① ＿＿＿＿＿＿＿＿＿

②乾燥した地域などで行われている, 水路を通して農作物に与えるための水を引くことを何といいますか。
□★② ＿＿＿＿＿＿＿＿＿

③乾燥した地域などで行われている, 移動しながら家畜を飼育することを何といいますか。
□★③ ＿＿＿＿＿＿＿＿＿

④乾燥した地域で住居に利用される, こねてかためた土を太陽の熱で乾かしたものを何といいますか。
□④ ＿＿＿＿＿＿＿＿＿

❷ 温暖な地域の暮らし

⑤スペインなどに分布している, 四季の変化がある温暖な気候帯を何といいますか。
□★⑤ ＿＿＿＿＿＿＿＿＿

⑥酢漬けにしたりオイルにしたりする, スペインの食卓に欠かせないものとなっている農作物は何ですか。
□⑥ ＿＿＿＿＿＿＿＿＿

⑦スペインで習慣として行われてきた, 昼食後にとる長い休憩を何といいますか。
□⑦ ＿＿＿＿＿＿＿＿＿

❸ 寒い地域の暮らし

⑧ユーラシア大陸の北に広がる, 冬の寒さが厳しい地方を何といいますか。
□⑧ ＿＿＿＿＿＿＿＿＿

⑨⑧の地方の最も北に分布する, 一年中寒さが厳しい気候帯を何といいますか。
□★⑨ ＿＿＿＿＿＿＿＿＿

⑩⑧の地方にみられる, 一年を通して凍ったままになっている土壌を何といいますか。
□★⑩ ＿＿＿＿＿＿＿＿＿

知識の泉　シベリアでは, 冬には気温が-30℃以下になる日が多くなります。シベリア東部のオイミャコンでは, -71.2℃という最低気温が観測されています。

確認のワーク　ステージ1　第1章　人々の生活と環境③

教科書の 要点 （　）にあてはまる語句を答えよう。

❶ 高地の暮らし 　教 p.38〜39

↓民族衣装を着た女性とアルパカ

● アンデス山脈の位置と自然／高地での暮らし

◆ アンデス山脈▶（① 　　　　　　　）を標高が高く寒いところで栽培。標高がやや低いところではとうもろこし

■ リャマや（② 　　　　　　　）の放牧。
毛を衣服に活用

● 家の壁の材料には，石や日干しれんがが使われる。

● 現代化と観光地化による生活の変化

◆（③ 　　　　　　　）を使う人が増え，連絡を取りやすくなった。インターネットを利用し，海外の情報も入手。

■ 世界遺産のマチュピチュなどに多くの観光客が訪れる。

❷ 世界各地の衣食住とその変化 　教 p.40〜41

↓世界各地の主な食べ物

● 伝統的な生活の変化

◆ 住居▶世界にはその土地の気候や生活習慣に合う伝統的住居がある。

■ コンクリート製の家が増加。

◆ 主食▶（④ 　　　　　　　）は雨が
古くから日本の主食
多い地域で，（⑤ 　　　　　　　）は比較的雨が少ない地域で栽培。

■ 近年は，ほかの地域の食文化が生活に浸透。
和食中心の日本・洋食，ファストフード

◆ 衣服▶地域の気候の違いを反映。現在では世界中にTシャツなどが定着。

主な食べ物
□米　□とうもろこしなど　□小麦・肉など　□肉と乳
■小麦　■いも類　■麦類とじゃがいも　■その他

（朝日百科　世界の食べ物ほか）

結婚式や祭りでは，伝統的な文化が受け継がれていることが多いよ。

❸ 人々の生活と宗教の関わり 　教 p.42〜43

● 生活や文化と宗教▶衣食住，生活習慣，生き方などに影響。

↓世界の主な宗教の分布

◆（⑥ 　　　　　　　）…ヨーロッパ，南北アメリカ，オセアニアに分布。世界で最も信者が多い。聖書，教会。

◆（⑦ 　　　　　　　）…アフリカ北部，西・中央・東南アジアに分布。
メッカが聖地

◆（⑧ 　　　　　　　）…東南アジア，東アジアに分布。

■キリスト教　□ヒンドゥー教
■イスラム教　□その他の宗教
■仏教

（注）斜線の地域は，複数の宗教の混合地域。
（Alexander Atlas 2002ほか）

● ヒンドゥー教とインドの人々の生活

◆ インドで人口の8割の人々が（⑨ 　　　　　　　）を信仰。
牛を神聖な動物とする

■（⑩ 　　　　　　　）という身分制度→憲法で差別を禁止。
差別が今も残る

📖 教科書の 資料 次の問いに答えよう。

(1) 右の地図中の①～③にあてはまる
宗教名を書きなさい。

①（　　　　　　　　　）

②（　　　　　　　　　）

③（　　　　　　　　　）

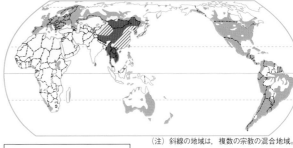

(注) 斜線の地域は，複数の宗教の混合地域。

■①　□②　▦③

(Alexander Atlas 2002ほか)

(2) 世界には特定の民族や地域との結
び付きが強い宗教があります。これ
らのうち，地図中のインドで盛んに
信仰されている宗教を何といいますか。

（　　　　　　　　　　　　　　）

(3) (2)にあてはまる宗教の信者が食べてはならないとされているのは何の肉ですか。

（　　　　　　　　　　　　　　）

第2部
第1章

📖 教科書 チェック 一問一答 次の問いに答えよう。

/10問中

★は教科書の太字の語句

1 高地の暮らし

①標高4000mを超える高地に人々が暮らしている，南ア
メリカ大陸西部に連なる山脈を何といいますか。

① _____

②①の山脈の高地の標高2000～3000mくらいの所で栽培
されている農作物は何ですか。

② _____

③①の山脈の高地で，アルパカとともに飼育されている
家畜を何といいますか。

③ _____

2 世界各地の衣食住とその変化

④各地域で作られる農作物と関係が深い，日常の食事の
中心となる食べ物を何といいますか。

★
④ _____

⑤日本や中国南部，東南アジアなどで栽培され，④とし
て食べられているものは何ですか。

⑤ _____

⑥すりつぶして粉にし，主にパンやパスタなどに加工し
て食べられているものは何ですか。

⑥ _____

3 人々の生活と宗教の関わり

⑦キリスト教の最大の祝日の一つである，キリストの誕
生を祝う行事を何といいますか。

⑦ _____

⑧イスラム教を信仰する人々が1日5回その方角に向
かって祈りをささげる聖地はどこですか。

⑧ _____

⑨イスラム教を信仰する人々が，休日である金曜日に集
まる礼拝堂を何といいますか。

⑨ _____

⑩イスラム教を信仰している人々が食べない動物は何で
すか。

⑩ _____

 知識の泉 インドでは，街なかで多くの牛を見かけます。インドで信仰が盛んなヒンドゥー教では，牛が
神様の乗り物である神聖な動物と考えられ，大切に扱われています。

こつこつ　テスト直前　解答 p.6

定着のワーク　ステージ2　第1章　人々の生活と環境

1 世界のさまざまな生活と環境　右の地図を見て，次の問いに答えなさい。

よく出る

(1) 右の地図は，世界の気候帯の分布を示しています。地図中のA〜Eにあてはまる気候帯をそれぞれ書きなさい。

A（　　　　　　　）
B（　　　　　　　）
C（　　　　　　　）
D（　　　　　　　）
E（　　　　　　　）

（W. P. ケッペン原図（1923年発表）ほか）

A	B	C	D	E
□熱帯雨林気候	□ステップ気候	□西岸海洋性気候	□亜寒帯	□ツンドラ気候
■サバナ気候	■砂漠気候	■温暖湿潤気候	（冷帯）気候	■氷雪気候
		▨地中海性気候		

(2) 地図中Aの気候帯のうち，サバナ気候にあたる雨温図を右から選びなさい。　（　　　）

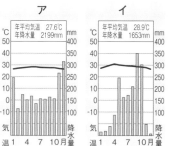

ア　年平均気温 27.6℃　年降水量 2199mm

イ　年平均気温 28.9℃　年降水量 1653mm

(3) 地図中Cの気候帯は3つに分けられます。次の文にあてはまる気候名をそれぞれ書きなさい。
　① 日本が含まれる気候
　　（　　　　　　　　　）
　② ヨーロッパの大西洋岸などの気候　（　　　　　　　）

(4) 地図中Dの気候帯に広がる森林では，主にどのような樹木が見られますか。　（　　　　　　　　　）

ヒントの森

(1)一般に，赤道付近が最も気温が高く，緯度が高くなるに従い涼しくなります。

(2)Aは一年中雨が多い気候と雨季と乾季がある気候に分かれます。

(3)あと1つは地中海性気候。

(4)細長い葉をもちます。

2 世界各地の人々の暮らし　右の地図を見て，次の問いに答えなさい。

(1) 地図中Aで栽培が盛んな農作物を次から2つ選びなさい。
　（　　　）（　　　）

ア　オレンジ　　　イ　タロいも
ウ　じゃがいも　　エ　ぶどう

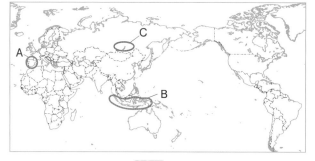

(2) 地図中Bに広がる，一年中緑が茂る森林を何といいますか。
　（　　　　　　　　）

レベルUP

(3) 地図中Cについて，写真を見て，次の文の□にあてはまる語句を書きなさい。
　（　　　　　　　　）

地面の下の□をとかさないように，水道管が地面の上にある。

ヒントの森

(1)乾燥に強いオリーブも作られています。

(3)この地域には1年中凍ったままの土壌があります。

❸ 世界各地の衣食住とその変化　右の地図を見て，次の問いに答えなさい。

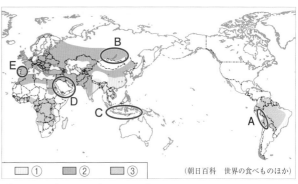

(朝日百科　世界の食べものほか)

(1) 地図中の**A～E**の地域のうち，伝統的な住居の材料として日干しれんがを用いている地域を2つ選びなさい。

　　（　　　　）（　　　　）

(2) 地図中の**B**，**C**，**D**の地域の伝統的な衣服を次からそれぞれ選びなさい。

　　B（　　　　）　**C**（　　　　）　**D**（　　　　）

ア

日ざしや砂ぼこりから身を守るため，長そでで丈が長い。

イ

寒さから身を守るため，保温性の高い毛皮のコート。

ウ

ゆったりとして風通しが良く，高温でも過ごしやすい。

(3) 地図中の①～③は，世界の主な食べ物の分布を示しています。あてはまる食べ物を次からそれぞれ選びなさい。

　　①（　　　　）　②（　　　　）　③（　　　　）

ア 小麦　　**イ** 米　　**ウ** いも類

ヒントの森
(1)日干しれんがは水に弱い素材です。伝統的な住居は手に入りやすい素材で作られます。
(2)伝統的な衣服は，地域の気候に合わせた素材を使用しています。
(3)その地域の自然環境に合う農作物が主食になります。

❹ 人々の生活と宗教の関わり　右の地図を見て，次の問いに答えなさい。

(1) 地図中の**A～C**の国で主に信仰されている宗教を，□□からそれぞれ選びなさい。

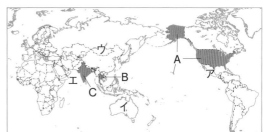

　　A（　　　　　　　　）
　　B（　　　　　　　　）
　　C（　　　　　　　　）

　　　　ヒンドゥー教　　仏教　　キリスト教　　ユダヤ教

(2) 右のカードは，ある宗教の日常生活に関わる細かいきまりを示しています。あてはまる宗教名を書き，この宗教の信仰が盛んな国を地図中**ア～エ**から選びなさい。

● 食事に左手を使わない
● 女性は肌を見せない
● 豚肉は食べない
● 1日5回聖地に向けて祈る

　　宗教（　　　　　　　　）　国（　　　　）

ヒントの森
(1)Aヨーロッパなどでも信仰されています。Bこの宗教は日本にも広まっています。

第2部
第1章

総合問題編

ステージ3　第1章　人々の生活と環境

30分　/100

1 次の地図を見て，あとの問いに答えなさい。

5点×10（50点）

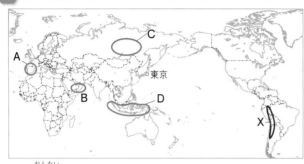

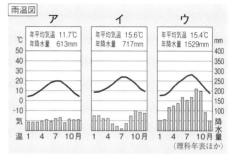

(1) 温帯について，東京にあてはまる雨温図を右のア〜ウから選び，またその気候区の名前を書きなさい。

(2) 熱帯の地域で毎日のように降る一時的な強い雨を何といいますか。

(3) 乾燥帯で盛んな，移動しながら家畜を飼育する牧畜を何といいますか。

(4) 地図中A〜Dの地域の食事について，あてはまるものを次からそれぞれ選びなさい。

　ア　夏の間に栽培した酢漬けの保存食や，川や湖の魚，肉や乳製品が冬の食卓に並ぶ。

　イ　オアシスの周辺で栽培する小麦やなつめやしのような水が少なくても育つ作物を食べている。

　ウ　乾燥に強いオリーブやかんきつ類，ぶどうが栽培されており，なかでもオリーブが食卓に欠かせない。

　エ　米を主食にするほか，育ちやすいキャッサバなどのいも類もよく食べられている。香辛料が味付けに欠かせない。

(5) 地図中Xの地域について，次の問いに答えなさい。

資料1

資料2

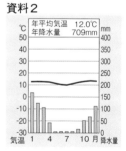

　① 資料1は，この地域の伝統的な衣服です。この衣服にあてはまることを次からすべて選びなさい。

　　ア　強い日ざしを防ぐ。

　　イ　風通しを良くする。

　　ウ　寒さを防ぐ。

　② 資料2はこの地域にある都市の雨温図です。この地域の気温と降水量の特徴を簡単に書きなさい。

(1)	記号	気候区		(2)		(3)	
(4)	A		B		C		D
(5)	①		②				

目標
- □ 世界各地の気候帯をおさえよう。
- □ 世界各地の気候と暮らしの様子をおさえよう。
- □ 世界で信仰される宗教をおさえよう。

自分の得点まで色をぬろう!

😣がんばろう | 😐もう一歩 | 😀合格!
| 0 | | 60 | 80 | 100点 |

2 右の地図を見て，次の問いに答えなさい。

6点×5（30点）

(1) 地図中A〜Cは地域の伝統的な住居^{じゅう}の材料について示しています。あてはまる住居の様子を次からそれぞれ選びなさい。

ア 石の家が多い。
イ 木の家が多い。
ウ 土の家が多い。

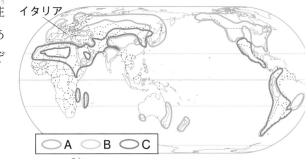

イタリア

○ A B ○ C

記述
(2) (1)のように地域ごとに住居に使われる材料が異なっている理由を，簡単に説明しなさい。

(3) 右の写真は，地図中のイタリアに見られる住居です。この住居に見られる特徴を次から選びなさい。

ア 日光が入らないように窓^{まど}が小さい。
イ 湿気^{しっけ}がこもらないようになっている。
ウ 組み立てや移動^{いどう}が短時間でできる。

(1)	A	B	C	
(2)			(3)	

第2部
第1章

3 右のグラフを見て，次の問いに答えなさい。

5点×4（20点）

よく出る
(1) 次の文の特徴にあてはまる宗教^{しゅうきょう}名を右のグラフから選びなさい。

① 信者はふだんから聖書^{せいしょ}を読んだり，日曜日などに教会の礼^{れい}拝^{はい}に参加したりしている。

② 信者は1日5回聖地^{せいち}メッカに向かって祈^{いの}りをささげる。約1か月間，日中には飲食をしない断食^{だんじき}の習慣^{しゅうかん}がある。

世界の宗教別人口の割合

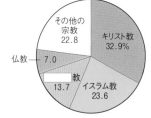

その他の宗教 22.8
キリスト教 32.9%
仏教 7.0
□教 13.7
イスラム教 23.6

(The World Almanac 2019)

(2) 右の写真は，グラフ中□の信者が多い国の様子です。次の問いに答えなさい。

① この写真が撮影^{さつえい}された国を次から選びなさい。

ア インド　イ 中国
ウ タイ　　エ パキスタン

② この宗教を何といいますか。

(1)	①		②		(2)	①		②	

こつこつ　解答 ▶ p.7

実力判定テスト　ステージ3　資料活用・思考力問題編　第1章　人々の生活と環境　30分　/100

1 次の資料を見て，あとの問いに答えなさい。

6点×9（54点）

A

B

C

D

(1) 写真A〜Dの住居に見られる特徴を，次からそれぞれ選びなさい。同じものを選んでもかまいません。

　ア　日ざしをさえぎるために，よろい戸がある。

　イ　コンクリートで造られていて，二重・三重の窓を持つ。

　ウ　屋内に熱や湿気がこもらないように高床になっている。

　エ　日干しれんがで造られている。

(2) A〜Dの住居が見られる地域の雨温図を右からそれぞれ選びなさい。

(3) Dの住居が高床になっている理由を，簡単に説明しなさい。

ア	イ	ウ	エ
年平均気温 26.3℃	年平均気温 −8.7℃	年平均気温 27.4℃	年平均気温 12.0℃
年降水量 95mm	年降水量 234mm	年降水量 1903mm	年降水量 709mm

（理科年表 2020年ほか）

(1)	A		B		C		D	
(2)	A		B		C		D	
(3)								

2 右の雨温図を見て，次の問いに答えなさい。

5点×2（10点）

(1) 2つの雨温図はどちらも温帯のものですが，違いが見られます。バルセロナの気候の特徴を簡単に書きなさい。

(2) 温帯のうち，(1)のような特徴をもつ気候区を何といいますか。

バルセロナ	東京
年平均気温 16.1℃	年平均気温 15.4℃
年降水量 590mm	年降水量 1529mm

（理科年表 2020年ほか）

(1)		(2)	

ここに注目！ 雨温図の折れ線グラフは気温，棒グラフは降水量を表すよ。最も数値の大きいところと小さいところを読み取ろう。

自分の得点まで色をぬろう！

😣がんばろう！　😅もう一歩　😊合格！

0　　　　　　　60　　80　100点

3 次の地図を見て，あとの問いに答えなさい。

6点×2（12点）

写真1

写真2

(1) 右の**写真1・2**はインドネシアの食事の
様子と街の様子を撮影したものです。この地域の食事で，
近年変化していると考えられることを，簡単に書きなさ
い。

(2) 地図中のアラビア半島では，写真のような伝統的な衣
服が見られます。このような衣服が着られてきた理由を，
この地域の気候に注目して簡単に説明しなさい。

(1)	
(2)	

4 次の資料を見て，あとの問いに答えなさい。

(1)4点×3，他6点×2（24点）

斜線の地域は，
複数の宗教の混合地域

■キリスト教　■仏教　□その他の宗教
□イスラム教　■ヒンドゥー教

（Alexander Atlas 2002ほか）

(1) 左の地図の宗教のうち，三大宗教を3つ書きなさい。

(2) (1)の宗教は，ほかの宗教に比べてどのような特徴がありますか。それぞれの宗教が信仰
されている地域に注目して簡単に書きなさい。

(3) 右の写真はインドの街の様子です。牛が街を歩いている理由を，簡単に書きなさい。

(1)			
(2)			
(3)			

予習・復習　こつこつ　解答 p.7

確認のワーク　ステージ 1　第2章　世界の諸地域
第1節　アジア州①

📖 教科書の 要点　（　）にあてはまる語句を答えよう。

❶ アジア州の自然環境　教 p.50〜51

●ユーラシア大陸に広がるアジア

◆内陸には（ ① 　　　　　　　）やチベット高原などの高地が広がる。
エベレスト山などがある山脈

●季節風が育むアジアの気候
きせつふう

◆季節風（モンスーン）が人々の生活に大きな影響を与える。海からの湿った風が吹く季節には（ ② 　　　　　　　）となり，内陸から乾いた風が吹く季節には
雨が多い
（ ③ 　　　　　　　）となる。
雨があまり降らない

↓アジア州の自然

❷ アジア州の農業・文化と経済発展

●気候と農業・食の結び付き
こうすい

◆降水量が多い平野部▶かんがいによる稲作が盛ん。（ ④ 　　　　　　　）が主食。
さくさか

◆降水量が多くない中国北部やインド西部…麺や薄く焼いたパンなどの原料となる
めんうす
（ ⑤ 　　　　　　　）などの畑作。
はたさく

◆乾燥した西アジアや中央アジア▶遊牧。
かんそう　　　　　　　　　　　　ゆうぼく

●交流により広まった宗教／人口と経済発展
しゅうきょう　　けいざいはってん

◆インド▶（ ⑥ 　　　　　　　）が生まれたが，大半はヒンドゥー教を信仰。
ちこう　朝鮮半島を経て日本にも伝わった

◆西アジア・中央アジア▶イスラム教。

◆フィリピン▶キリスト教が広まる。
きょう

◆経済発展を遂げた国では（ ⑦ 　　　　　　　）が進んだ。

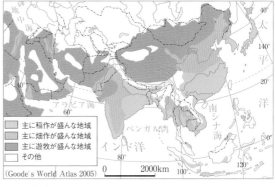
教 p.52〜53　↓アジアの農業地域

主に稲作が盛んな地域
主に畑作が盛んな地域
主に遊牧が盛んな地域
その他

(Goode's World Atlas 2005)
0　2000km

❸ 経済成長を急速に遂げた中国　シャンハイやデリーなど　教 p.54〜55

●巨大な人口と工業化による経済発展
きょだい

◆人口増加を抑えるための（ ⑧ 　　　　　　　）を見直す。
ぞうか　おさ
けいざいとっく 子どもの数を一人に制限していた

◆経済特区を設けて工業化。現在では世界中に工業製品を輸出
外国企業を招く　もう　　　　　　　　　　　　せいひん　ゆしゅつ
して「（ ⑨ 　　　　　　　）」とよばれる。

●都市の発展と残された課題▶都市化が進行。
シャンハイなどの巨大都市が出てきた　けいざいかくさ　かくだい

◆沿海部と内陸の農村部の経済格差が拡大。
えんかいぶ

◆化石燃料の大量消費で（ ⑩ 　　　　　　　）などの環境問題
かせきねんりょう　　　　　　　　　　　　空気の汚れ
が深刻化。→再生可能エネルギーの導入が進む。
さいせいかのう　　　　　　　どうにゅう
太陽光・風力の発電量が世界一

↓主な工業製品の世界生産に占める中国の割合

その他 53.7　中国 46.3% 薄型テレビ
世界 2億2722万台

その他 21.4　携帯電話 中国 78.6%
世界 17億7487万台

その他 1.8　パソコン 中国 98.2%
世界 2億7544万台

（主要電子機器の世界生産状況2015年〜2017年）

教科書の 資料 次の問いに答えよう。

(1) 中国で経済が特に発達している右の地図中の
A・Bの，都市名をそれぞれ書きなさい。

A （　　　　　　　　）

B （　　　　　　　　）

(2) 外国の企業を招く特別な制度があるＸの地区を
何といいますか。（　　　　　　　　）

(3) 次の文の□□にあてはまる語句を「内陸部」
「沿海部」のいずれかから書きなさい。

① （　　　　　　　　）　② （　　　　　　　　）

中国では，経済発展が進んだ ① とそれが不十
分な ② で経済格差が広がっている。

中国の省別・地域別１人あたりの総生産額

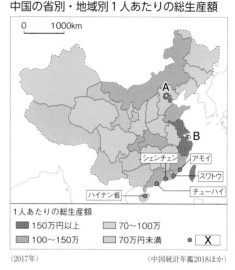

1人あたりの総生産額
■ 150万円以上　□ 70～100万
■ 100～150万　□ 70万円未満　● Ｘ

(2017年)　（中国統計年鑑2018ほか）

第2部
第2章

教科書 一問一答 チェック 次の問いに答えよう。

/10問中

★は教科書の太字の語句

1 アジア州の自然環境

①ヒマラヤ山脈の北に広がる，黄河や長江が流れ出して
いる高原を何といいますか。

□①＿＿＿＿＿＿＿＿

②アジアの気候に大きな影響を与える，季節によって吹
く向きが変わる風をカタカナで何といいますか。

□★②＿＿＿＿＿＿＿＿

2 アジア州の農業・文化と経済発展

③降水量が多い東アジアから南アジアにかけての平野部
で中心となっている農業は何ですか。

□★③＿＿＿＿＿＿＿＿

④降水量があまり多くない中国北部やインド西部で中心
となっている農業は何ですか。

□★④＿＿＿＿＿＿＿＿

⑤アラビア半島やモンゴル高原でみられる，移動しなが
ら家畜を飼育する牧畜を何といいますか。

□★⑤＿＿＿＿＿＿＿＿

⑥農作物に与えるための水を引き，農地を潤すことを何
といいますか。

□★⑥＿＿＿＿＿＿＿＿

⑦西アジアと中央アジアで信者が多く，マレーシアやイ
ンドネシアにも広まっている宗教は何ですか。

□★⑦＿＿＿＿＿＿＿＿

⑧ヨーロッパ人による布教や植民地支配によって広まっ
た，フィリピンで信者が多い宗教は何ですか。

□★⑧＿＿＿＿＿＿＿＿

3 経済成長を急速に遂げた中国

⑨中国で実施されていた，子どもの数を原則一人に制限
する政策を何といいますか。

□★⑨＿＿＿＿＿＿＿＿

⑩中国の工業製品が世界中に輸出されていることから，
中国は何とよばれていますか。

□★⑩＿＿＿＿＿＿＿＿

 知識の泉　中国では，農村部から都市部へ出稼ぎに行く人が多くなっています。帰省のシーズンには，故
郷に帰る出稼ぎの人々で交通機関がたいへん混雑します。

予習・復習　こつこつ　解答　p.8

ステージ**1**　第2章　世界の諸地域
第1節　アジア州②

教科書の 要 点 （　）にあてはまる語句を答えよう。

❶ 最も近い隣国，韓国　教 p.56〜57

● **韓国の文化／輸出で発展した工業／ソウルへの一極集中**

◆韓国語では独自の文字の（①　　　　　　　　）を使う。

■儒教の影響など，日本の文化と似ている点も多い。

◆工業▶重工業→**情報通信技術（ICT）関連産業**が中心。

◆首都のソウルへの（②　　　　　　　　）が進み，地方
との格差などの問題が生じている。　人口・政治・経済の集中

❷ 経済発展を目指す東南アジア　教 p.58〜59

● **多様な民族／稲作の伝統と輸出用の作物生産**

◆年2回同じ土地で稲を作る（③　　　　　　　　）を行う。

◆（④　　　　　　　　）という大規模な農園で，**天然ゴ
ム**や油やし，バナナなどの輸出用作物を栽培。

● **工業化と都市化**

◆工業団地に**外国企業**を受け入れて工業化を進める。
日本の企業も多く進出

◆各国で（⑤　　　　　　　　）連合（ASEAN）を結成。

◆都市化が進んだが，スラムに住む人も多い。

❸ 産業発展と人口増加が急速に進む南アジア　教 p.60〜61

● **気候の違いを生かした農業／インドのICT関連産業**

◆稲作や小麦などの畑作のほか，茶や綿花の栽培が盛ん。
アッサム地方・スリランカ　　　デカン高原

◆インド▶（⑥　　　　　　　　）の教育水準が高いことや，
（⑦　　　　　　　　）を話せる技術者が多い→**情報通信技術
（ICT）関連産業**が成長。

◆インドの農村部に多い貧困層を減らすため教育の普及を行う。

❹ 資源が豊富な中央アジア・西アジア　教 p.62〜63

● **原油と新しい産業の発展**

◆西アジアの（⑧　　　　　　　　）湾沿岸の国々では，多く産
出される原油を輸出して産業が発展。　アラブ首長国連邦などが面する

◆原油はタンカーやパイプラインを利用して輸出。

◆主な産油国は（⑨　　　　　　　　）（**OPEC**）を結成。
原油価格や生産量を決定

● **政治的に不安定な中央アジア・西アジア**

◆**レアメタル**などの鉱産資源が豊富で開発が進む。

◆紛争や政治的な問題から（⑩　　　　　　　　）が発生してい
る地域もある。

↓韓国の輸出先と輸出品目の変化

輸出先
1980年　181億ドル

アメリカ合衆国 26.0%	日本 16.8		（ホンコン）4.7	その他 42.3

サウジアラビア 5.3　　西ドイツ 4.9

2018年　6048億ドル　　　　　　日本 5.0

中国 26.8%	アメリカ合衆国 12.1			その他 40.5

ベトナム 8.0　　（ホンコン）7.6

輸出品目
1980年　181億ドル

衣類 16.3%	機械類 13.3	繊維品 12.2	鉄鋼 9.1	その他 42.3

船舶 6.8

2018年　6048億ドル

機械類 43.6%	自動車 10.0	石油製品 7.4	その他 29.3

プラスチック類 5.1　　鉄鋼 4.6

（UN Comtrade）

↓インドのICT関連産業の輸出額の推移

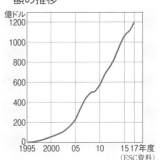

（ESC資料）

バングラデシュで縫製業が急成長しているよ。

↓原油の生産

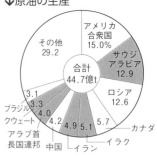

合計 44.7億t

アメリカ合衆国 15.0%
サウジアラビア 12.9
ロシア 12.6
カナダ 5.7
イラク 5.1
イラン 4.9
中国 4.2
アラブ首長国連邦 4.0
クウェート 3.3
ブラジル 3.1
その他 29.2

（2018年）　（BP資料）

📖 教科書の **資料** 次の問いに答えよう。

(1) 流域で農業が盛んな**A**，**B**の河川名と，綿花の栽培が盛んな**C**の高原名をそれぞれ書きなさい。

A （　　　　　　　　）

B （　　　　　　　　）　C （　　　　　　　　）

(2) **X**，**Y**には，「小麦」「米」のいずれかの語句があてはまります。あてはまる語句をそれぞれ書きなさい。

X （　　　　　　　　）

Y （　　　　　　　　）

(3) 茶，綿花のうち，インドのアッサム地方とスリランカの高地で共通して栽培が盛んな農作物は何ですか。（　　　　　　　　）

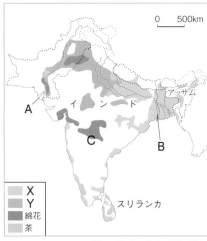

↓南アジアの農業

0　500km

アッサム

イ　ン　ド

A

C

B

スリランカ

X
Y
綿花
茶

（Alexander kombiatlas 2003，ほか）

第2部
第2章

📖 教科書 チェック **一問一答** 次の問いに答えよう。

/10問中

★は教科書の太字の語句

1 最も近い隣国 韓国

①韓国の文化に影響を与えた考え方で，年長の人や祖先を大切にする教えを何といいますか。

☐★① _____

②人口のほか，国の機関や主要な企業の本社が一極集中している韓国の首都はどこですか。

☐② _____

2 経済発展を目指す東南アジア

③東南アジアで栽培が盛んな，洗剤やマーガリンの原料となるパーム油がとれる農作物は何ですか。

☐③ _____

④東南アジアで工業化を進めるために整備されたような，工場を計画的に集めた地区を何といいますか。

☐★④ _____

⑤東南アジアのほとんどの国が加盟している，地域協力のための組織の略称を何といいますか。

☐★⑤ _____

3

⑥近年インドで成長している，情報や通信に関連する技術を用いた産業を何といいますか。

☐★⑥ _____

4 資源が豊富な中央アジア・西アジア

⑦西アジアのペルシア湾に面する国々で多く産出される資源は何ですか。

☐⑦ _____

⑧⑦の資源の輸送に用いられている管状の施設を何といいますか。

☐★⑧ _____

⑨⑦の産出国が結成している，この資源の価格や生産量を決定している組織の略称を何といいますか。

☐★⑨ _____

⑩中央アジアなどで産出される，埋蔵量が世界でも非常に少ない金属をまとめて何といいますか。

☐⑩ _____

📖知識の泉　時差の関係で，インドとアメリカは昼と夜が反対です。このことを生かして，アメリカの企業がインドにコールセンターを置き，24時間対応をするなどの動きがみられます。

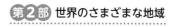

第2章　世界の諸地域
第1節　アジア州

こつこつ　テスト直前　解答 p.8

1 **アジアの自然と農業・文化**　右の地図を見て，次の問いに答えなさい。

(1)　地図中 A・B の河川名を書きなさい。

A（　　　　　　　）

B（　　　　　　　）

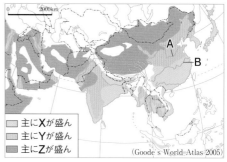

アジアの農業地域

主に X が盛ん
主に Y が盛ん
主に Z が盛ん

(Goode's World Atlas 2005)

(2)　地図中 X〜Z にあてはまる農業を　　からそれぞれ選びなさい。

X（　　　　　　　）

Y（　　　　　　　）

Z（　　　　　　　）

遊牧（ゆうぼく）
稲作（いなさく）
畑作（はたさく）

(3)　X が盛んな地域にみられる気候の特色を次から選びなさい。　　　（　　　）

ア　季節風（きせつふう）の影響（えいきょう）で降水量（こうすい）が多い。　　イ　降水量があまり多くない。

ウ　乾燥（かんそう）した気候で，降水量はほとんどない。

(4)　右の文は何という宗教（しゅうきょう）について説明していますか。

（　　　　　　　）

インドで生まれ，東南アジアやシルクロードを通って中国，日本などに伝わった。

ヒントの森

(3)気候帯を思い出して考えましょう。

(4)スリランカで信仰。

2 **中国・韓国**　次の文を読んで，あとの問いに答えなさい。

　a 人口が多い中国は，製造（せいぞう）された工業製品（せいひん）が世界中に輸出（ゆしゅつ）されていることから，「（　①　）」とよばれている。b 経済特区（けいざいとっく）を中心に発展（はってん）が著（いちじる）しい都市部と，農村部との間での（　②　）が課題になっている。同じく経済発展を遂（と）げた c 韓国（かんこく）は，祖先（そせん）を大事にする（　③　）の影響（いっきょくしゅうちゅう）を受けている。近年は首都（　④　）への一極集中が問題になっている。

(1)　（　　）にあてはまる語句をそれぞれ書きなさい。

①（　　　　　　　）　②（　　　　　　　）

③（　　　　　　　）　④（　　　　　　　）

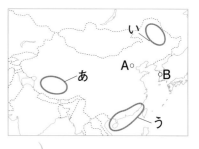

(2)　下線部 a について，現在の中国のおよその人口を次から選びなさい。　　　（　　　）

ア　約 12 億人　　イ　約 14 億人　　ウ　約 16 億人

(3)　下線部 b の位置を右の地図中あ〜うから選びなさい。（　　　）

(4)　右の地図中 A の都市名を次から選びなさい。

ア　ペキン　　イ　シャンハイ

ウ　シェンチェン

(5)　下線部 c について，右のうち，X にあたる品目を次から選びなさい。　　（　　　）

ア　機械類　　イ　衣類　　ウ　鉄鋼（てっこう）

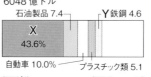

韓国の2018年の輸出品目
6048 億ドル
石油製品 7.4　　Y 鉄鋼 4.6

X
43.6%

自動車 10.0%　　プラスチック類 5.1

(2018年)　　　　　　(UN Comtrade)

ヒントの森

(2)現在，中国の人口は世界の総人口の約2割を占めています。

(3)沿海部のシェンチェンなどにつくられました。

3 **東南アジア**　右の地図を見て，次の問いに答えなさい。

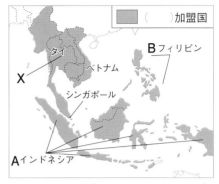

(1) 地図中Xの半島で二期作（にきさく）が行われている農作物は

何ですか。（　　　　　　　）

(2) 地図中A・Bの国々で主に輸出用に作られる農作

物を次から2つ選びなさい。（　　　）（　　　）

　　ア　オリーブ　　イ　天然ゴム

　　ウ　小麦　　　エ　バナナ

(3) (2)をつくる大規模（きぼ）な農園を何といいますか。

（　　　　　　　）

(4) 地図中（　　）にあてはまる語句を書きなさい。

(5) 次の文にあてはまる国を，地図中(4)の加盟国から選びなさい。

　　①（　　　　　　　）　　②（　　　　　　　）

　　①　東南アジアで最初に工業が発展した国。

　　②　(1)の輸出国で，自動車工業を中心に発展した国。

(6) 地図中の多くの国々の都市部で問題になっている，粗末（そまつ）な建物

が密集（みっしゅう）した地域を何といいますか。（　　　　　　　）

ヒントの森

(2)ほかに油やしなども
　栽培されます。
(5)②仏教の信仰が盛ん
(6)上下水道も整備され
　ていません。

4 **南アジア**　右の地図を見て，次の問いに答えなさい。

(1) 地図中A・Bにあてはまる河川名や地名を書きなさい。

　　A（　　　　　）　　　　B（　　　　　）

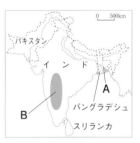

(2) Bで栽培（さいばい）が盛（さか）んな，繊維（せんい）産業の原料となる農作物は何ですか。

（　　　　　　　）

(3) インドで教育水準（すいじゅん）の高さなどから急速に成長している産業は何

ですか。

(4) 次の文の□□にあてはまる国を地図から選びなさい。

　　①（　　　　　　　）　　②（　　　　　　　）

　　島国の ① では，茶の栽培が盛んで，世界各地に輸出している。

　　 ② では衣類の輸出が急増（きゅうぞう）している。

ヒントの森

(3)パソコンやインター
　ネットに関連する産
　業です。

5 **中央アジア・西アジア**　次の問いに答えなさい。

(1) 右のグラフは，ある鉱産資源（こうさんしげん）の生産国を示（しめ）しています。こ

の鉱産資源は何ですか。（　　　　　　　）

(2) 中央アジア・西アジアについて，次の文にあてはまる語句

をそれぞれ書きなさい。　　①（　　　　　　　）

　　　　　　　　　　　　　　②（　　　　　　　）

　　この地域は天然ガスや ① （希少（きしょう）な金属）などの資源に恵（めぐ）

まれるが紛争（ふんそう）も多く起きている。中にはシリアのように，内戦

から逃（のが）れようとする多くの ② が発生している国もある。

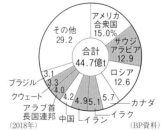

ヒントの森

(1)ペルシア湾岸で産出。

総合問題編

実力判定テスト　ステージ3

第2章　世界の諸地域
第1節　アジア州

こつこつ　テスト直前　解答 p.9

30分　/100

1 右の地図を見て、次の問いに答えなさい。

4点×14（56点）

(1) 地図中 ━━ の山脈（さんみゃく）を何といいますか。

よく出る

(2) 次の雨温図が示す都市を地図中 A 〜 C からそれぞれ選びなさい。

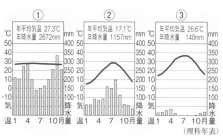

①　年平均気温 27.3℃　年降水量 2672mm
②　年平均気温 17.1℃　年降水量 1157mm
③　年平均気温 26.6℃　年降水量 140mm

（理科年表）

(3) 次の宗教（しゅうきょう）が盛（さか）んに信仰（しんこう）されている国を、地図中ア〜エから選びなさい。

①　キリスト教（きょう）　②　仏教（ぶっきょう）

(4) 右のグラフは米と小麦いずれかの国別の生産割合（わりあい）を示（しめ）しています。次の問いに答えなさい。

①　X・Yにあてはまる農作物を書きなさい。（2018年）

作図

②　グラフ中のうち、アジア州にあてはまる国に色を塗（ぬ）りなさい。

X
その他 20.0　中国 27.1%
ミャンマー
タイ 3.3
4.1
5.6
ベトナム
7.2 インドネシア 10.6
バングラデシュ
インド 22.1
合計 7億8200万t

Y
オーストラリア 2.8　その他 30.1　中国 17.9%
ドイツ 2.8
ウクライナ 3.4
パキスタン 3.4
カナダ 4.3
フランス
4.9　7.0
アメリカ合衆国
ロシア 9.8
インド 13.6
合計 7億3518万t

（FAOSTAT）

(5) 地図中の中国について、次の問いに答えなさい。

①　経済特区（けいざいとっく）について、次の文の □ にあてはまる語句を書きなさい。

沿海部（えんかい）におかれ、 Ⅰ 企業（きぎょう）を招（まね）いて工業化するために、 Ⅱ を優遇（ゆうぐう）するなど特別な制度（せいど）を設（もう）けた地区。

②　経済発展（はってん）の一方、都市部で発生した右のような深刻（しんこく）な環境問題（かんきょう）は何ですか。

記述

③　中国で長年行われていた、一人（ひとり）っ子政策（せいさく）が見直された理由を簡単（かんたん）に書きなさい。

(6) 韓国（かんこく）についてあてはまるものを次から選びなさい。

ア　首都に国の機関や企業の本社が集中し、一極集中（いっきょくしゅうちゅう）が進んでいる。

イ　工業製品（せいひん）を世界中に輸出（ゆしゅつ）しており、「世界（せかい）の工場（こうじょう）」とよばれている。

ウ　経済発展を遂（と）げた結果、沿海部と内陸部の経済格差（けいざいかくさ）の問題が深刻化している。

(1)		(2) ①		②		③	
(3) ①		②		(4) ① X		Y		② 図中に示す
(5)	① Ⅰ		Ⅱ			②	
	③				(6)		

目標	□アジア州の自然環境をおさえよう。 □アジア州の文化をおさえよう。 □各地域の産業の特徴をおさえよう。	自分の得点まで色をぬろう！

2 右の地図を見て，次の問いに答えなさい。

6点×4（24点）

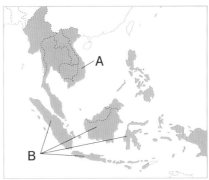

(1) 地図中の地域に移り住み，この地域の経済を支えている中国系の人々は特に何とよばれていますか。

(2) 地図中A，Bの国について，あてはまる文を次から選びなさい。

　ア　この地域で最初に工業が発展した国。

　イ　自動車工業を中心に工業が発展した。

　ウ　油やしの栽培地が広がり，海岸部の養殖池では輸出用のえびを生産している。

　エ　米の生産が盛んで，近年はコーヒーの生産量も伸びている。

(3) 地図中██の国々が加盟する組織で貿易や人の交流を活発にするための取り組みの内容を，組織の名前と「税金」の語句を使って簡単に書きなさい。

(1)		(2) A	B
(3)			

3 右の地図を見て，次の問いに答えなさい。

4点×5（20点）

(1) 地図中のA・Bの国で盛んに生産されている農産物を次から選びなさい。

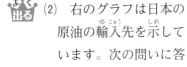
　ア　バナナ　　イ　茶　　ウ　油やし

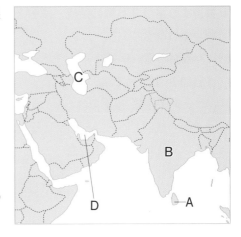

(2) 右のグラフは日本の原油の輸入先を示しています。次の問いに答えなさい。

① 沿岸に油田が多いC・Dをそれぞれ何といいますか。

② グラフ中Xにあてはまる国を書きなさい。

(3) 地図中Bの国で，情報通信技術（ICT）関連産業が成長した理由として，英語を話せる技術者が多いこと以外の理由を簡単に書きなさい。

(1)		(2) ① C	D	②
(3)				

予習・復習　こつこつ　解答　p.9

確認のワーク　ステージ1　第2章　世界の諸地域
第2節　ヨーロッパ州①

教科書の 要点 （　）にあてはまる語句を答えよう。

1 ヨーロッパ州の自然環境　教 p.68〜69

↓ヨーロッパ州の自然

●アルプス山脈が分ける自然環境

◆アルプス山脈の北側は平原や丘陵が多く，

ライン川などの（①　　　　　　）が流

れている。

　　複数の国の領域や国境を流れる河川

　■スカンディナビア半島▶氷河によって削

　られた（②　　　　　　）などの氷河

　地形が見られる。

●緯度が高いわりに温暖な気候

◆暖流の（③　　　　　　）とその上空を

吹く偏西風の影響で比較的温暖。

◆大西洋や北海に面した地域は**西岸海洋性気候**。地中海沿岸は

地中海性気候。北部や東部は**亜寒帯（冷帯）**。

◆北ヨーロッパの夏は日没後も暗くならない**白夜**がみられる。

国際河川では外国の船が自由に航行できるよ。

2 ヨーロッパ文化の共通性と多様性　教 p.70〜71

↓キリスト教の宗派の分布

●共通するキリスト教の伝統／宗教と言語

◆多くの地域で（④　　　　　　）が信仰されている。

　■宗派の違い▶（⑤　　　　　　），カトリック，正教会。

◆言語▶北西部では（⑥　　　　　　）言語，南部では

　ラテン系言語，東部では（⑦　　　　　　）言語が中心。

　■同系統の（⑧　　　　　　）の言語が変化。

　　同系統の言語は文法・発音が似ている

●多様な文化が共存する社会

◆ヨーロッパ諸国の（⑨　　　　　　）だった，アジア

やアフリカ，周辺地域からの外国人労働者が暮らす。

　ほかの国に支配された地域

（Bosatlas 2007ほか）

3 EUの成り立ちとその影響　教 p.72〜73

●国境を自由に越えられる暮らし／ヨーロッパ連合の誕生

◆ 1967年 ヨーロッパ共同体（EC）ができる。

　→ 1993年 （⑩　　　　　　）（EU）となる。

　■世界の経済や政治に大きな影響を与える存在に。

●統合による経済や人々の生活の変化

◆EU加盟国間では，国境の行き来が自由。多くの

国で共通の通貨（⑪　　　　　　）を導入。

◆加盟国からの輸入品にかかる税金をなくす。

　域内の貿易が盛んになった

↓EUとアメリカ合衆国，中国，日本の比較

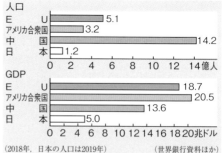

人口

EU	5.1
アメリカ合衆国	3.2
中国	14.2
日本	1.2

0　2　4　6　8　10　12　14億人

GDP

EU	18.7
アメリカ合衆国	20.5
中国	13.6
日本	5.0

0　2　4　6　8　10 12 14 16 18 20兆ドル

（2018年，日本の人口は2019年）　（世界銀行資料ほか）

🙂**アルプス山脈** ヨーロッパ中央部の山脈 🙂**EU** ヨーロッパ連合

教科書の 資料 次の問いに答えよう。

(1) 2020年現在，右の地図中の国々が加盟している
組織(そしき)を何といいますか。

（　　　　　　　）

(2) 地図中の ▨ は，(1)の組織の前身にあたる組織
の最初からの加盟国です。この組織の略称を何と
いいますか。 （　　　　　　　）

(3) 次の文の（　　）にあてはまる語句を書きなさ
い。 （　　　　　　　）

　加盟国間では，パスポートなしで自由に▢を
通過することができる。

 教科書 **チェック** 一 問 一 答 次の問いに答えよう。

/10問中

★は教科書の太字の語句

1 ヨーロッパ州の自然環境

①ヨーロッパの中央部に東西に連なる，観光地としても
知られる山脈を何といいますか。

　▢★① ＿＿＿＿＿＿＿＿＿

②スカンディナビア半島にみられるフィヨルドは，何に
よって削られてできた地形ですか。

　▢★② ＿＿＿＿＿＿＿＿＿

③ヨーロッパの気候に影響を与えている，西から東に向
かって一年中吹く風を何といいますか。

　▢★③ ＿＿＿＿＿＿＿＿＿

④大西洋や北海に面した地域にみられる，1年を通じて
安定した降水(こうすい)がある気候を何といいますか。

　▢④ ＿＿＿＿＿＿＿＿＿

⑤地中海の沿岸にみられる，夏は晴天が続いて乾燥(かんそう)する
気候を何といいますか。

　▢⑤ ＿＿＿＿＿＿＿＿＿

⑥スカンディナビア半島の大部分や東ヨーロッパ，ロシ
アに広がる気候帯を何といいますか。

　▢⑥ ＿＿＿＿＿＿＿＿＿

2 ヨーロッパ文化の共通性と多様性

⑦イタリアやスペイン，フランスなどで信仰する人が多
いキリスト教の宗派を何といいますか。

　▢★⑦ ＿＿＿＿＿＿＿＿＿

⑧ロシアやギリシャなどで信仰する人が多いキリスト教
の宗派を何といいますか。

　▢★⑧ ＿＿＿＿＿＿＿＿＿

⑨ヨーロッパ南部で多く話されている，イタリア語やス
ペイン語などを何系言語といいますか。

　▢★⑨ ＿＿＿＿＿＿＿＿＿

3 ⑩ヨーロッパ連合（EU）域内(いきない)での共通の通貨を何とい
いますか。

　▢★⑩ ＿＿＿＿＿＿＿＿＿

 知識の泉 ヨーロッパの内陸に位置するスイスは，EUには加盟していません。この国は，永久にどこの
国とも政治的同盟を結ばない「永世中立」を宣言しています。

予習・復習　こつこつ　解答 p.10

確認のワーク　**ステージ1**　第2章　世界の諸地域
第2節　ヨーロッパ州②

教科書の要点　（　）にあてはまる語句を答えよう。

1 ヨーロッパの農業とEUの影響　教 p.74〜75

● 多様な食文化を育んできた農業

◆アルプス山脈より北では，作物の栽培と家畜の飼育を組み合わせた（①　　　）。

◆北海沿岸では，乳牛を飼ってバターやチーズを生産する（②　　　）。 〈デンマークやオランダなど〉

◆アルプス山脈より南では，夏に乾燥に強い果樹，冬に小麦などを栽培する（③　　　）。 〈オレンジ，オリーブなど〉

↑混合農業の畑

● EUの目指す農業

◆（④　　　）▶EU最大の農業国で，小麦の自給率は100％を大きく上回る。

◆域内の食料自給率を上げ，域外からの輸入農産物に対抗できるように，補助金を出す政策（共通農業政策）をとってきた。

2 ヨーロッパの工業とEUの影響　教 p.76〜77

● 拡大するヨーロッパの工業地域／EU統合と航空機産業の発展

◆ドイツの（⑤　　　）工業地域などで，重工業が発展。その後，石油化学工業を経て，先端技術産業が成長。

◆EU各国が（⑥　　　）を分業で製造。

↑エアバス社の航空機製造における国際分業

● EU統合による東ヨーロッパの工業の変化

◆（⑦　　　）が低く，安く生産できる東ヨーロッパに，ドイツやフランスの企業が工場を移転。

3 EUが抱える課題　教 p.78〜79

● 拡大する経済格差／新たな統合に向けて

◆EUに新たに加盟した東ヨーロッパ諸国と西ヨーロッパ諸国との間で経済格差の問題。 〈工業化が遅れ，比較的所得が低い〉

◆EU加盟国間で補助金の負担や移民の流入などの問題。

■これらへの不満から（⑧　　　）はEUを離脱。

↑ヨーロッパの工業地域

● ヨーロッパとアジアにまたがる国，ロシア

◆ロシア連邦▶（⑨　　　）山脈を挟んでヨーロッパからアジアにまたがる。かつてはソビエト連邦の一員。国土の大部分に（⑩　　　）が広がる。

◆（⑪　　　）で原油や天然ガスをEU諸国に輸出。

ロシアは大部分が亜寒帯に属しているよ。

📖 教科書の 資料 次の問いに答えよう。

(1) 右の地図中の**A**，**B**の地域で行われている農業をそれぞれ書きなさい。

A （　　　　　　　　　　）

B （　　　　　　　　　　）

(2) 地図中の**C**は，地中海式農業（ちちゅうかいしき）が行われている地域です。この地域で夏に栽培されている乾燥に強い農産物（のうさん）を，　　　から2つ選びなさい。

（　　　　　　　　）（　　　　　　　　）

> オリーブ 　　 じゃがいも
> ライ麦 　　 オレンジ

ヨーロッパの農業地域

■ 畑
■ A
▨ B
□ C
□ その他
（森林・放牧など）

小麦栽培の北限
ぶどう栽培（さいばい）の北限
オリーブ栽培（さいばい）の北限

(Seydlitz Projekt Erdeほか)

第2部
第2章

📖 教科書 チェック 一問一答 次の問いに答えよう。

/10問中

★は教科書の太字の語句

1 ヨーロッパの農業とEUの影響

①輸出用の農産物を大量に生産している，EU最大の農業国はどこですか。

☐① ＿＿＿＿＿＿＿＿＿＿

②パンの原料となる，①の国の輸出量が世界有数となっている農産物は何ですか。

☐② ＿＿＿＿＿＿＿＿＿＿

③国内で消費（しょうひ）する食料のうちの，国内産で賄える（まかな）割合（わりあい）のことを何といいますか。

☐★③ ＿＿＿＿＿＿＿＿＿＿

2 ヨーロッパの工業とEUの影響

④古くからの工業が発達した，ルール工業地域があるヨーロッパの国はどこですか。

☐④ ＿＿＿＿＿＿＿＿＿＿

⑤時代の先端をいく技術を利用して，工業製品などを生産する産業を何といいますか。

☐★⑤ ＿＿＿＿＿＿＿＿＿＿

⑥EU各国の企業が共同で設立したエアバス社が国際分業（こくさい）のしくみによって生産しているものは何ですか。

☐⑥ ＿＿＿＿＿＿＿＿＿＿

3 EUが抱える課題

⑦西ヨーロッパと東ヨーロッパの国々の間に見られる，収入などに差がある問題を何といいますか。

☐★⑦ ＿＿＿＿＿＿＿＿＿＿

⑧補助金の負担や移民の流入などの問題に不満を抱いたイギリスが離脱した組織を何といいますか。

☐★⑧ ＿＿＿＿＿＿＿＿＿＿

⑨ロシアの国土の大部分に広がっている気候帯を何といいますか。

☐⑨ ＿＿＿＿＿＿＿＿＿＿

⑩ロシアが原油や天然ガスの輸出に利用している輸送管を何といいますか。

☐⑩ ＿＿＿＿＿＿＿＿＿＿

 知識の泉 ドイツには，中心部への自動車の乗り入れを規制するため郊外に駐車場をつくるパークアンドライド方式の市があります。排出ガスの減少や，交通渋滞の解消が期待されています。

予習・復習 こつこつ 解答 p.10

確認のワーク ステージ**1** 第2章 世界の諸地域
第3節 アフリカ州

📖 教科書の 要点 （ ）にあてはまる語句を答えよう。

❶ アフリカ州の自然環境 教 p.84～85

● 高地や台地が広がる大陸

◆（① ）▶世界最長の川。

◆（② ）▶世界最大の砂漠。

● 赤道を挟んで南北に対称な気候

◆熱帯地域▶熱帯林とその周辺にサバナ。

◆熱帯の南北に乾燥帯と温帯が分布。

◆（③ ）では，砂漠化が進行。

❷ アフリカの歴史と文化 教 p.86～87

● 植民地支配の歴史

◆16世紀，（④ ）として多く

の人々が連れていかれる。19～20世紀，大

半がヨーロッパ諸国の植民地にされる。

● 多様な民族とアフリカ／政治的・経済的団結を目指す

◆サハラ砂漠の北では主にアラビア語を使用。サハラ砂漠の南は民族によってさまざまな言語

■（⑤ ）の信者が多い。

◆植民地時代の境界線が（⑥ ）とされた所も多

く，国内の地域によって民族などが異なる国もある。

◆（⑦ ）（**AU**）などの国際機関を結成。2002年に発足

❸ 特定の輸出品に頼るアフリカの経済 教 p.88～89

● 輸出用の農産物，鉱産資源とモノカルチャー経済

◆（⑧ ）湾岸のガーナなどでは，植民地時代に

持ち込まれた**カカオ**を栽培し，輸出。

◆豊富な鉱産資源は各国の重要な輸出品。スマートフォンの液

晶などに使われる（⑨ ）を採掘。埋蔵量が世界的に少ない金属

◆アフリカの多くの国が，特定の農産物や鉱産資源の輸出に頼

る（⑩ ）経済の国となっている。

❹ アフリカが抱える課題とその取り組み 教 p.90～91

● 人口増加と生活の変化／発展に向けた取り組み

◆人口増で食料不足が発生。輸入や国際機関の支援に頼る。

◆都市の人口集中→環境問題など。人々の生活も変化。スラムの形成 スマートフォンの利用者が急増

◆工業化や新しい産業の振興。先進国や（⑪ ）民間の組織

が保健・医療活動や，道路の整備，人材育成などを支援。

↓アフリカ州の自然

農産物を適正な価格で取り引きするフェアトレードの取り組みもあるよ。

↓カカオ豆の生産国

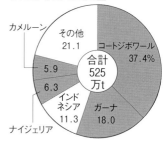

その他 21.1
カメルーン 5.9
ナイジェリア 6.3
インドネシア 11.3
ガーナ 18.0
コートジボワール 37.4%
合計 525万t

(2018年) (FAOSTAT)

↓アフリカ各国の主な輸出品

コートジボワール(2017年) 126億ドル

カカオ豆 27.9%	カシューナッツ 9.7	金 6.6	天然ゴム 6.6	その他 43.6

石油製品 5.6

ザンビア(2018年) 91億ドル

銅 75.2%	その他 24.8

ナイジェリア(2018年) 624億ドル

原油 82.3%		その他 9.9	7.8

液化天然ガス

(UN Comtrade)

 サハラ砂漠 世界最大の砂漠　　NGO 非政府組織

教科書の 資料 次の問いに答えよう。

(1) 金属の原料やエネルギー資源として利用される鉱物を何といいますか。（　　　　　　　）

(2) 右の地図中のA〜Cにあてはまる資源を，……から選びなさい。

A（　　　　　　　）

B（　　　　　　　）

C（　　　　　　　）

> 金　　ダイヤモンド　　銅

(3) 地図中のDにあてはまる，埋蔵量が非常に少ない金属を何といいますか。

（　　　　　　　）

アフリカの主な資源

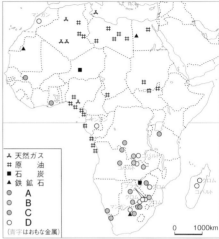

凡例
- ⋏ 天然ガス
- ♯ 原　油
- ■ 石　炭
- ▲ 鉄鉱石
- ● A
- ● B
- ● C
- ○ D

（青字はおもな金属）

0　　1000km

（Diercke Weltatlas 2008ほか）

第2部
第2章

教科書 一問一答 次の問いに答えよう。

/10問中

★は教科書の太字の語句

1 アフリカ州の自然環境

①熱帯のうち，雨季と乾季がある地域にみられる，低い木がまばらに生える草原を何といいますか。

☐① ★＿＿＿＿＿＿＿＿＿

②熱帯のうち，一年中雨が多い地域にみられる，うっそうとした森林を何といいますか。

☐② ★＿＿＿＿＿＿＿＿＿

③熱帯地域の南北に広がる，降水量がきわめて少ない気候帯を何といいますか。

☐③＿＿＿＿＿＿＿＿＿

2 アフリカの歴史と文化

④アフリカのサハラ砂漠より北の地域で主に話されている言語を何といいますか。

☐④＿＿＿＿＿＿＿＿＿

⑤16世紀からアフリカの多くの人が奴隷として連れていかれたのはどこですか。

☐⑤＿＿＿＿＿＿＿＿＿

⑥かつてアフリカの大部分がそうであったような，他国によって支配される地域を何といいますか。

☐⑥ ★＿＿＿＿＿＿＿＿＿

3

⑦コートジボワールやガーナで栽培が盛んな，チョコレートなどの原料となる農産物を何といいますか。

☐⑦＿＿＿＿＿＿＿＿＿

⑧より適正な価格で農産物の取り引きを行い，生産者の生活と自立を支える取り組みを何といいますか。

☐⑧ ★＿＿＿＿＿＿＿＿＿

4

⑨人口が集中した都市で，粗末な建物が密集し，上下水道なども整備されていない地域を何といいますか。

☐⑨＿＿＿＿＿＿＿＿＿

⑩政府とは別に，保健・医療活動など人々の生活向上のために活動する組織の略称を何といいますか。

☐⑩ ★＿＿＿＿＿＿＿＿＿

 知識の泉　サハラ砂漠の南のサヘルとよばれる地域では，植物が育たなくなる砂漠化が問題となっています。人口の増加に伴う耕作や放牧のしすぎなどが原因として指摘されています。

こつこつ　テスト直前　解答 p.10

定着のワーク　ステージ2

第2章　世界の諸地域
第2節　ヨーロッパ州／第3節　アフリカ州

1 ヨーロッパの自然・文化・統合　右の地図を見て，次の問いに答えなさい。

(1) 地図中のAの山脈名とBの河川名を書きなさい。

A（　　　　　　　）　B（　　　　　　　　）

(2) ヨーロッパ州の気候に影響を与えている地図中の①の風と，②の海流の名前をそれぞれ書きなさい。

①（　　　　　　　　　）

②（　　　　　　　　　）

(3) 地図中の国々で信者が多い，カトリックやプロテスタントなどの宗派がある宗教は何ですか。　（　　　　　　　　）

(4) 地図中のX～Zの国で主に使われている言語の系統を次から選びなさい。

X（　　　）　Y（　　　）　Z（　　　）

　ア　ゲルマン系　　イ　ラテン系　　ウ　スラブ系

(5) 右の写真からわかるEUの特色を次から選びなさい。

ドイツとポーランドの国境

（　　　　　）

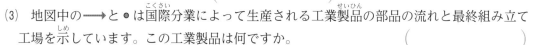

　ア　加盟国間の国境の移動が自由。
　イ　加盟国間の輸入品にかかる税金がない。
　ウ　多くの国で共通通貨を導入。

ヒントの森
(1)Aは観光地としても知られる山脈です。Bは複数の国を流れる国際河川。
(2)①常に一定の方向に吹く風の名前です。
(3)Xはドイツ，Yはロシア，Zはイタリア。

2 ヨーロッパの農業・工業とEUの課題　右の地図を見て，次の問いに答えなさい。

(1) 次の農業の名前をそれぞれ書きなさい。

①（　　　　　　　）　②（　　　　　　　）

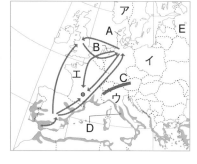

　① 地図中のA・Bのような北海沿岸地域などで盛んな，バターやチーズを生産する農業。

　② 地図中のCの山脈より北側の広い地域で行う，食料や家畜の餌の栽培と家畜の飼育を組みあわせた農業。

(2) 地図中のDの地域で，オレンジやオリーブを栽培する季節はいつですか。（　　　　　　　　）

(3) 地図中の──→と●は国際分業によって生産される工業製品の部品の流れと最終組み立て工場を示しています。この工業製品は何ですか。（　　　　　　　　）

(4) 近年，安く生産できるとして企業の工場が進出するようになった国を地図中ア～エから選びなさい。（　　　　）

(5) Eの広い範囲に見られる針葉樹林を何といいますか。

（　　　　　　　　）

ヒントの森
(2)乾燥に強い農作物。
(3)最終組み立て工場がフランスです。

全部できたら，➡に✔をかいて☺にしよう！　◌◌ ◌◌ ◌◌

③ アフリカの自然と歴史　右の地図を見て，次の問いに答えなさい。

(1)　地図中の**A**の河川名と**B**の砂漠名を書きなさい。

A（　　　　　　　　　）　B（　　　　　　　　　）

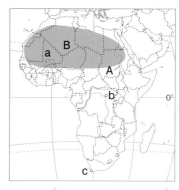

よく出る (2)　右の雨温図が示す都市を，地図中a〜cからそれぞれ選びなさい。

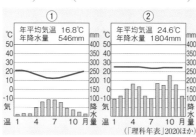

年平均気温 16.8℃
年降水量 546mm

年平均気温 24.6℃
年降水量 1804mm

（「理科年表」2020ほか）

①（　　　　　）

②（　　　　　）

(3)　北アフリカの多くの国で信仰されている宗教は何ですか。

（　　　　　　　　　　　）

(4)　次の文を読んで，あとの問いに答えなさい。

アフリカはかつて，ほとんどを□□諸国が（　X　）として支配した。今も，民族のまとまりを無視した（　X　）時代の境界線が国境となっている国が多い。現在では，（　Y　）という国際機関をつくり地域の団結を強めている。

① （　）にあてはまる語句をそれぞれ書きなさい。

X（　　　　　　　　　）　Y（　　　　　　　　　）

② □□にあてはまる地域を次から選びなさい。　（　　　　　）

ア　アジア　　イ　ヨーロッパ　　ウ　北アメリカ

第2部　第2章

ヒントの森
(1)A世界最長の川。B世界最大の砂漠。
(2)降水量に注目。

④ アフリカの産業と課題　右の地図を見て，次の問いに答えなさい。

(1)　地図中の**A**，**B**の国について，次の問いに答えなさい。

① A，Bの国名をそれぞれ書きなさい。

A（　　　　　　　　　）　B（　　　　　　　　　）

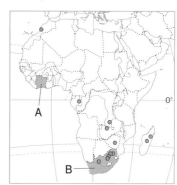

よく出る ② Aの国やガーナなどで生産量が世界有数の農産物を次から選びなさい。　（　　　　　）

ア　茶　　イ　カカオ豆

ウ　コーヒー　　エ　たばこ

③ Bの国で多く産出される資源を次から選びなさい。

（　　　　　）

ア　金　　イ　石炭　　ウ　天然ガス　　エ　原油

(2)　地図中●で産出する，埋蔵量が世界的に少ない金属を何といいますか。　（　　　　　　　　　　　）

レベルUP (3)　次の文の□にあてはまる語句をそれぞれ書きなさい。

①（　　　　　　　　　）　②（　　　　　　　　　）

アフリカでは多くの国が特定の農産物や鉱産資源の輸出に頼る①の国が多い。また，人口が増加する中，干ばつや②化で食料不足が頻繁に発生している。

ヒントの森
(1)②ギニア湾岸の一帯で栽培が盛んな農産物です。
(2)希少金属ともいいます。
(3)①特定の産物の価格の変化が国の収入に大きく影響します。

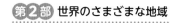

実力判定テスト　ステージ3　総合問題編
第2章　世界の諸地域
第2節　ヨーロッパ州／アフリカ州

こつこつ　テスト直前　解答 p.11

30分　/100

1 右の地図を見て，次の問いに答えなさい。

4点×8（32点）

よく出る

(1) 右の雨温図が示す都市を，地図中ア〜ウから選び，この都市を含む地域の気候区名を書きなさい。

年平均気温 11.8℃
年降水量 640mm

(2) 地図中のAの河川の名前を書きなさい。また，このように複数の国が利用する河川を何といいますか。

(3) 地図中のBの地域で夏に見られる，太陽が沈んでも暗くならない現象を何といいますか。

(4) 地図中のCの地域について，次の文の　　にあてはまる語句をそれぞれ選びなさい。

　主に① スラブ　　ゲルマン　　ラテン 系言語が話され，また，キリスト教のうち，
　② カトリック　　プロテスタント　　正教会 を多くの人が信仰している。

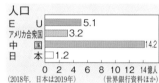

人口
E U　5.1
アメリカ合衆国　3.2
中 国　14.2
日 本　1.2
0 2 4 6 8 10 12 14億人
（2018年，日本は2019年）　（世界銀行資料ほか）

記述

(5) この地域の国々がEUを結成して統合を進めた理由を，右のグラフを見て，簡単に書きなさい。

(1)	都市		気候		(2)	A		
(3)			(4)	①			②	
(5)								

2 右の地図を見て，次の問いに答えなさい。

(1)6点，他4点×3（18点）

レベルUP

(1) 地図中Aの混合農業の内容を，簡単に説明しなさい。

(2) 地図中あ〜えのうち，小麦の自給率が最も高い国を，選びなさい。

(3) Bの周辺地域で盛んな，夏には乾燥に強い農作物，冬には小麦を栽培する農業を何といいますか。

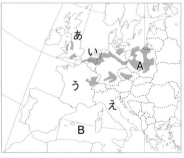

(4) 東ヨーロッパの説明として，正しいものを次から選びなさい。

　ア　ルール工業地域などを中心に工業が発達した。

　イ　近年，西ヨーロッパ諸国から工場が移転している。

　ウ　航空機などを生産する先端技術産業が成長している。

(1)					
(2)		(3)		(4)	

目標	☐ヨーロッパ州の自然や文化をおさえよう。 ☐アフリカ州の自然や文化をおさえよう。 ☐各州の産業の特徴をおさえよう。	自分の得点まで色をぬろう!

自分の得点まで色をぬろう!

😣がんばろう!　😐もう一歩　😊合格!

0　　　　　　　60　　80　　100点

3 右の地図を見て，次の問いに答えなさい。

4点×8（32点）

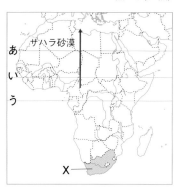

(1) 赤道にあてはまる緯線を，地図中**あ〜う**から選びなさい。

(2) 地図中の⟶に沿って見られる気候帯を次から選びなさい。

　　ア 乾燥帯→熱帯→温帯　　**イ** 温帯→乾燥帯→熱帯

　　ウ 熱帯→乾燥帯→温帯　　**エ** 温帯→熱帯→乾燥帯

(3) 地図中のサハラ砂漠の南の縁にあたる地域を何といいますか。またこの地域で深刻な環境問題は何ですか。

(4) サハラ砂漠の北側で主に話されている言語と宗教をそれぞれ書きなさい。

(5) アフリカの国や地域が，政治・経済的な団結を強めるために2002年に結成した国際組織を何といいますか。

(6) 地図中**X**の国についてあてまるものを次から選びなさい。

　　ア ギニア湾岸に位置し，植民地時代にもたらされたカカオ豆の栽培が盛んである。

　　イ 高地に位置し，年間を通じて緯度のわりにすずしい気候。茶の栽培が盛んである。

　　ウ かつてアパルトヘイトが行われ，金やレアメタルの採掘が盛んに行われている。

(1)		(2)		(3) 地域		問題	
(4) 言語		宗教		(5)		(6)	

4 右のグラフを見て，次の問いに答えなさい。

(3)6点, 他3点×4（18点）

(1) 右のグラフは，次のいずれかの国の主な輸出品を示しています。①〜③にあてはまる国をそれぞれ選びなさい。

　　ア ザンビア

　　イ コートジボワール

　　ウ ナイジェリア

アフリカ各国の主な輸出品

（UN Comtrade）

(2) グラフ中の下線部などの農産物を適正な価格で取り引きして，生産者の生活と自立を支える取り組みを何といいますか。

(3) グラフのように，特定の農産物や鉱産資源の輸出に頼っている国が抱えている問題を簡単に説明しなさい。

(1) ①		②		③		(2)	
(3)							

資料活用・思考力問題編

実力判定テスト ステージ3

第2章 世界の諸地域
第1節 アジア州〜第3節 アフリカ州

こつこつ 解答 p.11

30分 /100

1 右の資料を見て，次の問いに答えなさい。

10点×4（40点）

(1) **資料**中の▢の地域(ちいき)について，次の問いに答えなさい。

① シェンチェンや，アモイ，スワトウなどの急速に開発が進んだ地域を何といいますか。

② ①の地域について，「外国企業(きぎょう)」「税金(ぜいきん)」の語句を用いて，簡単に書きなさい。

(2) 中国の総生産額(がく)について，次の問いに答えなさい。

① 総生産額の高い地域を，░░░から選びなさい。

内陸部(ないりくぶ)　沿海部(えんかいぶ)　中央部

資料　中国の省別・地域別の1人あたりの総生産額

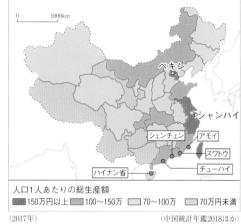

人口1人あたりの総生産額
■150万円以上 ▦100〜150万 ▨70〜100万 □70万円未満

(2017年)　　　　　　　　　　（中国統計年鑑2018ほか）

② **資料**から読み取れる，中国が抱(かか)えている問題を①の░░░の語句を2つ使って，簡単に書きなさい。

(1)①		②	
(2)①		②	

2 右の地図を見て，次の問いに答えなさい。

(1)完答，8点×2（16点）

(1) 東南アジアでは，日本など外国企業を招(まね)くことで工業化が進んできました。工業化の様子について，次の①〜③にあてはまる国すべてを，地図中**ア〜カ**からそれぞれ選びなさい。

① まだ大きな工業化が進んでいない国

② 比較的(ひかく)，早い時期に工業化が始まったと考えられる国

③ 近年，急速に工業化が進んでいると考えられる国

(2) (1)の③の国々で，近年工業化が進んだ理由はなぜですか。「労働者」という語句を使って，簡単に書きなさい。

東南アジアに進出した日本企業の数の変化

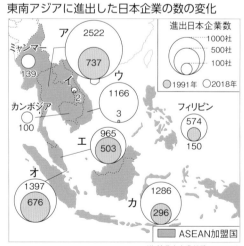

進出日本企業数
〇1000社
〇500社
〇100社
●1991年 〇2018年

ミャンマー 139
カンボジア 100
フィリピン 574／150
ア 2522／737
イ 2
ウ 1166／3
エ 965／503
オ 1397／676
カ 1286／296

■ASEAN加盟国

（海外進出企業総覧2020ほか）

(1)①		②		③	
(2)					

地図やグラフが複数ある場合，どのような
テーマのものか，資料の題名や問題文から
読み取ろう。

自分の得点まで色をぬろう！

😥がんばろう	😐もう一歩	😊合格！	
0	60	80	100点

❸ 次の資料を見て，次の問いに答えなさい。

8点×3（24点）

EU加盟国の拡大

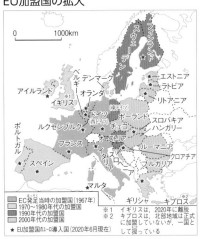

ヨーロッパ諸国における平均年収と外国人の移動

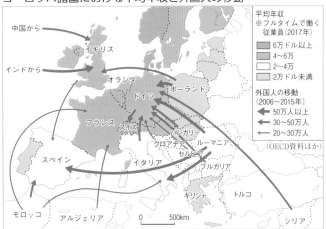

(1) EU加盟国内で平均年収が低いのは，西ヨーロッパと東ヨーロッパのどちらですか。

(2) (1)の地域について，正しいものを次から選びなさい。

　ア　外国人労働者を受け入れる国が多い。　　イ　設立当初からのEU加盟国が多い。

　ウ　近年EUに加盟した国が多い。　　　　　エ　ユーロを導入した国が多い。

(3) ➡のように外国人労働者が移動している理由を「平均年収」の語句を用いて，簡単に
書きなさい。

(1)		(2)	
(3)			

❹ 右の地図を見て，次の問いに答えなさい。

(1)5点×2，(2)10点（20点）

(1) 右の地図を見て，次の文の □ にあてはまる語句それ
ぞれ書きなさい。

　サハラ砂漠より ① の地域の多くでは， ② 諸国の植
民地時代に使われていた言語が，現在も共通語として
使われている。

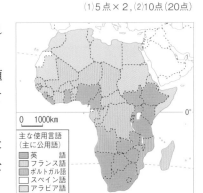

(2) (1)の文のほかに，この地域の大部分が植民地であった
名残として考えられることを，地図を見て簡単に書きな
さい。

(1)	①	②	
(2)			

確認のワーク

ステージ 1　第2章　世界の諸地域

第4節　北アメリカ州①

教科書の 要点 （　）にあてはまる語句を答えよう。

❶ 北アメリカ州の自然環境　教 p.96〜97

● 北アメリカ大陸とカリブ海の島々

◆アメリカ合衆国の西側に（ ① ），東側にアパラチア山脈が連なり，その間にグレートプレーンズ，（ ② ），中央平原などの平野がある。

● 寒帯から熱帯までの多様な気候

◆アラスカ州，カナダは寒帯。その南から五大湖周辺にかけて（ ③ ）。南部は熱帯。

◆アメリカ合衆国は，西経100度付近を境に東は温暖で湿潤。西は降水が少なく砂漠気候も。

◆メキシコ湾ではハリケーンが発生。

↓北アメリカ州の自然

❷ 移民の歴史と多様な民族構成　教 p.98〜99

● 集まる多様な文化／先住民とヨーロッパからの移民

◆北アメリカにはネイティブアメリカンとよばれる（ ④ ）が暮らしていた。植民地がつくられ，ヨーロッパから（ ⑤ ）がきた。

● 世界中から移民が集まるアメリカ合衆国

◆労働力としてアフリカから（ ⑥ ）が連れてこられた。アジア諸国からも仕事を求める人が移住。

◆近年では，（ ⑦ ）語を話すヒスパニックが増加。

↓アメリカ合衆国の人種・民族構成
総人口　3億2312万人

ヨーロッパ系 72.6%	12.7	8.5

その他
ネイティブアメリカン 0.8
アジア系 5.4
アフリカ系

※総人口のうち，17.8%がヒスパニック
（2016年）　（U.S. Census Bureau, ほか）

アメリカには世界中の文化が集まり融合して，新しい文化が生まれているよ。

❸ 大規模な農業と多様な農産物　教 p.100〜101

● 大規模な農業／自然環境に合わせた農業

◆家族による経営→労働者を雇って利益を上げることを目的とする（ ⑧ ）的な農業経営に変化。

◆適地適作の農業▶降水量の少ない西部は肉牛の（ ⑨ ）が盛ん。グレートプレーンズでは地下水を利用する（ ⑩ ）農業。

● 世界の食料庫とそれを維持する巨大企業

◆「世界の食料庫」▶アメリカ合衆国は多くの農産物を輸出。アメリカの干ばつは世界に影響。

◆アグリビジネス▶農業関連のことを専門的に扱う。
■穀物メジャーが世界の穀物流通に大きな影響。

↓主な農産物の輸出量に占めるアメリカ合衆国とカナダの割合

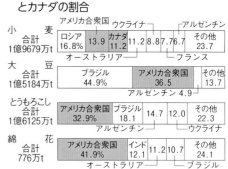

小麦
合計 1億9679万t

ロシア 16.8%	13.9	カナダ 11.2	11.2	8.8	7.7	6.7	その他 23.7

アメリカ合衆国　ウクライナ　アルゼンチン
オーストラリア　フランス

大豆
合計 1億5184万t

ブラジル 44.9%	アメリカ合衆国 36.5	その他 13.7

アルゼンチン 4.9

とうもろこし
合計 1億6125万t

アメリカ合衆国 32.9%	ブラジル 18.1	14.7	12.0	その他 22.3

アルゼンチン　ウクライナ

綿花
合計 776万t

アメリカ合衆国 41.9%	インド 12.1	11.2	10.7	その他 24.1

オーストラリア　ブラジル

（2017年）　（FAOSTAT）

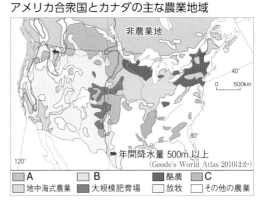

教科書の 資料　次の問いに答えよう。

(1)　次の文にあてはまるのは西経100度の経線
　　の東と西のどちらの地域ですか。

①　年間の降水量が 500mm 以上の地域が多
　　い。　　　　　　（　　　　　　　）

②　放牧が盛んに行われている。

　　　　　　　　　　（　　　　　　　）

(2)　地図中の A ～ C にあてはまる農産物を
　　からそれぞれ選びなさい。

　　　　　　　　A（　　　　　　　）

　　　　　　　　B（　　　　　　　）

　　　　　　　　C（　　　　　　　）

アメリカ合衆国とカナダの主な農業地域

非農業地

年間降水量 500m 以上
(Goode's World Atlas 2010ほか)

□ A　□ B　■ 酪農　■ C
□ 地中海式農業　■ 大規模肥育場　□ 放牧　□ その他の農業

| 小麦 | 綿花 | とうもろこし・大豆 |

第2部
第2章

教科書 一問一答　次の問いに答えよう。

チェック

/10問中

★は教科書の太字の語句

1 北アメリカ州の自然環境

①ロッキー山脈の東に位置する，高原状の大平原を何と
いいますか。

□★① ＿＿＿＿＿＿

②中央平原を流れメキシコ湾に注ぐ，北アメリカ大陸で
最長の川を何といいますか。

□② ＿＿＿＿＿＿

③アメリカ合衆国の東側に連なるなだらかな山脈を何と
いいますか。

□③ ＿＿＿＿＿＿

④メキシコ湾やカリブ海で発生する熱帯低気圧を何とい
いますか。

□④ ＿＿＿＿＿＿

2 移民の歴史と多様な民族構成

⑤アメリカインディアンやエスキモー（イヌイット）な
どの北アメリカの先住民を何といいますか。

□★⑤ ＿＿＿＿＿＿

⑥アメリカ合衆国で増えている，主にスペイン語を話す
メキシコなどからの移民を何といいますか。

□★⑥ ＿＿＿＿＿＿

⑦北アメリカ大陸の北部に位置する，英語とフランス語
をともに公用語としている国はどこですか。

□⑦ ＿＿＿＿＿＿

3 大規模な農業と多様な農産物

⑧地域の気候や土壌などの自然環境に合わせて農作物を
栽培することを何といいますか。

□★⑧ ＿＿＿＿＿＿

⑨農作物の種子の開発，農産物の流通や販売など，農業
に関連する産業を何といいますか。

□★⑨ ＿＿＿＿＿＿

⑩⑨の産業を扱う企業のうち，穀物を扱う大きな企業を
何といいますか。

□★⑩ ＿＿＿＿＿＿

 知識の泉　アメリカ合衆国にはさまざまな人種や民族が暮らしています。多様な文化が混ざり合うこの国
の社会は，いろいろな野菜が入ったサラダにたとえて「サラダボウル」ともよばれます。

確認のワーク　ステージ1　第2章　世界の諸地域
第4節　北アメリカ州②

教科書の 要点　（　）にあてはまる語句を答えよう。

❶ 世界をリードする工業 　数 p.102~103

● **身の回りにあるアメリカ合衆国の製品**▶スマートフォンなど。

● **重工業から先端技術産業への変化**

◆北アメリカ北東部の（①　　　　　）周辺は石炭や鉄鉱石が豊富で，重工業が発展。
〔5つの湖で水運〕

■鉱産資源を利用して鉄鋼を生産▶（②　　　　　）。

■**大量生産方式**による（③　　　　　）工業が発達▶デトロイト。

◆20世紀後半以降，（④　　　　　）とよばれる北緯37度より南の地域で，航空宇宙産業やコンピュータ関連産業，エレクトロニクス産業，
〔航空機や人工衛星〕
（⑤　　　　　）などの先端技術産業が発達。
〔生物の働きを利用〕

■（⑥　　　　　）▶**情報通信技術（ICT）** 関連企業が集中。
〔サンフランシスコ郊外にある地域〕

● **他国との結び付き**

◆アメリカ合衆国，カナダ，メキシコの3か国は，貿易を活発にさせる取り組みを進め，結び付きを強めてきた。

◆天然ガスの一種のシェールガスの開発が進む。

❷ アメリカ合衆国にみる生産と消費の問題 　数 p.104~105

● **車社会や大量消費の生活様式**→アメリカ合衆国は**車社会**化。

◆高速道路網が整備。都市郊外には，広い駐車場をもつ巨大な（⑦　　　　　）があり，多くの買い物客が利用。

◆大量生産・大量（⑧　　　　　）の生活様式が産業や経済を発展させた。

■コンビニエンスストア，（⑨　　　　　）店が生まれた。
〔ハンバーガーなど〕

■アメリカ合衆国の生活様式は，**多国籍企業**の進出で世界へ。

● **持続可能な社会を実現するための課題**

◆アメリカ合衆国は，排出される廃棄物の量が世界最多。

■リサイクル，食品を廃棄しない取り組みなどが行われる。
〔フードバンクなど〕

◆石油や石炭の消費が増えると，（⑩　　　　　）が進むと考えられる。**天然ガスや再生可能エネルギー**を利用する取り組みが進む。
〔温室効果ガスの排出量増が原因〕〔二酸化炭素の排出量が少ない〕〔太陽光など〕

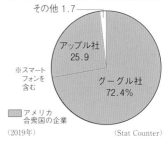

↓世界で使われている携帯*端末のソフトウェアの企業別割合

その他 1.7
アップル社 25.9
グーグル社 72.4%
※スマートフォンを含む
□ アメリカ合衆国の企業
（2019年）　　　（Stat Counter）

↓アメリカ合衆国・カナダ・メキシコの貿易相手国

アメリカ合衆国 輸出入 合計 4兆2767億ドル
中国 16.0% ／ カナダ 14.6 ／ メキシコ 14.4 ／ その他 45.5
日本 5.2　ドイツ 4.3

カ ナ ダ 輸出入 合計 9101億ドル
アメリカ合衆国 62.9% ／ 中国 8.8 ／ その他 20.0
メキシコ 3.8　日本 2.5　ドイツ 2.0

メ キ シ コ 輸出入 合計 9148億ドル
アメリカ合衆国 61.3% ／ 中国 9.9 ／ その他 21.1
カナダ 2.7　日本 2.3　ドイツ 2.7

（2018年）　　　（UN Comtrade）

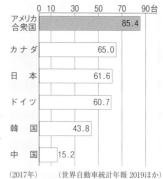

↓人口100人あたりの自動車保有台数

	0 10 20 30 40 50 60 70 80 90台
アメリカ合衆国	85.4
カナダ	65.0
日 本	61.6
ドイツ	60.7
韓 国	43.8
中 国	15.2

（2017年）　（世界自動車統計年報 2019ほか）

インターネット販売もアメリカ合衆国で生まれたよ。

教科書の 資料 次の問いに答えよう。

(1) 地図中の **A**, **B** には，鉄鉱石，原油のいずれかがあてはまります。あてはまる資源名をそれぞれ書きなさい。

A（　　　　　　）

B（　　　　　　）

(2) 工業が盛んなサンベルトは，地図中の北緯37度線の北と南のどちらですか。

（　　　　　　）

(3) 地図中の **X** は，情報通信技術（ICT）関連の企業などが集中している地区です。この地区を何といいますか。（　　　　　　）

アメリカ合衆国とカナダのおもな鉱工業

♯ A　■ 石　炭　● 鉄鋼　○ 自動車　▨ シェールガス田の分布
▲ B　⬡ 天然ガス　◉ 化学　◎ 航空機　○ 先端技術産業が盛んな所

（Goode's World Atlas 2010ほか）

教科書 一問一答 チェック 次の問いに答えよう。

/10問中

★は教科書の太字の語句

① 世界をリードする工業

①北アメリカの五大湖周辺などで盛んに産出され，燃料などに利用される資源は何ですか。 □①＿＿＿

②19世紀以降に，五大湖周辺に位置するピッツバーグで盛んになったのは何の生産ですか。 □②＿＿＿

③流れ作業を用いた大量生産方式による自動車工業が発展した五大湖周辺の都市を何といいますか。 □③＿＿＿

④時代の先端をいく技術を利用して，工業製品などを生産する産業を何といいますか。 □★④＿＿＿

⑤④に含まれる産業の一つで，航空機や人工衛星などを生産する産業を何といいますか。 □⑤＿＿＿

⑥アメリカ合衆国に豊富に埋蔵されており，開発が進んでいる天然ガスの一種を何といいますか。 □★⑥＿＿＿

② アメリカ合衆国に見る生産と消費の問題

⑦アメリカ合衆国で進んでいる，日常的に車を使う生活へと社会が変化することを何といいますか。 □★⑦＿＿＿

⑧多くの国に販売や生産の拠点をもち，世界的に活動している企業を何といいますか。 □★⑧＿＿＿

⑨まだ食べられるのに廃棄される食品を引き取り，必要な人々に届ける取り組みを何といいますか。 □⑨＿＿＿

⑩二酸化炭素など，地球温暖化を進める原因となる気体をまとめて何といいますか。 □⑩＿＿＿

知識の泉 現在，アメリカ合衆国の工業の中心は南部のサンベルトです。早くから工業が栄えた五大湖周辺などの北東部は競争力を失い，「ラストベルト（さびた地域）」とよばれることもあります。

こつこつ テスト直前 解答 p.13

定着のワーク ステージ2 第2章 世界の諸地域
第4節 北アメリカ州

1 北アメリカ州の自然・歴史・民族 右の地図を見て，次の問いに答えなさい。

(1) A〜Cの山脈名や河川名をそれぞれ書きなさい。

A（　　　　　　　）　　　B（　　　　　　　）

C（　　　　　　　）

(2) Xの湖をまとめて何といいますか。

（　　　　　　　　　）

(3) 次の文の①・②にあてはまる方位をそれぞれ四方位で書きなさい。

①（　　　　　　　）　②（　　　　　　　）

地図中の西経100度付近を境に，①側は降水量が多く，②側は降水量が少ない。

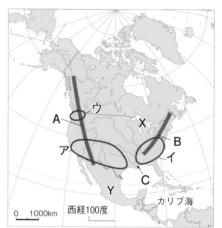

(4) アメリカ合衆国で増えている，Yの国やカリブ海諸国，南アメリカ州などからの移民を何といいますか。（　　　　　　　　　）

(5) (4)の人々が多く住む地域を地図中ア〜ウから選びなさい。

（　　　　）

(6) かつてアメリカ合衆国で奴隷として働かされた人々はどの州から連れてこられましたか。（　　　　　　　　　）

ヒントの森
(1)Aは高くけわしい山脈，Bは低くなだらかな山脈です。
(4)主にスペイン語を話す人々です。

2 大規模な農業と多様な農産物 右の地図を見て，次の問いに答えなさい。

(1) 次の農業が盛んな地域を，地図中のa〜dからそれぞれ選びなさい。

①（　　　）　②（　　　）

③（　　　）　④（　　　）

① とうもろこし・大豆の栽培

② 小麦の栽培

③ 綿花の栽培

④ 放牧

(Goode's World Atlas 2010ほか)

(2) 地図のように，地域の気候や土壌などの自然環境に合わせて農作物を栽培することを何といいますか。

（　　　　　　　　　）

(3) アメリカの農業について正しいものを次から選びなさい。

（　　　　）

ア 大部分の農家は，広大な敷地をもつ家族経営の農家である。

イ 植民地時代にできた大規模なプランテーションが中心。

ウ 地下水を利用する大規模なかんがい農業が見られる。

(4) アメリカ合衆国は多くの国に農産物を輸出していることから何とよばれていますか。（　　　　　　　　　）

ヒントの森
(1)④放牧が盛んなのは降水量が少ない地域です。

❸ 世界をリードする工業 右の地図を見て，次の問いに答えなさい。

(1) 次の都市の位置を地図中あ〜えから選び
なさい。 ①（ ） ②（ ）

①ピッツバーグ ②サンフランシスコ

よく出る (2) 地図中の北緯37度より南の地域を何とい
いますか。 （ ）

(3) (2)の地域の説明として誤っているものを
次から選びなさい。 （ ）

ア アメリカ合衆国で最も早く工業が発達した地域である。

イ 安く手に入る土地と労働力が豊富な地域である。

ウ 現在，各種の先端技術産業が発達している。

よく出る (4) シリコンバレーで特に盛んな産業を次から選びなさい。

（ ）

ア 石油化学工業 イ 航空宇宙産業

ウ 情報通信関連産業 エ 綿工業

(5) 地図中のⅩの地域に分布し，開発が進められている天然ガスの
一種を何といいますか。 （ ）

❹ 世界に広がるアメリカ合衆国の影響 次の資料を見て問いに答えなさい。

資料1 一人あたりのガソリン消費（供給量）

（2017年）(2017 Energy Statistics Yearbook)

資料2 100人あたりの自動車保有台数

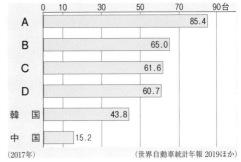

（2017年） （世界自動車統計年報 2019ほか）

(1) **資料1**について，ガソリン消費（供給）量が最も多い国はどこですか。

（ ）

レベルUP (2) (1)の国にあてはまるグラフを，**資料2**のＡ〜Ｄから選びなさい。 （ ）

(3) 石油などの消費によって排出される温室効果ガスが引き起こすと考えられている環境問
題は何ですか。 （ ）

(4) 次の文の によってあてはまる語句をそれぞれ書きなさい。

①（ ） ②（ ）

都市の郊外に広い駐車場をもつ ① で買い物客がまとめ買いを
するなど， ② 消費・ ② 生産の生活様式が浸透している。

よく出る (5) コンビニエンスストアやファストフード店のように，世界的に
活動する企業を何といいますか。 （ ）

予習・復習　こつこつ　解答 p.13

確認のワーク　ステージ**1**　第2章　世界の諸地域
第5節　南アメリカ州

教科書の**要点**（　）にあてはまる語句を答えよう。

❶ 南アメリカ州の自然環境　教 p.110〜111

● 高地・低地と地形／緯度・標高と気候

◆大陸の太平洋側▶（①　　　　　　）。
世界最長の山脈

◆（②　　　　　　）流域▶熱帯林が広がる。
流域面積が世界最大の川

◆アルゼンチンには，（③　　　　　　）とよ
ばれる草原が広がる。
小麦の栽培や牛の放牧が盛ん

❷ 多様な民族・文化と人々の生活　教 p.112〜113

● 南アメリカの成り立ちと文化

◆南アメリカは先住民の文明が栄えた→16世紀以
降，スペイン人・ポルトガル人が植民地支配。
インカ帝国など　　　植民地

■ 先住民や，アフリカから連れてこられた
（④　　　　　　）が働かされた。

◆ヨーロッパ・アフリカの文化と南アメリカの文
化が融合▶リオデジャネイロの**カーニバル**（ブ
ラジル），**タンゴ**（アルゼンチン）など。

◆先住民はアルパカの放牧や（⑤　　　　　　）など
森林や草原を焼き払い，その灰を肥料とする
で自給的な生活→開発や観光地化で生活が変化。

❸ 大規模化する農業と成長する工業　教 p.114〜115

● 大農園での農業／豊かな資源と工業化／発展に伴う課題

◆大規模な農業▶ブラジルはさとうきび・コーヒー。
パンパは小麦。熱帯の地域では輸出用のバナナを
（⑥　　　　　　）で栽培。

◆ブラジルはコーヒーに頼るモノカルチャー経済から変化。

■（⑦　　　　　　）の企業が大豆を大量に買い付け。
農業に関連することを専門に扱う企業

◆南アメリカは鉱産資源が豊富。チリの銅などが輸出品。

◆人口が急増した都市で，（⑧　　　　　　）が形成。
劣悪な居住環境

❹ ブラジルにみる開発と環境保全　教 p.116〜117

● 熱帯林の開発／熱帯林の伐採の影響と保全

◆開発のために熱帯林の伐採が進む。二酸化炭素の吸収
量が減り，（⑨　　　　　　）の進行が問題。

● 環境保全の課題→バイオ燃料の原料となる

（⑩　　　　　　）の畑などの農地開発→土壌の流出
砂糖の原料となる
を招くなど環境問題が起こる。

↓南アメリカ州の自然

↓ブラジルの輸出品の変化

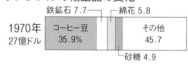

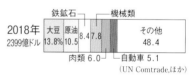

（UN Comtrade，ほか）

↓アマゾンの森林伐採面積の累計

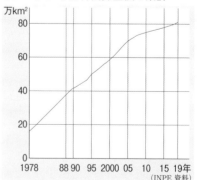

📖 教科書の 資料 　次の問いに答えよう。

(1) A，Bにあてはまる言語をそれぞれ書きなさい。

A （　　　　　　　）

B （　　　　　　　）

(2) 次の文の □ にあてはまる語句を書きなさい。

（　　　　　　　　）

南アメリカで，ヨーロッパの言語が広く用いられているのは，この地域がかつてヨーロッパ諸国の □ となっていたからである。

(3) 南アメリカの各国に多く暮らしている，先住民と白人との間の混血の人々を何といいますか。

（　　　　　　　　）

南アメリカのおもな言語

各国の主な言語
A ▬
B ▬
英　語 ▬
フランス語 ▬
オランダ語 ▬

ガイアナ／スリナム／仏領ギアナ／赤道／ベネズエラ／コロンビア／エクアドル／ブラジル／ペルー／ボリビア／チリ／パラグアイ／ウルグアイ／アルゼンチン／0　1000km

第2部
第2章

📖 教科書 一問一答 チェック　次の問いに答えよう。

/10問中

★は教科書の太字の語句

1 南アメリカ州の自然環境

①アマゾン川流域に世界最大のものがみられる，緑の葉が一年中しげる森林を何といいますか。

★ □① ＿＿＿＿＿＿

②ラプラタ川が流れ，パンパとよばれる草原が広がっている南アメリカの国はどこですか。

□② ＿＿＿＿＿＿

2 多様な民族と人々の生活・文化

③現在，南アメリカの多くの国で信仰されているキリスト教の宗派は何ですか。

□③ ＿＿＿＿＿＿

④ヨーロッパの宗教行事にアフリカの文化が加わって生まれた，サンバで知られる祭りは何ですか。

□④ ＿＿＿＿＿＿

3 大規模化する農業と成長

⑤世界一のコーヒー豆の生産国であり，近年は重化学工業が発展している南アメリカの国はどこですか。

□⑤ ＿＿＿＿＿＿

⑥土壌や品種の改良を行って大規模に栽培できるようになった，ブラジルの主要な輸出品は何ですか。

□⑥ ＿＿＿＿＿＿

⑦特定の農産物や鉱産資源の輸出に頼る経済を何といいますか。

★ □⑦ ＿＿＿＿＿＿

⑧チリが世界最大の産出国となっている露天掘りで盛んに採掘される鉱産資源は何ですか

□⑧ ＿＿＿＿＿＿

4 ブラジルにみる開発と環境保全

⑨森林の伐採が増えることによって吸収される量が減る，地球温暖化の原因となる物質は何ですか。

□⑨ ＿＿＿＿＿＿

⑩さとうきびを原料とする，環境に優しい燃料として注目されているものを何といいますか。

★ □⑩ ＿＿＿＿＿＿

📖 知識の泉　経済が成長したブラジルは，ロシア（R），インド（I），中国（C）とともにBRICsとよばれるようになりました。近年はこれに南アフリカ共和国（S）を加え，BRICSと表します。

第2章　世界の諸地域
第6節　オセアニア州

教科書の 要 点 （　　）にあてはまる語句を答えよう。

1 オセアニア州の自然環境 教 p.122～123

●**オーストラリア大陸と太平洋の島々**

◆オセアニア▶（①　　　　　　　　　）

とニュージーランド，太平洋の島々。

　■ニュージーランドと太平洋の島々

　▶（②　　　　　　　　　），メラネシア，ポ
　　　　　　　　　　小さい島々という意味

リネシアの三つに区分。

◆太平洋の島々▶（③　　　　　　　）島と，

サンゴ礁に取り囲まれた島がある。

●**オセアニアの気候**

◆オーストラリア大陸の内陸は，ほとんどの地域が乾燥

した草原や（④　　　　　　　）となっている。

2 移民の歴史と多文化社会への歩み 教 p.124～125

●**移民の歴史**▶オセアニアの国々は20世紀初めまでイギリ

ス・フランスの植民地。

◆オーストラリア▶イギリスからの（⑤　　　　　　　）

が開拓した。1970年代初めまで（⑥　　　　　　　）

以外から移民を制限する白豪主義の政策を実施。

　■近年はアジアやオセアニアからの移民が増加。

●**多文化社会への歩み**

◆（⑦　　　　　　　　）やマオリの文化など，さまざま
オーストラリア
の先住民　　　　　　　　　　ニュージーランドの先住民

な文化を互いに尊重する多文化社会へと変化。

3 他地域と結び付いて発展する産業 教 p.126～127

●**自然環境を生かした農業**▶北半球と季節が逆。
　　　　　　　　　　　　　　　　北半球の端境期に出荷できる

◆オーストラリア▶（⑧　　　　　　　）の飼育が盛ん。南
　　　　　　　　　　　　　　　オージービーフ

東部は肥育場，内陸部は放牧。南東部・南西部にで羊毛用の羊。
　肥育　　フィードロット乾燥が厳 放牧　　　　　　　羊毛

●ニュージーランド▶乳牛，肉用の羊を飼育。

●**鉱産資源の輸出が盛んなオーストラリア**

◆（⑨　　　　　　　）や石炭，アルミニウムの原料のボー
北西部のピルバラ地区で産出。露天掘りで採掘

キサイトなどの鉱産資源が豊富。外国企業が開発に参加。

●**アジアとの結び付きを強めるオセアニア**

◆アジアはヨーロッパより距離が近く人口が多い→アジア太平

洋経済協力（（⑩　　　　　　　　）　）などで結び付きを強化。

↓オセアニア州の自然

↓オーストラリアに暮らす移民の出身地の変化

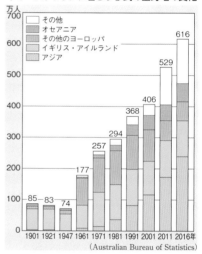

（Australian Bureau of Statistics）

↓国旗

オーストラリア

ニュージーランド

↓オーストラリアの貿易相手国の変化

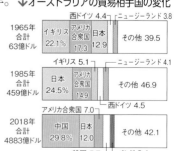

（UN Comtrade）

📖 教科書の 資料　次の問いに答えよう。

(1) 地図中のA，Bにあてはまる資源は，現在，
オーストラリアの主要な輸出品となっていま
す。あてはまる資源名をそれぞれ書きなさい。

A（　　　　　　　　　）

B（　　　　　　　　　）

(2) かつてオーストラリアの輸出の中心であっ
た，衣類の原料に利用されるものは何ですか。

（　　　　　　　　　）

(3) 地図中のボーキサイトを原料としてつくら
れる金属は何ですか。（　　　　　　　　　）

オーストラリアの鉱産資源

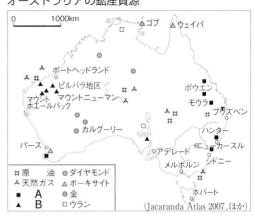

(Jacaranda Atlas 2007，ほか)

📖 教科書 チェック 一 問 一 答　次の問いに答えよう。

/10問中

★は教科書の太字の語句

1　オセアニア州の自然環境

①三つに区分されるオセアニアの島々のうち，「黒い
島々」という意味をもつ地域名を何といいますか。

☐① ＿＿＿＿＿＿＿＿＿

②オセアニアの島々のうち，ニュージーランド，サモア，
ツバルなどを含む地域を何といいますか。

☐② ＿＿＿＿＿＿＿＿＿

③オセアニアの島にみられる，温かく浅い海にすむサン
ゴが積み重なってできた岩のことを何といいますか。

☐★③ ＿＿＿＿＿＿＿＿＿

2　移民の歴史と多文化社会への歩み

④オーストラリアをかつて植民地としていたヨーロッパ
の国はどこですか。

☐④ ＿＿＿＿＿＿＿＿＿

⑤オーストラリアでかつて実施されていた，ヨーロッパ
以外の移民を制限する政策を何といいますか。

☐★⑤ ＿＿＿＿＿＿＿＿＿

⑥現在のオーストラリアの社会のような，さまざまな文
化を互いに尊重し合う社会を何といいますか。

☐★⑥ ＿＿＿＿＿＿＿＿＿

⑦英語とともに，先住民であるマオリの言語が公用語と
なっているオセアニアの国はどこですか。

☐⑦ ＿＿＿＿＿＿＿＿＿

3　他地域と結び付いて発展する産業

⑧オーストラリアで栽培が盛んで，牛肉とともに重要な
輸出品となっている穀物は何ですか。

☐⑧ ＿＿＿＿＿＿＿＿＿

⑨オーストラリアで盛んな，地表を削って掘り下げてい
る資源の採掘方法を何といいますか。

☐⑨ ＿＿＿＿＿＿＿＿＿

⑩現在，オーストラリアの最大の貿易相手国となってい
る国はどこですか。

☐⑩ ＿＿＿＿＿＿＿＿＿

 知識の泉　病院がない地域が多いオーストラリアの内陸部では，小型飛行機で病人を病院に運んだり，医
師を治療に向かわせたりしています。これを，フライングドクターとよんでいます。

定着のワーク　ステージ2　第2章　世界の諸地域
第5節　南アメリカ州／第6節　オセアニア州

1 南アメリカ州の自然・歴史　右の地図を見て，次の問いに答えなさい。

（1）地図中A〜Cの山脈や河川，大草原の名前をそれぞれ書きなさい。　A（　　　　　）

　　　B（　　　　　）　　　　C（　　　　　）

（2）赤道にあたる緯線をあ〜うから選びなさい。（　　）

（3）右の雨温図が示す都市を地図中a〜cからそれぞれ選びなさい。

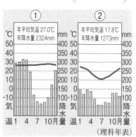

①年平均気温27.0℃　年降水量2324mm

②年平均気温17.8℃　年降水量1273mm

（理科年表）

　　　①（　　　）　②（　　　）

（4）Bの川の周辺で先住民の人々が行ってきた，森林や草原を焼き払い，その灰を肥料にする農業を何といいますか。

（　　　　　　　　　）

（5）地図中の地域をかつて植民地としていた国を，次から2つ選びなさい。

（　　　）（　　　）

　ア　イタリア　　イ　スペイン

　ウ　ドイツ　　　エ　ポルトガル

ヒントの森
(1)B周囲に熱帯林が広がる流域面積が世界最大の川です。
(3)降水量に注目。

2 南アメリカ州の農業・工業と環境　右のグラフを見て，次の問いに答えなさい。

（1）Aにあてはまる北部に熱帯林の広がる国名を書きなさい。（　　　　　）

主な農産物の生産国

| コーヒー豆 合計 1030万t | A 34.5% | ベトナム 15.7 | 7.0 | 7.0 | | その他 26.5 |

インドネシア　ホンジュラス4.7　コロンビア　エチオピア4.6

| さとうきび 合計 19億702万t | A 39.2% | インド 19.8 | 中国 5.7 | タイ 5.5 | その他 29.8 |

| 大豆 合計 3億4871万t | アメリカ合衆国 35.5% | A 33.8 | 10.8 | | その他 11.8 |

アルゼンチン　中国4.1　インド4.0

（2018年）　（FAO STAT）

（2）現在のAの国の説明として誤っているものを次から選びなさい。（　　）

　ア　急激な経済発展により都市の丘陵や河川敷などにスラムが形成された。

　イ　多く産出される鉄鉱石が主要な輸出品の一つになっている。

　ウ　コーヒー豆の輸出に依存したモノカルチャー経済の国である。

（3）次の文の□□にあてはまる語句をそれぞれ書きなさい。

①（　　　　　）　②（　　　　　）

Aの国の熱帯林の伐採が進むと，二酸化炭素の吸収量が減って，①が進行すると考えられている。そのため，Aでは環境にやさしい取り組みとしてさとうきびを原料とした②で走る自動車が普及している。

（4）ラプラタ川の下流にあって，小麦の栽培や牛の放牧が盛んな大草原が広がる国をグラフから選びなさい。

（　　　　　）

ヒントの森
(1)鉄鋼や自動車生産で成長し，近年は航空機の生産も盛んな国です。

全部できたら，➡に✔をかいて😊にしよう！　😊😐😕

❸ オセアニア州の自然・歴史　右の地図を見て，次の問いに答えなさい。

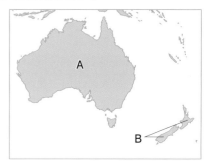

(1) 地図中のAの国についての説明としてあてはまるものを次から選びなさい。（　　　）

ア　国土の大部分が温帯に属しており，一年中適度な雨が降る。

イ　大規模な地震や火山がなく，国土の3分の2は降水量が少ない。

ウ　火山が多く，大規模な地震による被害も多い。

(2) A・Bの国の先住民をそれぞれ何といいますか。

A（　　　　　　　　　）　B（　　　　　　　　　）

 (3) 1970年代の初めまで，Aの国で行われていたヨーロッパ系以外の移民を厳しく制限する政策を何といいますか。（　　　　　　　　　）

(4) 次の文の　　にあてはまる語句をそれぞれ書きなさい。

①（　　　　　　　　　）　②（　　　　　　　　　）

AやBの国では，植民地として支配していた①の影響が強かったが，近年は，多様な文化を互いに尊重し合う②社会へと変化している。

 (5) オセアニアの太平洋の島々を分けるとき，Bの国が属す地域を　　から選びなさい。（　　　　　　　　　）

ミクロネシア　　メラネシア　　ポリネシア

第2部 第2章

ヒントの森
(4)①国旗を思い出しましょう。
(5)「多くの島々」という意味の名前です。

❹ オセアニア州の産業　次の文を読んで，あとの問いに答えなさい。

　オーストラリアは，（　①　）や_a鉄鉱石，_bアルミニウムの原料などの鉱産資源が主要な輸出品となっている。また，ニュージーランドでは乳製品や（　②　）の生産が盛んである。近年，このような_cオセアニアの国々とアジアとの結び付きが強まっている。

(1) 文中の（　）にあてはまる農産物を次から選びなさい。

①（　　　　　）　②（　　　　　）

ア　羊肉　　イ　豚肉　　ウ　牛肉　　エ　鶏肉

 (2) 下線部aの産出量が多い地域を右の地図中あ〜うから選びなさい。（　　　　　）

(3) 地図中の◦の地域で産出する下線部bの名前を何といいますか。（　　　　　）

(4) 下線部cについて，オーストラリアの現在の主要な貿易相手国を次から2つ選びなさい。（　　　）（　　　）

ア　イギリス　　イ　日本　　ウ　中国　　エ　ドイツ

(5) cの結び付きを強めているアジア太平洋経済協力の略称を何といいますか。（　　　　　）

ヒントの森
(1)①「オージービーフ」という名前で日本に輸出されています。
(2)ほかは石炭と原油が多い地域です。

1 右の地図を見て，次の問いに答えなさい。　　　　　　4点×10(40点)

(1) 地図中の**X**の山脈と**Y**の草原をそれぞれ何といいますか。

(2) 次のグラフは，アメリカ合衆国の人種・民族構成を示したものです。次の問いに答えなさい。

総人口　3億2312万人

先住民 0.8 ─その他
アジア系 5.4 ─
アフリカ系─

| ヨーロッパ系 72.6% | 12.7 | 8.5 |

※総人口のうち，17.8%が<u>ヒスパニック</u>

① グラフ中のアメリカにもともと住んでいた先住民は何とよばれていますか。

② 下線部の人々が主に話している言語は何ですか。

③ グラフ中のアフリカ系の移民について，あてはまるものを次から選びなさい。

　ア　17世紀に大西洋沿岸の植民地に移民としてやってきた人々の子孫が多い。

　イ　ニューヨークなどにチャイナタウンをつくった。

　ウ　多くはさとうきび畑や綿花畑などの労働のため奴隷として連れてこられた人々の子孫。

　エ　多くが，近年メキシコなどから高い収入を求めて移住してきた人々。

(3) **A**はある農業が盛んな地域を示しており，右の写真はその様子です。次の問いに答えなさい。

① この地域で盛んに生産されているものを次から選びなさい。

　ア　肉牛　　イ　小麦　　ウ　果樹　　エ　大豆

② ①のようなアメリカの農業は適地適作と言われています。適地適作の意味を簡単に書きなさい。

(4) **B**の緯線の南側の地域について次の問いに答えなさい。

① この地域で盛んな，航空宇宙産業やバイオテクノロジーなどの産業をまとめて漢字6字で何といいますか。

② サンフランシスコの郊外で①のうち，情報通信技術関連企業が集中している地域を何といいますか。

(5) アメリカ合衆国で生まれ，世界に広まった物を多く作り，多く消費する生活様式を何といいますか。

(1)	X	Y		(2)①		②		③
(3)①		②						
(4)①		②			(5)			

目標
- □ 南北アメリカ州の自然や文化を確認しよう
- □ オセアニア州の自然や文化をおさえよう
- □ 各地域の産業の特徴をおさえよう。

自分の得点まで色をぬろう!

😟 かんばろう　😐 もう一歩　😊 合格!

0　　　　　　　　　60　　80　　100点

2 右の地図を見て，次の問いに答えなさい。 5点×6（30点）

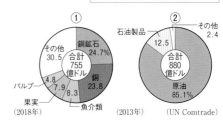

(1) **A**について，次の文の□にあてはまる語句をあとからそれぞれ選びなさい。

　長らく①の輸出に依存していたが，近年は，バイオ燃料の原料となる②や，③などの鉱産資源のほか，自動車や航空機の輸出も行われるようになった。

　ア　コーヒー豆　イ　大豆　ウ　さとうきび
　エ　鉄鉱石　オ　銅

(2) 右のグラフは南アメリカの国の輸出品を示しています。①・②にあたる国を地図中からそれぞれ書きなさい。

記述 (3) **X**の川の流域で生じている環境問題について，「熱帯林」，「開発」の語句を使って簡単に書きなさい。

(1)	①		②		③		(2)	①		②	
(3)											

3 右の地図を見て，次の問いに答えなさい。 他5点×6（30点）

(1) 地図中**A**の国が属している気候帯は何ですか。

(2) 次の家畜の飼育が盛んな地域を地図中の**あ～う**からそれぞれ選びなさい。
　① 羊毛用の羊　② 肉牛

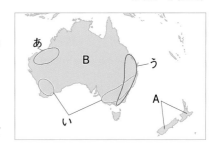

よく出る (3) 地図中の**B**の国について，次の問いに答えなさい。

　① 右のグラフは，**B**国の貿易相手国の変化を示しています。□にあてはまる国名は何ですか。

記述 　② ①の国との貿易額が多かった理由を簡単に書きなさい。

　③ **B**国の移民について，1970年代以降に増えた移民の出身地を次から選びなさい。
　　ア　アジア　イ　ヨーロッパ　ウ　アフリカ

(1)		(2)	①		②		(3)	①	
(3)	②							③	

資料活用・思考力問題編

実力判定テスト ステージ**3**

第2章　世界の諸地域
第4節　北アメリカ州〜第6節　オセアニア州

こつこつ　解答 p.15

30分　　/100

1 次の資料を見て，次の問いに答えなさい。

8点×4（32点）

資料1　アメリカ合衆国と日本の比較

	アメリカ	日本
1人あたりの 耕地面積（ha）	60.5ha	1.7ha
1人あたりの 穀物収量（t）	185.9t	4.8t

資料2　アメリカ合衆国とカナダの主な農業地域

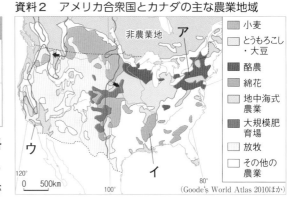

凡例：小麦／とうもろこし・大豆／酪農／綿花／地中海式農業／大規模肥育場／放牧／その他の農業

（Goode's World Atlas 2010ほか）

(1) アメリカ合衆国の農業について，**資料1**を見て，次の文の ［ ］ にあてはまる語句を選び， □ にあてはまる数字を書きなさい。

　アメリカ合衆国の農家は，① ［ 少ない　多い ］ 人手で，② ［ 広い　狭い ］ 面積の農地を経営しており，1人あたりの穀物収量は日本の約 ③ □ 倍である。

レベルUP (2) **資料2**中ア〜ウの地域を1つ選び，「大都市」，「ヒスパニック」，「綿花」のいずれかの語句を1つ使って，その地域の現在の農業の様子を簡単に書きなさい。

(1)	①		②		③	
(2)	記号					

2 次の写真を見て，あとの問いに答えなさい。

8点×2（16点）

ブラジルのバイオ燃料精製工場　　ブラジルのガソリンスタンド

南アメリカの農業地域

凡例：コーヒー／大豆／さとうきび／かんきつ類（オレンジなど）

(1) 写真に関連する農産物を右の地図から選び，ブラジルでどのように利用されているか簡単に書きなさい。

(2) (1)のような取り組みが，環境に優しいといわれる理由を簡単に書きなさい。

(1)	
(2)	

主題図や写真から地域の変化の様子，棒グラフから変化の理由を考えてみよう。

自分の得点まで色をぬろう!

| 0 | | 60 | 80 | 100点 |

😣がんばろう！　😐もう一歩　😊合格！

❸ 次の会話文を見て，あとの問いに答えなさい。

8点×5（40点）

A：**資料1**を見ると，オーストラリアの貿易相手国は（ ① ）州から（ ② ）州の国へと変化しています。

B：オーストラリアは以前は ┌──── A ────┐ という政策をとっていましたが，近年は，オーストラリアと ┌──── B ────┐ ことから（ ② ）州との関係が深まっているのですね。

A：**資料2**を見ると，（ ② ）州からの移民は，2016年には移民全体の約（ ③ ）割を占めていますよ。

(1) 会話文中の①・②にあてはまる語句をそれぞれ書きましょう。

(2) ③にあてはまるものを次から選びなさい。

　　ア　1　　イ　4　　ウ　6　　エ　8

(3) **A**にあてはまる政策の内容を簡単に書きなさい。

(4) **B**にあてはまる理由を，貿易相手国との位置の関係に注目して簡単に説明しなさい。

資料1 オーストラリアの貿易相手国の変化

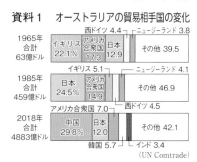

(UN Comtrade)

資料2 オーストラリアに暮らす移民の出身地の変化

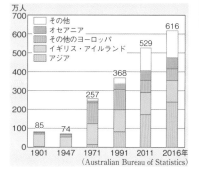

(Australian Bureau of Statistics)

第2部

第2章

(1)①		②		(2)	
(3)					
(4)					

❹ 右の資料を見て，次の問いに答えなさい。

6点×2（12点）

(1) 右の資料は，東京の卸売市場で取り扱われるかぼちゃの産地を示しています。ニュージーランド産のかぼちゃが多い時期はいつですか。

(2) ニュージーランド産のかぼちゃが(1)の時期に多く日本に出荷されている理由を，「北半球」の語句を使って簡単に説明しなさい。

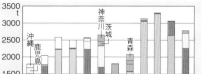
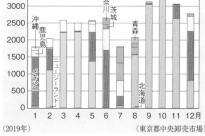

(2019年)　　　　　　　　　　（東京都中央卸売市場）

(1)	
(2)	

予習・復習 こつこつ 解答 p.16

確認のワーク ステージ **1** 第1章 身近な地域の調査

教科書の 要点 （　）にあてはまる語句を答えよう。

1 調査テーマを決めよう 教 p.130〜131

◆身近な地域に関して抱いた疑問を，**視点**ごとに分類して調査テーマを決める。

◆調査テーマは，「どのように〜したのか」，「なぜ〜なのか」といった形にまとめる。調査テーマが決まったら，それに対して（① 　　　　　　　　）を立てる。

2 調査方法を考えよう 教 p.132〜137

●**調査項目・調査方法**▶調査テーマと仮説が決まれば，確かめたい調査項目を設定し，調査方法を考え，（② 　　　　　　　　）の形に整理する。
野外調査や文献調査

◆（③ 　　　　　　　　）が最も大切な調査で，**野外観察**や聞き取り調査を行う。（④ 　　　　　　　　）を事前に作成しておくと野外観察の際に役立つ。

◆ルートマップを作るときは，（⑤ 　　　　　　　　）が発行している地形図を利用すると便利である。

◆地形図を読み取るときは，地図記号のほか，実際の距離を縮めた割合の（⑥ 　　　　　　　　）を確認する。

3 野外調査を実行しよう 教 p.138〜139

●**野外観察**▶テーマに関係のありそうなものを見つけたら，メモや（⑦ 　　　　　　　　）の形で調査ノートに記録する。

●**聞き取り調査**▶相手に調査の目的などを事前に伝え，聞き取った内容を調査ノートに記録する。また，許可を得て，カメラやビデオカメラでの撮影，録音をする。
調査後の確認や整理に役立つ

4 調査を深めて結果を発表しよう 教 p.140〜141

●**資料や情報**▶野外調査で分かったことをより詳しく調べるときは，地図や統計資料などを使い，（⑧ 　　　　　　　　）を行う。

◆集めた資料や情報を整理し，（⑨ 　　　　　　　　）する。
統計資料をグラフや地図に加工すると，変化や分布が読み取りやすい

周辺の地域と比較することや，複数の図を関連付けて考えることも役に立つ。

◆調査結果がまとまったら，仮説が正しかったのか，地理的な見方や考え方を用いて（⑩ 　　　　　　　　）する。
位置や分布，その場所の特徴，人と自然の関係などの見方がある

◆調査結果やその分析・考察を文章やグラフなどにまとめて発表し，意見交換をする。

↓**身近な地域を調査する視点の例**

視点(1)	自然環境
視点(2)	人口や都市・村落
視点(3)	産業
視点(4)	交通や通信
視点(5)	環境保全
視点(6)	生活・文化

↓**おもな地図記号**

◎ 市役所	○ 町村役場
⚲ 官公署	⌂ 裁判所
◇ 税務署	⊕ 保健所
⊞ 病院	Y 消防署
⊗ 警察署	X 交番
☆ 小・中学校	⊗ 高等学校
⚥ 風車	⚡ 発電所・変電所
⊓ 神社	卍 寺院
⊖ 郵便局	⎕ 博物館
⌂ 老人ホーム	⌂ 図書館
⌂ 城跡	⚓ 港湾
△ 三角点	⊡ 水準点

‖ 田	∨ 畑
♁ 果樹園	∴ 茶畑
⏚ 竹林	山 荒地
Q 広葉樹林	⋀ 針葉樹林

（2万5千分の1地形図　平成25年図式）

距離1kmは，2万5千分の1の地形図なら4cm，5万分の1の地図なら2cmになる。等高線の種類も，縮尺によって変わるよ。

😊 まるごと暗記　😊 **縮尺** 実際の距離を縮小した割合　😊 **等高線** 土地の起伏を表す線

📖 教科書の 資 料　**次の問いに答えよう。**

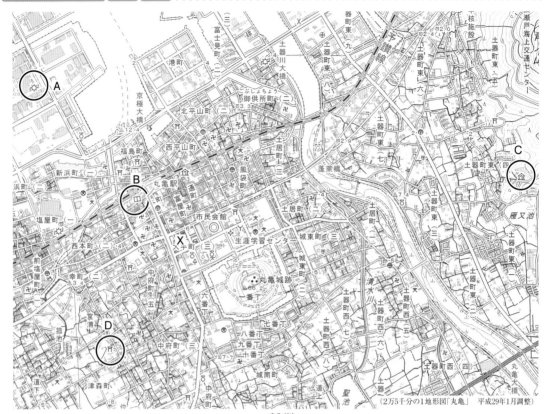

(2万5千分の1地形図「丸亀」 平成29年1月調整)

(1) 次の文は，上の地形図中 **X** のルートで丸亀駅から丸亀城まで向かう場合の説明です。
　　□にあてはまる語句を， からそれぞれ選びなさい。

　　　　　　　　① （　　　　　　　）② （　　　　　　　）

　丸亀駅から大きな道路を南へ歩くと左に ① があり，さらに進んで
　次の ① がある角を左に曲がります。曲がるとすぐ左に ② が見え，
　丸亀城の堀沿いに進むと，城の入り口に着きます。

| 裁判所 |
| 消防署 |
| 郵便局 |

(2) 上の地形図では，丸亀駅から丸亀城までの長さは約4cmです。実際の距離は約何kmに
　　なりますか。　　　　　　　　　　　　　　　　　　　（　　　　　　km）

(3) 地形図中の **A**～**D** の地図記号が示すものは何ですか。

　　　　　　A （　　　　　　　）　B （　　　　　　　）
　　　　　　C （　　　　　　　）　D （　　　　　　　）

(4) 地形図から読み取れることを，次から2つ選びなさい。　（　　）（　　）

　ア　丸亀市役所は，丸亀城の南側にある。
　イ　丸亀城の東側には，病院がある。
　ウ　新浜町から丸亀大橋を渡ると，港町に着く。
　エ　土器川沿いには田が見られるところがある。

 知識の泉　地形図の地図記号は変わることがあります。最近では，災害の教訓を伝える「自然災害伝承碑」
の記号ができる一方，2万5千分の1の地形図で「工場」の記号が廃止されています。

定着のワーク ステージ**2** 第1章 身近な地域の調査

1 **身近な地域の調査①** 右の調査計画書を見て，次の問いに答えなさい。

(1) この調査のテーマはどのような視点で決められたものですか。次から選びなさい。 （　　　）

ア 自然環境

イ 交通や通信

ウ 人口や都市・村落

(2) 表中の□にあてはまる調査方法を次からそれぞれ選びなさい。

a（　　　） b（　　　）

c（　　　） d（　　　）

ア 地域の人に住宅地や畑の変化を伺う。

イ 地域の歴史が書かれた本や，人口に関する資料を調べる。

ウ 学校の周りを実際に歩く。　　エ 昔と今の地域の姿を比べる。

調査計画書
２年〇組　Ａグループ
調査テーマ
「練馬区の人口と農業の関わり」 -学校周辺の町並みはどのように変化してきたか-
調査で確かめたいこと
1．昔は学校の周りに畑が広がっていたのか。 2．練馬区の人口はいつごろから増えたのか。 3．練馬区全体で畑は減っているのか

1．野外調査	a
2．聞き取り調査	b
3．地形図や地図，写真の活用	c
4．文献資料・統計資料の活用	d

(3) 次の場合に用いるとよい資料を，あとから2つずつ選びなさい。

① 具体的な数値を知りたい （　　　）（　　　）

② 産業について知りたい （　　　）（　　　）

③ 歴史や変化を知りたい （　　　）（　　　）

ア 郷土史の本　　イ 農業協同組合のパンフレット

ウ 市区町村要覧　　エ 商工会議所の統計書

オ 新聞の縮刷版　　カ 役所内の関連する課の統計

ヒントの森

(1)市街地の広がりや変化に関わる調査のようです。

(2)a 野外調査はフィールドワークともいいます。

2 **身近な地域の調査②** 右の地形図を見て，次の問いに答えなさい。

(1) 次の文の□に共通してあてはまる語句を書きなさい。

（　　　　　　　）

実際の距離を地形図上に縮めた割合を□といい，この地形図の□は2万5千分の1である。

(2) Aの地点の様子を次から選びなさい。 （　　　）

ア 田　イ 畑　ウ 果樹園　エ 茶畑

(3) B・Cが示す施設を次からそれぞれ選びなさい。

B（　　　）　C（　　　）

ア 高等学校　イ 小・中学校　ウ 病院

エ 博物館　オ 老人ホーム　カ 図書館

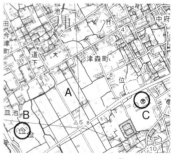

ヒントの森

(2)土地利用の地図記号を見ます。

❸　身近な地域の調査③　次の地形図を見て，あとの問いに答えなさい。

地形図1　2019年

地形図2　1955年

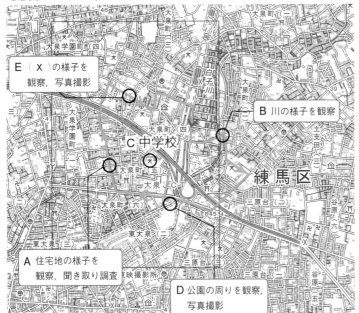

E （ X ）の様子を
観察，写真撮影

B 川の様子を観察

C 中学校

練馬区

A 住宅地の様子を
観察，聞き取り調査

D 公園の周りを観察，
写真撮影

現在の地形図と異なる凡例
・水田　・桑畑　（無地）畑・空き地

（2万5千分の1地形図「志木」昭和30年発行（上），
2万5千分の1地形図「志木」平成31年（左））

第3部

第1章

(1)　**地形図1**は，野外調査をするにあたり，歩く道順をかき入れて使用したものです。このように調査する道順をかいた地図を何といいますか。　（　　　　　）

(2)　住宅地の様子を示した**A**の地点と，**B**の地点の間の地形図上の直線の長さは約3cmです。**A**と**B**の実際の直線距離として正しいものを次から選びなさい。　（　　　　　）

　　ア　約500m　　イ　約750m　　ウ　約1000m　　エ　約1500m

(3)　**C**の中学校から見ると，公園の周りを観察した**D**の地点はおよそどの方位にありますか。8方位で書きなさい。　（　　　　　）

(4)　**地形図1**の地域について，正しい文を次から選びなさい。

　　　　　　　　　　　　　　　　　　　　　　　　　　　　　　　（　　　　　）

　　ア　この地域には高速道路が通っている。

　　イ　この地域には警察署はあるが，消防署はみられない。

　　ウ　等高線の間隔が狭いことから，急傾斜地が多く見られることがわかる。

(5)　**E**の地点について，（　X　）にあてはまる語句を次から選びなさい。　（　　　　　）

　　ア　畑　　イ　果樹園

　　ウ　針葉樹林　　エ　荒れ地

(6)　**地形図2**は，**地形図1**の▢と同じ範囲の地形図です。2つの地形図を見てわかることとして，誤っているものを次から選びなさい。　（　　　　　）

　　ア　川の流れが整えられている。

　　イ　大泉町五丁目の神社は，昔は学校だった。

　　ウ　同じ場所に寺院がある。

　　エ　水田だったところが今は住宅地に変わっている。

ヒントの森

(1)（地形図上の長さ）×（縮尺の分母）で実際の距離を求めます。長さの単位に注意しましょう。

(5)土地利用を示す地図記号から判断します。

確認のワーク ステージ**1** **第2章 日本の地域的特色①**

📖 教科書の **要点** （ ）にあてはまる語句を答えよう。

① 山がちな日本の地形 教 p.142~143

↓世界の主な火山と地震

● 地震や火山が多い日本列島

◆ 高く険しい山地や（① ＿＿＿＿＿）
が連なる造山帯では地震や火山活動が活発。
世界には，アルプス・ヒマラヤ造山帯と，
（② ＿＿＿＿＿）造山帯の二つがある。

日本列島などふくまれる

```
── プレートの境界    ● 主な火山
■ 険しい山脈・山地   ▲ 主な地震の震源地
```
(Diercke-Weltatlas 2008. ほか)

● 日本列島の背骨をなす山地

◆ 日本の国土は山がちで，75%が山地。

◆ 本州の中央部には（③ ＿＿＿＿＿）がそびえ，その東に
フォッサマグナがある。

飛驒山脈，木曽山脈，赤石山脈

② 川がつくる地形と海岸や海洋の特色 教 p.144~145

地形や岩石の特徴を東西で分ける

● 川がつくる地形と生活との関わり

◆ 平野や（④ ＿＿＿＿＿）▶川が上流の山を削
り，その土砂を下流に運ぶことで形成。

■ （⑤ ＿＿＿＿＿）▶川が山間部から流れ出
る所に見られ，水はけがよく，果樹園に利用。

畑やぶどうを栽培

■ （⑥ ＿＿＿＿＿）▶川の河口部にみられ，
水田や住宅地として利用される。

■ 台地▶平地よりも一段高くなっている土地。

↓日本の主な川と平野・盆地

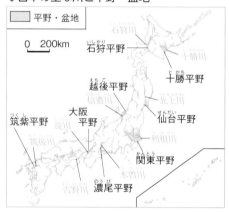

```
□ 平野・盆地
0  200km
```
石狩平野 石狩川 十勝川 十勝平野
越後平野 信濃川 北上川
大阪平野 淀川 仙台平野
筑紫平野 淀川 利根川
筑後川 関東平野
吉野川 濃尾平野 木曽川

● 変化に富んだ日本の海岸

◆ 小さな湾や岬が入り組む（⑦ ＿＿＿＿＿）は，天然の良
港となるほか，養殖も盛ん。

◆ 砂浜海岸，サンゴ礁の海岸は，景色の美しさから観光資源と
して活用される。

◆ 埋め立てや（⑧ ＿＿＿＿＿）が行われたところにはコン
クリートの護岸で直線状の人工海岸が見られる。

排水して陸地をつくること

↓扇状地

● 日本を取り巻く海

◆ 日本列島周辺には大陸棚や，水深が8000mを超える
（⑨ ＿＿＿＿＿）がある。

◆ 近海には暖流と寒流が流れ，優れた漁場。

黒潮 対馬海流 親潮 リマン海流

■ 黒潮と親潮がぶつかる（⑩ ＿＿＿＿＿）（潮
境）があり，プランクトンが集まる世界有数の漁場。

↓リアス海岸

教科書の 資料 次の問いに答えよう。

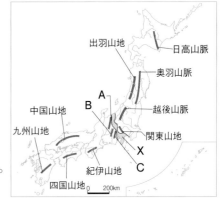

(1) 日本アルプスとよばれる地図中の A ～ C の三つの
山脈名（さんみゃく）を〔　〕からそれぞれ選びなさい。

A （　　　　　　　　　）

B （　　　　　　　　　）

C （　　　　　　　　　）

赤石山脈（あかいし）　　木曽山脈（きそ）　　飛驒山脈（ひだ）

(2) 断層（だんそう）が集まっている地図中の X を何といいますか。

（　　　　　　　　　　　）

(3) (2)の東側と西側のうち, 山地や山脈がほぼ南北方向に並んでいるのはどちらですか。

（　　　　　　　　　　　）

教科書 チェック 一問一答 次の問いに答えよう。

/10問中

★は教科書の太字の語句

1 山がちな日本の地形

①高く険しい山脈が連なり, 世界の中でも地震や火山活動の活発なところを何といいますか。

★① ＿＿＿＿＿＿＿

②二つの①のうち, ヨーロッパから東南アジアにかけて連なるものを何といいますか。

★② ＿＿＿＿＿＿＿

2 川がつくる地形と海岸や海洋の特色

③川の中流部から下流部にかけて広がり, 北海道の石狩（いしかり）などの名前で知られる地形を何といいますか。

★③ ＿＿＿＿＿＿＿

④川や海沿いの平地よりも一段高くなっている土地を何といいますか。

★④ ＿＿＿＿＿＿＿

⑤千葉県（ちば）の九十九里浜（くじゅうくりはま）などにみられる, 長い砂浜が続く海岸を何といいますか。

★⑤ ＿＿＿＿＿＿＿

⑥川や海などに土砂（どしゃ）を入れて埋め, 陸地にすることを何といいますか。

⑥ ＿＿＿＿＿＿＿

⑦コンクリートの護岸で直線状になっていることが特徴（とくちょう）的な海岸を何といいますか。

⑦ ＿＿＿＿＿＿＿

⑧大陸の周辺に広がる, 海岸から緩（ゆる）やかに傾斜（けいしゃ）しながら続く海底を何といいますか。

★⑧ ＿＿＿＿＿＿＿

⑨黒潮（日本海流）や対馬海流（つしま）のように, 周辺の海水よりも高温な海流を何といいますか。

★⑨ ＿＿＿＿＿＿＿

⑩親潮（千島海流（ちしま））のように, 周辺の海水よりも低温な海流を何といいますか。

★⑩ ＿＿＿＿＿＿＿

第3部

第2章

 知識の泉 フォッサマグナの西側の境界線は, 新潟県糸魚川市と静岡県静岡市を結んでおり, 糸魚川静岡構造線とよばれています。東側の境界線は, 火山活動などではっきりしなくなっています。

予習・復習 こつこつ 解答 p.16

確認のワーク ステージ1 **第2章　日本の地域的特色②**

教科書の 要点 （　）にあてはまる語句を答えよう。

1 日本の気候　教 p.146〜147

日本の気候の特色

◆本州・九州・四国は主に（①　　　　），北海道は（②　　　　）（冷帯）に属する。

◆季節風の影響で四季の変化が明確。

◆（③　　　　）による長雨や，台風，冬の雪などの影響で降水量が多い。

日本の気候区分

◆北海道の気候…冬の寒さが厳しい。

◆日本海側の気候…（④　　　　）の季節風の影響で冬に雪が多い。

◆太平洋側の気候…（⑤　　　　）の季節風の影響で夏に雨が多い。

◆内陸の気候…1年を通して降水量が少なく，夏と冬，昼と夜の気温差が大きい。

◆瀬戸内の気候…一年中温暖で降水量が少ない。

◆南西諸島の気候…1年を通して雨が多く，冬でも温暖。

2 日本のさまざまな自然災害　教 p.148〜149

地震と火山災害が多い日本／気象災害

◆地震は，建物の被害，山崩れ，液状化の現象をもたらす。

■地震で海底の地形が変形すると（⑥　　　　）が発生することもある。

◆（⑦　　　　）の噴火では，火砕流などが発生。

◆台風の通り道▶強風や高潮，洪水や土石流の被害。

◆雨が少ないと（⑧　　　　）の被害。

◆東北地方では，夏の気温で冷害。

3 自然災害に対する備え　教 p.150〜151

防災への工夫／災害への対応

◆防災や（⑨　　　　）のための取り組みが進む。

■南海トラフの地震に備えた工夫など。

◆公助に頼るだけでなく，自助や共助が求められる。

◆（⑩　　　　）▶被害を予測し作成。

↓日本の気候区分
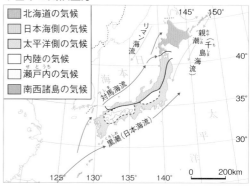

↓降水量の季節変化が起こるしくみ
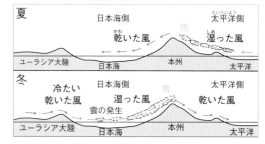

↓日本列島周辺のプレート

↓主な火山と地震

（理科年表ほか）

まるごと暗記 ・季節風 夏は南東，冬は北西の風 ・津波 海底で起きた地震で発生

教科書の 資料 次の問いに答えよう。

(1) ①〜⑥の雨温図にあてはまる気候区分を ［　］から選びなさい。

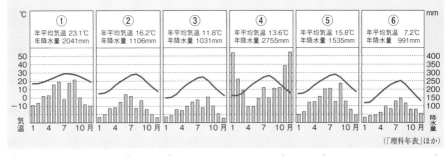

（「理科年表」ほか）

① （ 　　　　の気候）　② （ 　　　　の気候）　③ （ 　　　　の気候）

④ （ 　　　　の気候）　⑤ （ 　　　　の気候）　⑥ （ 　　　　の気候）

北海道　　日本海側　　太平洋側　　内陸　　瀬戸内　　南西諸島

教科書 一問一答 チェック 次の問いに答えよう。

/10問中

★は教科書の太字の詰句

1 日本の気候

①日本の気候に大きな影響を与えている，夏と冬で吹く向きが変わる風を何といいますか。

★□①＿＿＿＿＿＿＿

②夏から秋にかけて発生し，大雨や強風をもたらす熱帯性の低気圧を何といいますか。

★□②＿＿＿＿＿＿＿

2 日本のさまざまな自然災害

③②などによって海面が高くなり，海水が海岸におしよせてくる現象を何といいますか。

□③＿＿＿＿＿＿＿

④地震の震動により，水と砂を多く含む地面が一時的に液体のようになる現象を何といいますか。

★□④＿＿＿＿＿＿＿

⑤火山の噴火の際に，噴出したガスが火山灰などと共に高速で流れる現象を何といいますか。

□⑤＿＿＿＿＿＿＿

⑥大雨によって起こる，水と混じった土砂が川などを流れ下る現象を何といいますか。

★□⑥＿＿＿＿＿＿＿

⑦東北地方で夏の低温のために起こる，稲などの農作物が育たなくなる自然災害を何といいますか。

□⑦＿＿＿＿＿＿＿

3 自然災害に対する備え

⑧国や都道府県，市区町村などが災害時に被災者の救助や支援を行うことを何といいますか。

★□⑧＿＿＿＿＿＿＿

⑨災害時に，⑧に頼るほかに自分自身や家族を守ることを何といいますか。

★□⑨＿＿＿＿＿＿＿

⑩災害時に，住民どうしが協力して助け合うことを何といいますか。

★□⑩＿＿＿＿＿＿＿

知識の泉 １日の最高気温が25度以上の日を夏日，30度以上の日を真夏日，35度以上の日を猛暑日といいます。近年は，日本各地で猛暑日が多くなっています。

第3部 第2章

こつこつ　テスト直前　解答 p.17

定着のワーク　ステージ**2**　第2章　日本の地域的特色①②

1 山がちな日本の地形　次の問いに答えなさい。

よく出る (1) 日本列島と同じ造山帯に含まれる山脈を，次から2つ選びなさい。　（　　　）（　　　）

ア　アンデス山脈　　イ　アルプス山脈

ウ　ロッキー山脈　　エ　ヒマラヤ山脈

(2) 日本の国土面積に占める山地のおよその割合を，次から選びなさい。　（　　　）

ア　30%　　イ　45%　　ウ　60%　　エ　75%

(3) 地図中のAの山脈とBの山地の名をそれぞれ書きなさい。

A（　　　　　　　）　B（　　　　　　　）

よく出る (4) 地図中のCは新潟県から静岡県にかけて断層が集中している地帯です。これを何といいますか。　（　　　　　　　）

よく出る (5) 地図中のDは日本アルプスとよばれる山脈のある地域です。この山脈に含まれないものを，次から選びなさい。　（　　　）

ア　赤石山脈　イ　越後山脈　ウ　木曽山脈　エ　飛驒山脈

ヒントの森

(1)日本列島は環太平洋造山帯に含まれます

(4)この地帯を境として本州の東西で地形や地質が異なります。

2 川がつくる地形と海岸・海洋　次の問いに答えなさい。

(1) 右の地図中のA・Bの川，C・Dの平野の名をそれぞれ書きなさい。

A（　　　　　　　）　B（　　　　　　　）

C（　　　　　　　）　D（　　　　　　　）

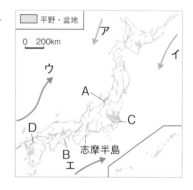

□ 平野・盆地

0　200km

(2) 地図中の志摩半島などに見られる，小さな岬と湾が入り組む海岸を何といいますか。　（　　　　　　　）

(3) 右の写真の地形の名前を書き，地形の特色にあてはまる文を，次からそれぞれ選びなさい。

①（　　　　　　　）（　　　）

②（　　　　　　　）（　　　）

ア　水がしみこみにくいため，昔から水田に利用されている。

イ　水が得にくく，畑などのほか住宅地に開発されている。

ウ　水がしみこみやすく，果樹園に利用されている。

①

②

ヒントの森

(3)①川が山間部から平野や盆地に流れ出た所に広がる砂や石による扇形の地形です。

②川の河口部に，砂や泥がつもり三角形のような形で広がる地形です。

(5)黒潮は暖流，親潮は寒流です。

よく出る (4) 黒潮（日本海流）と親潮（千島海流）を，地図中のア〜エからそれぞれ選びなさい。　黒潮（　　　）　親潮（　　　）

❸ 日本の気候　右の地図を見て，次の問いに答えなさい。

(1) 地図中の➡が示す夏と冬で吹く向きが変わる風を何といいますか。また，冬の風を a・b から選びなさい。　名前（　　　　　）　向き（　　　　）

(2) 次の文の ☐ にあてはまる語句を書きなさい。
①（　　　　　）　②（　　　　　）
　日本の大部分は， ① の気候帯に属し， ② の変化がはっきりしている。

(3) 地図中 A～D の気候の特色を，次からそれぞれ選びなさい。　A（　　　）　B（　　　）　C（　　　）　D（　　　）

ア　1年を通して降水量が少なく，夏と冬，昼と夜の気温の差が大きい。

イ　1年を通して降水量が少なく，温暖である。

ウ　1年を通して降水量が多く，冬でも温暖である。

エ　全般的に冷涼で，特に冬の寒さが厳しい。

(4) 右の雨温図は，地図中の3つの都市のいずれかの雨温図を示しています。上越市にあてはまるものを選びなさい。
（　　　　　）

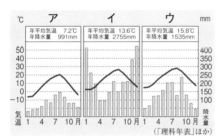

（「理科年表」ほか）

第3部
第2章

❹ 自然災害　次の問いに答えなさい。

(1) 右の図は気象災害の様子を表しています。図中の A・B にあたる災害を，次からそれぞれ選びなさい。
A（　　　　）　B（　　　　）

ア　火砕流　イ　土石流
ウ　高潮　　エ　干ばつ

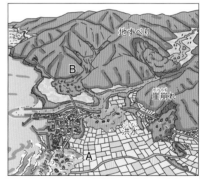

(2) 次の自然災害から，地震が原因となって起こるものを2つ選びなさい。
（　　　　）（　　　　）
ア　噴石　イ　津波　ウ　溶岩　エ　液状化

(3) 東北地方で夏に吹き，冷害の原因となる風を何といいますか。
（　　　　　　　　　）

(4) 自然災害による被害を防ぐことを何といいますか。
（　　　　　　　　　）

(5) 災害が起こったとき，住民どうしが協力して助け合うことを何といいますか。　（　　　　　　　　）

(6) 都道府県や市区町村などが作成している，自然災害の被害を予測した地図を何といいますか。　（　　　　　　　　）

実力判定テスト　ステージ3　**総合問題編**　第2章　日本の地域的特色①②　30分　／100

こつこつ　テスト直前　解答 p.17

1 次の地図を見て，あとの問いに答えなさい。

4点×7（28点）

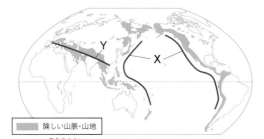

険しい山脈・山地

(1) X・Yの造山帯の名前をそれぞれ書きなさい。

(2) 右の地図中の━は，日本の主な山脈や山地を示しています。次の問いに答えなさい。

① 地図中Zの山脈をまとめて何といいますか。

② ①のうち，中央に位置する山脈を何といいますか。

③ フォッサマグナのおよその位置を右の地図中にかきなさい。

(3) Aにあてはまる河川を次から選びなさい。

〔　北上川　　石狩川　　筑後川　　淀川　〕

(4) 右の写真のような，天然の良港として使われてきた海岸を何といいますか。

(1)	X		Y	
(2) ①		②		③ 図中に示す
(3)		(4)		

2 次の問いに答えなさい。

4点×5（20点）

(1) 右の地図中のA・Bの海流を何といいますか。

(2) 地図中のC・Dの海底には右のような地形が広がっています。それぞれにあてはまる地形名を書きなさい。

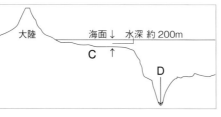

大陸　　海面↓　水深 約200m　　C　↑　D

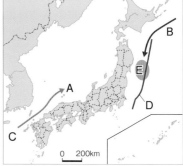

(3) 地図中のEの海域が世界有数の漁場である理由を，「潮目」「プランクトン」という語句を使って，簡単に説明しなさい。

(1)	A		B	(2)	C		D	
(3)								

□ 山や川などの地形をおさえよう。
□ 日本の気候のちがいをおさえよう。
□ 災害の内容と備えをおさえよう。

自分の得点まで色をぬろう！

| 😣がんばろう | 😓もう一歩 | 😊合格！ |

0 　　　　　　　　　　60　　80　100点

3 右の地図を見て，次の問いに答えなさい。

(3)8点, 他4点×5 (28点)

(1) 地図中の**A**の地域は，何という気候帯に属しますか。

(2) 右の雨温図が示す都市を地図中からそれぞれ選びなさい。

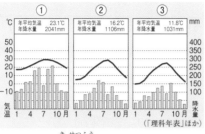

(3) 地図中の**B**の都市では，冬に雪が多くなります。この理由を，「季節風」「山地」の語句を使って簡単に書きなさい。

(4) 日本で，台風の影響を最も受けている地域の気候を次から選びなさい。

ア 北海道の気候　　イ 瀬戸内の気候　　ウ 南西諸島の気候

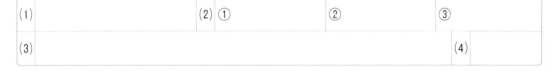

4 次の文を読んで，あとの問いに答えなさい。

4点×6 (24点)

　日本は_a_地震が多く，_b_火山の活動も活発であるほか，台風や大雪による_c_気象災害も多く発生する。大きな被害をもたらした_d_2011年の（　　　）の経験もふまえ，国や地域では，災害の被害を防ぐためのさまざまな_e_取り組みや工夫が進めている。

(1) 下線部**a**について，巨大地震をもたらすことが心配されている右の地図中**X**の海底地形を何といいますか。

(2) 下線部**b**・**c**による災害を次から選びなさい。
ア 火砕流　　イ 液状化　　ウ 高潮

(3) 下線部**d**について，次の問いに答えなさい。
① （　　　）にあてはまる災害名を書きなさい。
② 地図中**Y**の範囲は何による被害を受けましたか。

(4) 下線部**e**について，公助にあてはまるものを次から選びなさい。
ア 避難所を設置する。
イ 地域で避難訓練をする。
ウ 自宅に食料を蓄える。

予習・復習　こつこつ　解答▶p.18

確認のワーク　ステージ1　第2章　日本の地域的特色③

教科書の要点　（　）にあてはまる語句を答えよう。

1 日本の人口　教 p.154〜155

● **大都市に集中する人口／急速に進む少子高齢化**

◆日本の人口は世界有数。三大都市圏や地方の大都市に集中し，（①　　　）状態。
　　約1億2740万人（2019年）　　　　住宅不足などの問題が深刻化し，郊外で住宅地を開発

◆農村や山間部では（②　　　）が進む。
　　過疎や高齢化がおこり，地域社会の維持が困難に。

◆日本は（③　　　）を迎え，人口が減少。

■2015年に老年人口の割合が約26%を超え，**高齢化**の一方で，出生率の低下で**少子化**も進む。

2 日本の資源・エネルギーと電力　教 p.156〜157

● **資源を輸入に頼る日本**▶鉄鉱石や原油などの（④　　　）を外国に頼る。

● **生活を支える電力／持続可能な社会に向けて**

◆以前は（⑤　　　）発電が多かったが，火力発電や原子力発電の割合が増えていった。
　　地球温暖化を引き起こす　　福島第一原子力発電所の事故で見直しが進む

◆太陽光などの（⑥　　　）を利用した発電の拡大が期待される。

◆省エネルギーの技術を生かした環境対策が行われる。

■携帯電話のリサイクルでレアメタルを取り出す。

◆（⑦　　　）の実現を目指す。資源の有効活用
　　現在の人々の生活を守りつつ，将来の世代の発展も維持
や国際協力が不可欠。

3 日本の農業・林業・漁業とその変化　教 p.158〜159

● **日本の農業地域／日本の農業の特色と課題**

◆稲作▶全国の平野に分布。特に北陸や東北地方で盛ん。

◆（⑧　　　）▶大都市周辺で野菜などを生産。

◆**促成栽培・抑制栽培**▶作物の生育を出荷時期に合わせる。

◆**果樹栽培**▶扇状地などで，気候に合わせた果物の生産。
　　温暖な地域のかんきつ類，涼しい地域のりんごなど

◆**畜産**▶北海道地方や九州地方で盛ん。

◆課題▶（⑨　　　）が低い，後継者不足など。
　　国内で消費する食料のうち，国内の生産が占める割合

● **日本の林業と漁業の特色**

◆すぎやひのきの植林。海外からの木材輸入で林業は低迷したが，近年は国内産の木材が見直される。

◆以前は**遠洋漁業**や**沖合漁業**が盛んだったが，漁獲量が減る。**養殖業**や（⑩　　　）が行われる。
　　稚魚などを放流

↓都道府県別の老年人口の割合

老年人口※の割合
- 32%以上
- 29〜32
- 26〜29
- 26%未満

※65歳以上の人口のこと

0　200km

(2017年)　　（「住民基本台帳人口要覧」平成31年版）

↓日本の資源の輸入先

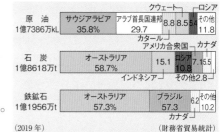

					クウェート	ロシア
原　油 1億7386万kL	サウジアラビア 35.8%	アラブ首長国連邦 29.7	8.8	8.5	5.4	その他 11.8

				アメリカ合衆国	カナダ
石　炭 1億8618万t	オーストラリア 58.7%		15.1	ロシア 10.8	7.15.5
		インドネシア		その他2.8	

鉄鉱石 1億1956万t	オーストラリア 57.3%	ブラジル 57.3	6.2	その他 10.2
			カナダ	

(2019年)　　（財務省貿易統計）

原油はサウジアラビア，他はオーストラリアから多く輸入しているね。

↓日本の漁業部門別漁獲量と輸入量の変化

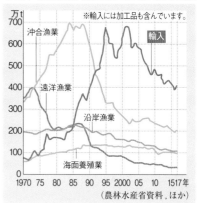

万t
※輸入には加工品も含んでいます。

沖合漁業
輸入
遠洋漁業
沿岸漁業
海面養殖業

700
600
500
400
300
200
100
0

1970 75 80 85 90 95 2000 05 10 1517年
（農林水産省資料，ほか）

まるごと暗記 ☺再生可能エネルギー 太陽光・風力・地熱など ☺近郊農業 大都市に近い地域で行われる農業

教科書の 資料 次の問いに答えよう。

(1) 1930年の日本の人口ピラミッドは何という型でしたか。

( )

(2) 2017年の日本の人口ピラミッドは何という型ですか。

( )

日本の人口ピラミッドの変化

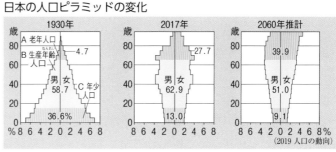

(2019 人口の動向)

(3) 次の文の □ にあてはまる語句を，資料を見てそれぞれ書きなさい。

① ( ) ② ( )

日本では □① の増加と，□② や年少人口の減少がさらに進むと予測され，労働力不足への対策などが課題となっている。

教科書 一問一答 チェック 次の問いに答えよう。

/10問中

★は教科書の太字の語句

1 日本の人口

①特に人口が集中している，東京・大阪・名古屋を中心とする地域を何といいますか。

★□①＿＿＿＿＿＿＿＿＿＿

②食生活の改善や医療技術の進歩により老年人口の割合が急速に増えたことを何といいますか。

□②＿＿＿＿＿＿＿＿＿＿

③出生率が低下し，年少人口の割合が急速に低下したことを何といいますか。

□③＿＿＿＿＿＿＿＿＿＿

2 日本の資源・エネルギーと電力

④原油や石炭・天然ガスを燃料にする発電方法を何といいますか。

★□④＿＿＿＿＿＿＿＿＿＿

⑤日本で近年利用が見直されている，ウランを燃料にする発電方法を何といいますか。

★□⑤＿＿＿＿＿＿＿＿＿＿

⑥家電製品の消費電力をおさえることなど，エネルギーの消費量を少なくすることを何といいますか。

★□⑥＿＿＿＿＿＿＿＿＿＿

⑦プラチナやリチウムなど，埋蔵量が非常に少ない金属をまとめて何といいますか。

★□⑦＿＿＿＿＿＿＿＿＿＿

3 日本の農業・林業・漁業とその変化

⑧野菜などの成長を早め，出荷時期をずらす工夫をした栽培方法を何といいますか。

★□⑧＿＿＿＿＿＿＿＿＿＿

⑨陸地から離れた近海の沖合で行われる漁業を何といいますか。

★□⑨＿＿＿＿＿＿＿＿＿＿

⑩魚介類をいけすやいかだなどで人が育てて増やす漁業を何といいますか。

★□⑩＿＿＿＿＿＿＿＿＿＿

第3部
第2章

知識の泉 過疎が進んだ地域の中には，65歳以上の高齢者が人口の50％以上を占める集落も見られます。消滅の危機もあるこのような集落を限界集落といい，対策が急がれています。

こつこつ　テスト直前　解答 p.18

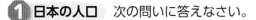

定着のワーク ステージ2　第2章　日本の地域的特色③

1 日本の人口　次の問いに答えなさい。

(1) 次の①・②にあてはまる人口ピラミッドの型を，右からそれぞれ選びなさい。

①（　　　　　）②（　　　　　）

① アジアやアフリカなど，出生率・死亡率がともに高い国に見られる型

② 現在の日本の人口構成に最も近い人口減少型

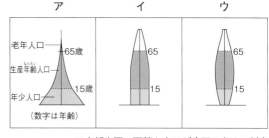

(2) 右のグラフを見て，次の問いに答えなさい。

① グラフ中のA・Bにあてはまる都市名をそれぞれ書きなさい。

A（　　　　　　　）　B（　　　　　　　）

② グラフ中のXには，日本の総人口が入ります。現在の日本の総人口を次から選びなさい。（　　　）

ア　約9500万人　　イ　約1億2500万人　　ウ　約1億5500万人

三大都市圏の面積と人口が全国に占める割合

(3) 次の①・②の問題が見られるのは，過密地域と過疎地域のどちらか，書きなさい。

①（　　　　　　　）②（　　　　　　　）

① 人口が増え，住宅不足などの問題が深刻化する。

② 人口が減り，学校や病院，公共交通機関がなくなる。

(4) 現在の日本のような子どもの数が減り，高齢者の割合が増えた社会を何といいますか。　（　　　　　　　）

ヒントの森
(2)②2010年ごろをピークに減っています。
(3)過密は人口が集中しすぎて起こる問題，過疎は人口が流出して起こる問題です。

2 日本の資源　次の各問いに答えなさい。

(1) 右のグラフ中のA・Bにあてはまる国を，［　　　］からそれぞれ選びなさい。　A（　　　　　）
B（　　　　　）

オーストラリア　　アメリカ合衆国
サウジアラビア　　南アフリカ共和国

日本の資源の輸入先

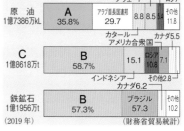

(2) 次の文中の①・②にあてはまる語句を書きなさい。

①（　　　　　）②（　　　　　）

グラフ中Cの　①　は，かつて日本でも採掘していたが，埋蔵量が少なく費用がかかるため，現在は，　②　が安くて品質のよい外国産のものに頼っている。

ヒントの森
(2)①Cの鉱産資源は，炭田で採掘されています。

③ 日本の電力・エネルギー 次の問いに答えなさい。

(1) 右の地図中A〜Cにあてはまる発電所の種類を，
　 　からそれぞれ選びなさい。

主な発電所の分布

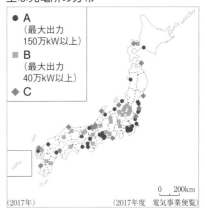

　A (　　　　　　) 　B (　　　　　　)

　　　　　　　C (　　　　　　)

　 水力発電所（すいりょくはつでん）　原子力発電所（げんしりょく）　火力発電所（かりょく）

(2) レアメタルに含（ふく）まれるものを次から2つ選びなさい。

　　　　　　　　　　　　(　　　) (　　　)

　ア 銅（どう）　イ 銀

　ウ プラチナ　エ リチウム

(2017年)　　　(2017年度 電気事業便覧)

(3) 太陽光など，くり返し利用できるエネルギーを何といいますか。

　　　　　　　　　　　(　　　　　　　　　)

(4) 持続可能（じぞくかのう）な社会（しゃかい）の実現（じつげん）につながる取り組みとして誤（あやま）っているも

　 のを，次から選びなさい。　　　　　　(　　　)

　ア 省（しょう）エネルギー技術（ぎじゅつ）を生かして消費（しょうひ）電力を増やす。

　イ 走行時に排（はい）ガスを出さない電気自動車を普及（ふきゅう）させる。

　ウ 不要になったパソコンから回収した金などをリサイクルする。

第3部
第2章

④ 日本の農業・林業・漁業 次の問いに答えなさい。

(1) 右の地図中の■で示（しめ）した地域で主に生産される農産物

　 は何ですか。　　　　　　　　　(　　　　　　)

(2) 右の地図中のA〜Cの県で特に生産量が多い果樹（かじゅ）を次か

　 らそれぞれ選びなさい。

　　　　　　A (　　　) 　B (　　　) 　C (　　　)

　ア みかん　イ りんご　ウ ぶどう

(3) 地図中の東京などの大都市の周辺で，新鮮（しんせん）さが求められ

　 る野菜などを生産する農業を何といいますか。

　　　　　　　　　　　(　　　　　　　　　)

(4) 豚（ぶた）の飼育数（しいく）が全国の中でも特に多い地域を地図中あ〜うから選びなさい。　(　　　)

(5) 次の文の　　にあてはまる語句を書きなさい。　　　(　　　　　　)

　 飼料（しりょう）を輸入（ゆにゅう）に頼る日本には　　が低いという課題がある。

(6) 日本の林業や漁業について，誤っているものを次から選びなさ

　 い。　　　　　　　　　　　　(　　　)

　ア 木材として利用価値（かち）が高い，すぎなどが植林されている。

　イ 近年は国内産の品質のよい木材を見直す動きがある。

　ウ 沖合漁業（おきあいぎょぎょう）・遠洋（えんよう）漁業の漁獲量（ぎょかく）は以前よりも減少している。

　エ 養殖業（ようしょくぎょう）・栽培（さいばい）漁業の普及（ふきゅう）で，水産物は輸入されなくなった。

ヒントの森

(1)山間部に多く分布するBは，ダムを利用する発電所です。

(2)レアメタルは，世界的に埋蔵量が少ない資源です。

ヒントの森

(2)みかんは温暖な地方，りんごは冷涼な地方，ぶどうは雨の少ない地方での栽培に適しています。

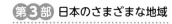

確認のワーク　ステージ 1　第2章　日本の地域的特色④

教科書の 要点 （　　）にあてはまる語句を答えよう。

❶ 日本の工業とその変化
教 p.160〜161

● 日本の工業の特色と工業地域
◆日本の工業は，軽工業から重化学工業→生産に高度な知識と技術が必要な（①　　　　　　　）産業へと発展。
半導体の生産など
◆第二次世界大戦後，太平洋ベルトに工業地域が連なる。
◆（②　　　　　　　）機械工業や電気機械工業などの組
関連工場から納入される部品を使い，自動車などを組み立てる
み立て型工業は太平洋ベルトに加え内陸部でも発展。高速道路沿いに工業団地，部品工場が全国に広がる。

● 変化する日本の工業
◆（③　　　　　　　）で発展したが，貿易摩擦が発生。
輸入された原料や燃料を使い，工業製品を生産して輸出する貿易
◆日本企業の海外工場からの輸入品が増えるなど，工業のグローバル化が進む。
　■海外生産が拡大▶（④　　　　　　　）。
国内生産が衰える

❷ 日本の商業・サービス業
教 p.162〜163

● 産業の中心▶現在の日本の産業は第3次産業中心。
◆（⑤　　　　　　　）産業▶農業・林業・漁業など。
◆（⑥　　　　　　　）産業▶鉱工業・建設業など。
　鉱工業　建設業
◆第3次産業▶商業，サービス業，運輸・郵便業など。
消費者に直接販売する小売業，小売業に販売する卸売業

● 生活の変化と商業／成長するサービス業
◆情報通信技術（ICT）の発達で，インターネットでの売
24時間営業のコンビニエンスストアの配送データの管理などにも活用
買を行う電子商取引など，買い物の手段が多様化。
◆（⑦　　　　　　　）業のうちでは，情報や通信に関連する
業種，医療や福祉サービスを提供する業種が成長している。

❸ 日本の交通網・通信網
教 p.164〜165

● 世界との結び付き／交通網・通信網の発達と生活の変化
◆鉱産資源や機械は船舶，電子部品や野菜は航空機で輸送。
重いものを大量に　　　　軽いものを早く
◆（⑧　　　　　　　）の整備で都市間の移動時間が短縮。
新幹線や高速道路の建設，空港の整備が行われた
◆（⑨　　　　　　　）の整備でインターネットが普及して生活が便利になる。一方，情報格差も生まれている。

❹ さまざまな地域区分
教 p.166〜167

● 日本の特色をつかむ▶主題図を基に区分すると地域に違い。
● 地域区分▶日本の（⑩　　　　　　　）には，よく使われる7地方区分のほか，目的や基準によってさまざまなものがある。

↓日本の貿易品目の変化
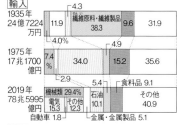
輸入

1935年 24億7224万円	11.9	繊維原料・繊維製品 38.3		9.6	31.9

4.3

4.0%

| 1975年 17兆1700億円 | 7.4% | 34.0 | 15.2 | 35.6 |

4.9

| 2019年 78兆5995億円 | 機械類 29.4% 電気15.3 その他12.3 | 石油10.1 | 食品9.1 その他40.9 |

2.9　5.4　自動車1.8　金属・金属製品5.1

輸出
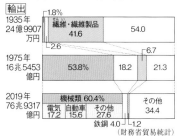

| 1935年 24億9907万円 | 繊維・繊維製品 41.6 | 54.0 |

1.8%

| 1975年 16兆5453億円 | 53.8% | 18.2 | 21.3 |

2.6　6.7

| 2019年 76兆9317億円 | 機械類 60.4% 電気17.2 自動車15.6 その他27.6 | その他34.4 |

鉄鋼4.0　1.2
（財務省貿易統計）

↓主な国の産業別人口の割合
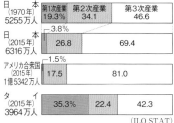

日本 (1970年) 5255万人	第1次産業 19.3%	第2次産業 34.1	第3次産業 46.6
日本 (2015年) 6316万人	3.8%	26.8	69.4
アメリカ合衆国 (2015年) 1億5342万人	1.5%	17.5	81.0
タイ (2015年) 3964万人	35.3%	22.4	42.3

（ILO STAT）

第3次産業は，特に三大都市圏や北海道・沖縄で多いよ。

↓国内輸送の内訳の変化

旅客　　航空機0.3

| 1960年 | 鉄道 75.8% | 自動車22.8 |

船1.1

| 2018年 | 30.2% | 63.0 |

6.6　0.2

貨物　　自動車15.0　航空機0.1未満

| 1960年 | 鉄道 39.0% | 船46.0 |

| 2018年 | 60.9 | 35.1 |

3.8%　0.2
（交通関連統計資料集）

📖 教科書の 資料 次の問いに答えよう。

(1) 地図中のA〜Dの工業地帯名を書きなさい。

A （　　　　　　　）

B （　　　　　　　）

C （　　　　　　　）

D （　　　　　　　）

(2) 地図中のE，Fの工業地域名を書きなさい。

E （　　　　　　　）

F （　　　　　　　）

(3) 工業地帯・工業地域が帯状に連なっている
地図中のXの地域を何といいますか。

（　　　　　　　）

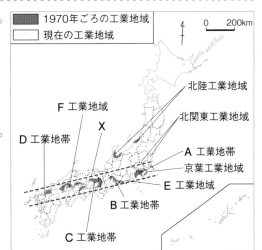

凡例：
1970年ごろの工業地域
現在の工業地域
0　200km

北陸工業地域
北関東工業地域
F 工業地域
X
D 工業地帯
A 工業地帯
京葉工業地域
E 工業地域
B 工業地帯
C 工業地帯

📖 教科書 チェック 一 問 一 答 次の問いに答えよう。

/10問中

★は教科書の太字の語句

1 日本の工業とその変化

①工業のうち，日常生活で使う軽くて製造工程が比較的簡単な製品を生産する工業を何といいますか。

□★① _____

②工業のうち，比較的重い製品を生産する工業と化学工業を合わせて何といいますか。

□★② _____

③高速道路沿いや空港付近に工場を計画的に工場を集めた地域を何といいますか。

□③ _____

④ある国とある国との貿易が原因で，国内の産業・社会に生じる問題を何といいますか。

□★④ _____

2 日本の商業・サービス業

⑤産業の分類のうち，商業，運輸・郵便業，サービス業が含まれる産業を何といいますか。

□★⑤ _____

⑥商業のうち，消費者に直接商品を販売する業種を何といいますか。

□⑥ _____

⑦商業の分野で電子商取引などに活用されている，インターネットなどの技術を漢字で何といいますか。

□★⑦ _____

3 日本の交通網・通信網

⑧軽量・高価な電子部品，鮮度を保つことが大切な野菜等の輸送に使われる交通手段は何ですか。

□⑧ _____

⑨人によって，得られる情報の量や質に差があることを何といいますか。

□★⑨ _____

4

⑩日本を7地方に区分したとき，東京都が含まれる地方を何といいますか。

□⑩ _____

📖 知識の泉　日本の工業を支えてきた京浜，中京，阪神，北九州の工業地帯を四大工業地帯といいます。近年は，北関東工業地域や瀬戸内工業地域の出荷額の占める割合が増えています。

こつこつ　テスト直前　解答　p.19

第2章　日本の地域的特色④

1 日本の工業　次の問いに答えなさい。

(1) 右のグラフ中のA・Bにあてはまる工業地帯の名をそれぞれ書きなさい。

A (　　　　　　　　) 　B (　　　　　　　　)

(2) 太平洋ベルトに位置していない工業地域を，グラフ中**あ**〜**え**から選びなさい。　(　　　　)

(3) 内陸部に工場が多く進出している工業を，次から2つ選びなさい。　(　　　) (　　　)

ア 輸送機械工業　　**イ** 石油化学工業　　**ウ** 電気機械工業　　**エ** 製鉄業

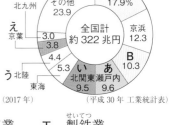

全国の工業出荷額の内訳

(2017年)　(平成30年 工業統計表)

(4) 次の文中の　　にあてはまる語句を書きなさい。

① (　　　　　　　　) 　② (　　　　　　　　)

③ (　　　　　　　　) 　④ (　　　　　　　　)

繊維産業などの ① 工業で始まった日本の工業は，原料や燃料を輸入し，工業製品を作って輸出する ② で発展した。現在は，多くの日本の企業が ③ として世界各地で生産を行う一方，国内の生産が衰退する ④ もみられる。

ヒントの森

(2)日本海側に位置する工業地域です。

(3)ア〜エのうち二つは，資源を輸入しやすい臨海部に工場が造られます。

2 日本の商業・サービス業　次の問いに答えなさい。

(1) 消費者向け電子商取引にあてはまるものを右のグラフ中ア〜ウから選びなさい。　(　　　　)

(2) 次の表のA〜Cにあてはまる産業の分類をそれぞれ書きなさい。

A (　　　　　　　　)

B (　　　　　　　　) 　C (　　　　　　　　)

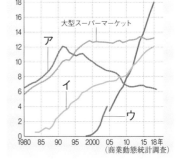

小売店での販売額と電子商取引の取引額の変化

(商業動態統計調査)

A	B	C
農業，漁業	鉱業，建設業	商業，サービス業

(3) 次の産業にあてはまる分類を(2)のA〜Cからそれぞれ選びなさい。

① (　　　) 　② (　　　)

③ (　　　) 　④ (　　　)

① 工業　　② 卸売業　　③ 金融・保険業　　④ 林業

(4) 次の文中の　　にあてはまる語句をそれぞれ書きなさい。

① (　　　　　　　　) 　② (　　　　　　　　)

サービス業のうち，少子高齢化に伴って生活と直接関係する ① や福祉サービスを提供する業種が全国で成長している。一方，情報通信技術（ ② ）に関連する企業も成長しているが，テレビ局などが多い東京をはじめとする大都市に集中している。

ヒントの森

(1)ほかはデパート，コンビニエンスストア。

(2)第○次産業の分類。

(4)①病院など。②アルファベットの略称。

3 **日本の交通網・通信**　右のグラフを見て，次の問いに答えなさい。

(1) グラフ中の**A・B**にあてはまる輸出品を次からそれぞ

れ選びなさい。　　　A（　　　　）　B（　　　　）

　ア　精密機械　　イ　液化ガス

　ウ　自動車　　　エ　原油

(2) 野菜や生花は，グラフ中**a・b**のどちらの手段で輸送

されることが多いと考えられますか。　　（　　　　）

(3) 右のグラフの①～③にあてはまる語句を　　からそれ

ぞれ選びなさい。　　　　　　　①（　　　　）

　　　　　　　　　　　　　　　　②（　　　　）

　　鉄道　　旅客　　貨物　　　③（　　　　）

(4) 日本の通信網について述べた文として正しいものを，

次から選びなさい。　　　　　　　　　　　（　　　　）

　ア　高速通信網が整備されインターネットが広まった。

　イ　観光客向けの通信環境が全国で整っている。

　ウ　スマートフォンの普及が遅れている。

(5) インターネットや国際電話などで世界中の人々と情報の交換を

するために，海底に整備されたものは何ですか。

（　　　　　　　　　　　　　）

日本の海上(a)と航空(b)の輸送貨物(輸出品)

（海事レポートほか）

国内輸送の内訳の変化

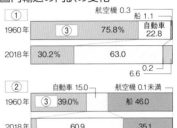

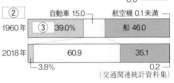

（交通関連統計資料集）

ヒントの森

(3)②船が多いことに注目します。

第3部

第2章

4 **日本の地域区分**　次の地図を見て，あとの問いに答えなさい。

A　人口分布に注目した地域区分の例　　ア　現在の工業地域　　　　イ　主な山地・山脈

(1) 上のような，特定のテーマを詳しく表す地図を何といいますか。（　　　　　　　　　　）

(2) **A**と近い地域区分になると考えられる地図を**ア・イ**から選びなさい。（　　　　）

(3) 右の地図中**A～E**の7地方区分名を書

きなさい。　　A（　　　　　　）

　　　　　　　B（　　　　　　）

　　　　　　　C（　　　　　　）

　　　　　　　D（　　　　　　）

　　　　　　　E（　　　　　　）

ヒントの森

(1)テーマのことを主題とも言います。

(2)人口が多い地域，少ない地域を分けて比べましょう。

実力判定テスト **ステージ3** 総合問題編 **第2章　日本の地域的特色③④** こつこつ テスト直前 解答 p.20 **30分** /100

1 右の図を見て，次の問いに答えなさい。

4点×8（32点）

よく出る (1)　右の図は現在の日本の人口ピラミッドです。これを何型といいますか。

記述 (2)　(1)の人口構成が続くと，進行する少子化によって生じる問題を「労働力」の語句を使って簡単に書きなさい。

(3)　三大都市圏をはじめとする大都市について，誤っているものを次から選びなさい。

ア　郊外にニュータウンが開発された。　　イ　人口が集中して過密となっている。
ウ　移住する人口を増やそうとしている。　エ　大気汚染やごみ問題が生じた。

歳
80　老年人口 27.7
60　男　女　生産年齢人口
40　62.9
20　年少人口
0　13.0
8 6 4 2 0 2 4 6 8

レベルUP (4)　右のグラフ中の火力発電について，次の文の[　]にあてはまる国をあとから選びなさい。

火力発電に利用する鉱産資源について，日本の原油の輸入先1位は西アジアの①，石炭の輸入先1位はオセアニア州の②である。

ア　オーストラリア　　イ　マレーシア
ウ　ブラジル　　エ　サウジアラビア

主な国の発電量の内訳

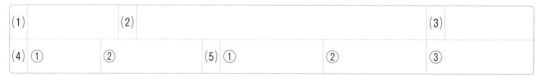

日本（2010年）1兆1569億kWh　水力 7.8%　火力 66.7　原子力 24.9　地熱・風力など 0.6
日本（2017年）1兆74億kWh　8.9%　85.5　3.1　2.5
アメリカ合衆国 4兆2864億kWh　7.6%　62.8　19.6　10.0
フランス 5621億kWh　9.8%　70.9　8.1　11.2
ブラジル 5894億kWh　62.9%　18.1　16.3　2.7

(2017年)　（World Energy statistics）

(5)　次の発電方法をグラフから選びなさい。
①　かつての日本のエネルギーの中心で，山地のダムを利用した発電。
②　2011年の事故をきっかけに，利用が見直されている発電。
③　再生可能エネルギーの一つで火山の熱を利用する発電。

(1)		(2)			(3)	
(4) ①		②		(5) ①		②		③

2 日本の農業や漁業について，次の問いに答えなさい。

5点×4（20点）

記述 (1)　農業について，促成栽培とはどのような栽培方法ですか。簡単に書きなさい。

(2)　北海道で盛んに飼育されている家畜の組み合わせを次から選びなさい。
ア　豚と肉牛　　イ　肉牛と乳牛　　ウ　豚と鶏　　エ　鶏と乳牛

(3)　日本の漁業のうち，①魚介類をいかだやいけすで育てる漁業，②稚魚や稚貝を放流して漁業資源を増やそうとする漁業を何といいますか。

(1)			
(2)		(3) ①	②

目標
- □ 日本の人口構成・分布をおさえよう。
- □ 資源・エネルギーや産業の様子を確認。
- □ 交通や通信の広がりと社会の変化を確認。

自分の得点まで色をぬろう！

😰がんばろう！	😅もう一歩	😊合格！
0	60	80　100点

❸ 右の地図を見て，次の問いに答えなさい。　　　　　　　　4点×7（28点）

(1) 次の文にあてはまる工業地域を地図中 X ～ Z から選び，工業地帯・工業地域名を書きなさい。

① 日本の工業地域のうち，最も工業出荷額が多い。

② 交通網の整備や工業団地の整備に伴い形成された新しい工業地域。

(2) 右のグラフ中の A にあてはまる工業を次から選びなさい。

全国の工業出荷額の内訳

全国合計 322兆703億円 | A 46% | B 13.4 | C 18.0 | D 12.1 | 繊維 1.2 | その他 9.3

(2017年)　（平成30年 工業統計表）

ア　化学　　イ　機械
ウ　食品　　エ　鉄鋼・金属

凡例（2015年）
- 75%以上
- 70～75
- 65～70
- 65%未満

（平成27年 国勢調査報告）

(3) 地図の色分けは，第何次産業の就業者数の割合を示していると考えられますか。

(4) 日本の産業について，正しいものを次から選びなさい。

ア　日本の食料自給率は以前より上昇した。　　イ　工業の一部で国内生産が衰退した。

ウ　商業やサービス業に従事する人が減ってきている。

(1)	①		名前		②		名前	
(2)			(3)				(4)	

第3部 第2章

❹ 次の文を読んで，あとの問いに答えなさい。　　　(2)完答，5点×4（20点）

日本は新幹線や a 空港，高速道路が整備され，b 貨物や c 人の移動が活発になった。高速通信網も全国的に整備され生活が変化したが，d ICTを利用できる人とできない人の間に情報格差も生まれている。

(1) 下線部 a について，千葉県にある日本の空の玄関である国際空港を何といいますか。

(2) 下線部 b について，海上輸送が適した製品とその輸送の長所を簡単に書きなさい。

(3) 下線部 c について，ほかの先進国に比べて日本の大都市圏内の通勤・通学に利用される割合が高いものを次から選びなさい。

ア　鉄道　　イ　自動車　　ウ　航空機　　エ　船

(4) 下線部 d について，ICTを日本語で何といいますか。

(1)			
(2)	製品		長所
(3)		(4)	

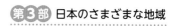

資料活用・思考力問題編

こつこつ 解答 p.20

ステージ 3 第2章 日本の地域的特色

30分

/100

1 次の資料を見て，あとの問いに答えなさい。

6点×5（30点）

資料1

資料2 日本の気候区分

(1) **資料1**について次の問いに答えなさい。

① この地形はどのような場所に見られますか。写真を参考に説明しなさい。

② この地形は主にどのように利用されていますか。この地形の特徴（とくちょう）を明らかにして，簡単（かんたん）に説明しなさい。

(2) **資料2**のAの気候で夏の降水量（こうすい）が多い理由を，簡単に書きなさい。

(3) **資料2**のBの気候の特徴と，発生しやすい災害（さいがい）名を，簡単に書きなさい。

(1)	①	
	②	
(2)		
(3)	特徴	災害

2 日本の人口の特色について，次の問いに答えなさい。

(2)完答，6点×3（18点）

(1) 将来の日本の人口ピラミッドとして予測される型を次から選び，選んだ理由を簡単に説明しなさい。

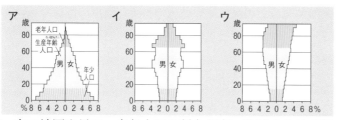

地図

老年人口※の割合
■ 32％以上
□ 29～32
■ 26～29
□ 26％未満
※65歳以上の人口のこと

(2) 右の地図を見て，老年人口の割合が高い地域を7地方区分から2つ書きなさい。

(2017年) （「住民基本台帳人口要覧」平成31年版）

	型	理由
(1)		
(2)		

人口ピラミッドの0～15歳，15～65歳，65歳以上を比較し，ほかの世代との関係をとらえよう。

自分の得点まで色をぬろう！

⊗がんばろう	⊕もう一歩	❹合格！

0　　　　　　　　　　　　60　　80　　100点

3 次の資料を見て，あとの問いに答えなさい。　　　　　　　　6点×4（24点）

資料1　主な発電所の分布

凡例
● ア（最大出力150万kW以上）
■ イ（最大出力40万kW以上）
◆ ウ

（2017年）　　（2017年度　電気事業便覧）

資料2　主な国の発電量の内訳

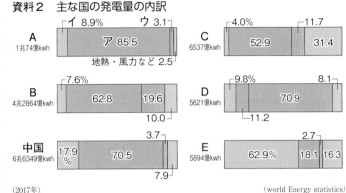

A　1兆74億kwh　イ 8.9% ｜ ア 85.5 ｜ ウ 3.1　地熱・風力など 2.5
B　4兆2864億kwh　7.6% ｜ 62.8 ｜ 19.6 ｜ 10.0
中国　6兆6349億kwh　17.9% ｜ 70.5 ｜ 3.7 / 7.9
C　6537億kwh　4.0% ｜ 52.9 ｜ 31.4 ｜ 11.7
D　5621億kwh　9.8% ｜ 11.2 ｜ 70.9 ｜ 8.1
E　5894億kwh　62.9% ｜ 18.1 ｜ 16.3 / 2.7

（2017年）　　（world Energy statistics）

(1)　資料1・2のア～ウは水力発電所，火力発電所，原子力発電所のいずれかを示しています。水力発電所にあたるものを選び，その場所に造られた理由を，簡単に書きなさい。

(2)　資料2のA～Eうち，日本の発電量の内訳を選び，またその特徴を「火力」「原子力」の語句を使って書きなさい。

(1)	記号	理由
(2)	記号	理由

第3部
第2章

4 次の資料を見て，次の問いに答えなさい。　　　　　　　　7点×4（28点）

資料1　主な農業地域の農業産出額の内訳

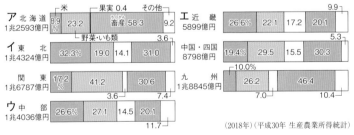

ア 北海道　1兆2593億円　米 8.9% ｜ 野菜・いも類 23.2 ｜ 畜産 58.3 ｜ 9.2　果実 0.4　その他
イ 東北　1兆4324億円　32.3% ｜ 19.0 ｜ 14.1 ｜ 31.0　3.6
関東　1兆6787億円　17.2% ｜ 41.2 ｜ 30.6　3.6 / 7.4
ウ 中部　1兆4036億円　26.6% ｜ 27.1 ｜ 14.5 ｜ 20.1　11.7
エ 近畿　5899億円　26.6% ｜ 22.1 ｜ 17.2 ｜ 20.1　9.9
中国・四国　8798億円　19.4% ｜ 29.5 ｜ 15.5 ｜ 30.3　5.3
九州　1兆8845億円　10.0% ｜ 26.2 ｜ 46.4　7.0 / 10.4

（2018年）（平成30年 生産農業所得統計）

資料2　日本の人口分布

人工が集中している所が少ない地域

人工が集中している所が多い地域

(1)　関東地方で生産が盛んな農産物を資料1のグラフから選びなさい。

(2)　(1)の生産が関東地方で盛んな理由を，資料2を見て「新鮮」の語句を使って簡単に説明しなさい。

(3)　資料2から，関東地方と同じく(2)の理由で，(1)の生産が盛んと考えられる地方を，資料1中のア～エから2つ選びなさい。

(1)		(2)	
(3)			

予習・復習　こつこつ　解答　p.21

確認のワーク　ステージ1　第3章　日本の諸地域
第1節　九州地方

教科書の 要点　（　）にあてはまる語句を答えよう。

1 九州地方の自然環境　教 p.174〜175

● 火山が多い九州地方／温暖な気候と自然災害

◆巨大な（①　　　　　　　）をもつ阿蘇山
など，火山が多い。北西部にリアス海岸，
有明海は日本最大の干潟。

◆南西諸島にはサンゴ礁などの豊かな自然。

◆暖流の影響で温暖。（②　　　　　　　）
黒潮・対馬海流　　　　　　6〜7月の降水量が多い時期
や台風で集中豪雨の被害。

2 火山と共にある九州の人々の生活　教 p.176〜177

● 火山と共に生きる▶（③　　　　　　　）の
頻繁に噴火
ある鹿児島市は火山活動に合わせ生活を工夫。

● 火山の恵み▶日本の温泉の源泉数の約4割が
集まり，（④　　　　　　　）所も多い。
火山活動などの熱エネルギー利用

3 自然を生かした九州地方の農業　教 p.178〜179

● シラス台地とその利用／盛んな畜産／温暖な気候と農業

◆シラス台地▶農業用水などを整備し，野菜や茶などを栽培。
水を通しやすく農業に向かない

◆（⑤　　　　　　　）も盛んで各地でブランド化。
家畜を育てる　　　　　　　「かごしま里豚」「宮崎牛」

◆（⑥　　　　　　　）平野▶米と小麦などの二毛作。
筑後川の下流に広がる

◆九州南部では野菜の促成栽培が行われる。
そくせいさいばい

4 都市や産業の発展と自然環境　教 p.180〜181

● 大陸に近い都市福岡／九州の中心都市／地下資源を生かした工業

◆福岡市は，九州最大の都市で福岡都市圏の中心。
古くから貿易で発展

◆（⑦　　　　　　　）▶八幡製鉄所の鉄鋼業を中心
に発展。公害が深刻化した時期もあった。
第二次世界大戦後

◆1970年代には（⑧　　　　　　　）の工場が急増し，
電気機械工業が盛んになる。自動車工場も増加。
近年アジアに拠点を移す企業が増加

5 南西諸島の自然と人々の生活や産業　教 p.182〜183

● 南西諸島の自然と産業／アジアとの交流の歴史

◆上陸する（⑨　　　　　　　）が多く生活に影響。
伝統的な住居は，低く建てられ，屋根の瓦をしっくいで固定している
（⑩　　　　　　　）の海など，自然を生かした観
光業のほか，さとうきびや菊などの栽培が盛ん。

◆15〜17世紀に栄えた琉球王国で独自の文化が発展。
りゅうきゅう　　　どくじ

◆アメリカ軍の専用施設が多く，住民生活に問題。

↓九州地方の自然

↓シラス台地

↓沖縄島の土地利用

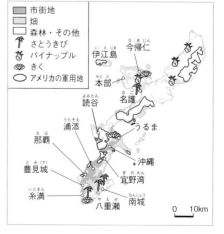

市街地／畑／森林・その他／さとうきび／パイナップル／きく／アメリカの軍用地

まるごと暗記 ・・促成栽培 冬でも温暖な気候を生かす ・・シラス台地 火山の噴出物が積もってできた土地

教科書の 資料 次の問いに答えよう。

(1) A，Bの火山を，□から一つずつ選びなさい。

A（　　　　　　　　） B（　　　　　　　　　）

> 阿蘇山（あそさん） 雲仙岳（うんぜんだけ） 霧島山（きりしまやま） 桜島（さくらじま）

(2) Xで分布を示している，古い火山の噴出物を何といいますか。カタカナ3字で書きなさい。

（　　　　　　　　　　　　　）

(3) Xが広がる台地で生産が盛んな農産物を□から2つ選びなさい。

（　　　　　　　）（　　　　　　　）

> さつまいも　茶　いちご　米

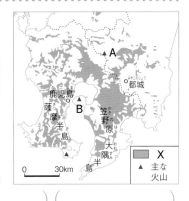

チェック 教科書 一問一答 次の問いに答えよう。

/10問中

★は教科書の太字の語句

1 九州地方の自然環境

①日本最大の干拓（かんたく）地があり，養殖（ようしょく）のりの産地として知られている，佐賀県の南の海を何といいますか。

□① ＿＿＿＿＿＿＿

②大隅（おおすみ）半島より南にある鹿児島県の島々と沖縄県の島々をまとめて何といいますか。

★□② ＿＿＿＿＿＿＿

2 火山とともにある九州の人々の生活

③鹿児島県の桜島（さくらじま）などの火山が噴火（ふんか）すると降（ふ）り，住民の生活に影響を与えているものを何といいますか。

□③ ＿＿＿＿＿＿＿

④大分県の別府（べっぷ），熊本県の黒川（くろかわ）などで知られ，九州地方に源泉の約4割（わり）がある温かい地下水は何ですか。

★□④ ＿＿＿＿＿＿＿

3 泉を生かした九州地方の農業

⑤野菜の促成栽培や畜産が盛んで，豚（ぶた）の飼育（しいく）数が鹿児島県と共に全国有数となっている県はどこですか。

□⑤ ＿＿＿＿＿＿＿

⑥筑紫（つくし）平野で行われる，同じ農地で年に2回異なる作物を栽培する農法を何といいますか。

★□⑥ ＿＿＿＿＿＿＿

4 都市や産業の発展と自然環境

⑦古代から大陸との貿易で栄え，現在は九州地方最大の都市となっている市はどこですか。

□⑦ ＿＿＿＿＿＿＿

⑧明治（めいじ）時代に現在の北九州市に造（つく）られた，官営（かんえい）の製鉄所を何といいますか。

□⑧ ＿＿＿＿＿＿＿

5 南西諸島の自然と人々の生活や産業

⑨15世紀（せいき）前半から17世紀にかけて現在（げんざい）の沖縄県で栄え，独自の文化を築（きず）いた国を何といいますか。

□⑨ ＿＿＿＿＿＿＿

⑩沖縄島の約15％の土地を軍の専用施設（しせつ）として使っている国はどこですか。

□⑩ ＿＿＿＿＿＿＿

第3編 第3章

知識の泉 北九州市が面している洞海湾は，かつては公害による汚染がひどく，「死の海」とよばれるほどでした。環境改善の努力の結果，今では魚のすめるきれいな海によみがえっています。

こつこつ　テスト直前　解答 p.21

定着のワーク　ステージ**2**　第3章　日本の諸地域
第1節　九州地方

1 九州地方の自然と生活　右の地図を見て，次の問いに答えなさい。

(1) Aの山地名とB・Cの平野名を書きなさい。

A（　　　　　　　）

B（　　　　　　　）　C（　　　　　　　）

(2) 地図中のD・Eの火山を次からそれぞれ選びなさい。

D（　　　　　）　E（　　　　　）

ア 阿蘇山　　　イ 雲仙岳（普賢岳）

ウ 桜島（御岳）　エ 霧島山

(3) Fの地域について，次の問いに答えなさい。

① この地域にみられる，岬と湾が入り組んだ海岸を何といいますか。

（　　　　　　　　　　　）

② この地域の西に広がる，海岸から緩やかに傾斜しながら続く海底を何といいますか。

（　　　　　　　　　　　）

(4) 八丁原にある発電所に代表されるような，火山活動で生じるエネルギーを利用した発電の種類を何といいますか。

（　　　　　　　　　　　）

(5) 世界遺産に登録されている地図中Gの島を何といいますか。

（　　　　　　　　　　　）

ヒントの森
(2)ア〜エのうち二つは，九州南部にある火山です。
(4)九州地方に多く見られる発電です。

2 自然を生かした農業　右の地図を見て，次の問いに答えなさい。

(1) Aの県の飼育数が全都道府県中で最も多い家畜を次から選びなさい。　（　　　　　）

ア 豚　　イ 肉牛　　ウ 乳牛

(2) Bの平野で，盛んに生産されている農作物を次から2つ選びなさい。　（　　　）（　　　）

ア きゅうり　　イ さとうきび

ウ ピーマン　　エ いちご

(3) Cの地域について，次の問いに答えなさい。

① この地域に広がる，古い火山の噴出物によってできた台地を何といいますか。（　　　　　　　）

② この地域について誤っているものを次から選びなさい。

（　　　　　　）

ア 稲作が終わった後小麦を栽培する二毛作が行われている。

イ 笠野原などで大規模なかんがい事業が行われた。

ウ 茶の生産が盛んになっている地域がある。

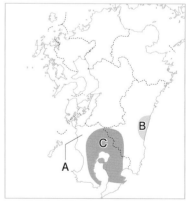

ヒントの森
(1)ア〜ウのうち二つは，北海道での飼育数が最大です。
(2)促成栽培によります。
(3)②水分を保ちにくい特徴があります。

❸ 都市や産業の発展と自然環境　右の地図を見て，次の問いに答えなさい。

(1) 博多湾を海の玄関口とし，政府の出先機関や大企業の支社などが集中する九州地方最大の都市を，地図中**あ～え**から選びなさい。　（　　）

(2) **A**の工業地帯について，次の問いに答えなさい。

① この工業地帯を何といいますか。　（　　　　）

② この工業地帯で，明治時代に官営の工場が造られたことから発展した工業を，右のグラフ中の**ア～エ**から選びなさい。　（　　）

(3) この地方で，1970年代に盛んに生産されるようになったICは何の略称ですか。　（　　　　）

(4) 公害病が発生した経験から，市民・行政・企業が一体となって持続可能な社会への取り組みを行っている**B**の都市を何といいますか。　（　　　　）

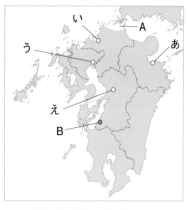

九州地方の工業出荷額の内訳

(4)八代海に面します。

❹ 南西諸島の自然と人々の生活　次の問いに答えなさい。

(1) 右の写真は，沖縄県の伝統的な住宅です。この住宅には何がもたらす被害を少なくする工夫が見られますか。　（　　　　）

(2) 南西諸島で特に生産量の多い農産物を，次から2つ選びなさい。　（　　）（　　）

ア りんご　イ 菊
ウ ぶどう　エ パイナップル

(3) 右のグラフを見て，次の文の　　にあてはまる語句をそれぞれ書きなさい。　①（　　）
②（　　）　③（　　）
沖縄県では，①産業の割合が高い。これは，美しい自然や15世紀前半から栄えた②王国の文化財などが人々を引き付け，③業が重要な産業となってきたからである。

(4) 南西諸島について，誤っているものを次から選びなさい。　（　　）

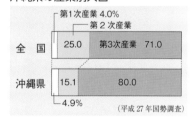

沖縄県の産業別人口

ア サンゴ礁やマングローブなど，日本の他の地域とは異なる自然環境である。
イ 沖縄は第二次世界大戦で戦場となった。
ウ かつてアメリカ軍の軍用施設が置かれていたが，現在はなくなっている。

(1)強風や大雨によって被害をもたらす熱帯性の低気圧です。
(3)③首里城跡などの史跡は，世界遺産に登録されています。

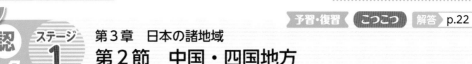

予習・復習　こつこつ　解答 p.22

ステージ **1** 第3章　日本の諸地域
第2節　中国・四国地方

教科書の 要点 （　）にあてはまる語句を答えよう。

① 中国・四国地方の自然環境　教 p.190〜191

● 三つの海と二つの山地／三つの地域で異なる気候

◆ 中国・四国地方▶山陰・瀬戸内・南四国に分かれる。

■ 山陰▶（①　　　　　　　　　）山地より北の日本海
側。北西の季節風の影響で冬に雪が多い。

■ 瀬戸内▶中国山地と四国山地の間で瀬戸内海に面
する。降水量が少なく，古くからため池を整備。

■ 南四国▶（②　　　　　　　　　）山地より南の太平
洋側。黒潮の影響で温暖。南東の季節風の影響で
夏に雨が多い。

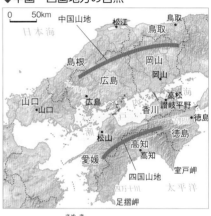

↓中国・四国地方の自然

② 交通網の整備と人々の生活の変化　教 p.192〜193

● 高速道路網の整備と連絡橋の開通／生活・結び付きの変化

◆ 瀬戸大橋や明石海峡大橋などの（③　　　　　　　　　　　）が開通。
高速道路網の整備が進む。　　神戸ー鳴門，児島〔倉敷〕ー坂出，
　　　　　　　　　　　　　　　尾道ー今治の3ルート

◆ 日常的な交通手段が（④　　　　　　　　　）から自動車に。
　　　　　　　　　　　　　　人や貨物を自動車とあわせて運ぶ

③ 瀬戸内海の海運と工業の発展　教 p.194〜195

● 瀬戸内工業地域／輸送機械工業の発達／新製品開発

◆ 瀬戸内海沿岸に（⑤　　　　　　　　　）が形成され，石油化学
工業などの重化学工業が発達した。

■ 倉敷市の水島地区に（⑥　　　　　　　　　）コンビナート。
原油の精製から石油製品の加工まで行う

■ 性能や機能の高い製品の開発を進める化学メーカーが増加。

↓讃岐平野のため池

↓瀬戸大橋

④ 交通網を生かして発展する農業　教 p.196〜197

● 気候を生かした農業／競争力を高める取り組み／市場の拡大

◆（⑦　　　　　　　　　）県南部や瀬戸内の島では温暖で雨の少
ない気候を生かし，みかんを生産。

◆ 高知平野では（⑧　　　　　　　　　）でなすなどを生産し，東
京などにも出荷。　　　　　野菜の成長を早め，出荷時期をずらす

⑤ 人々を呼び寄せる地域の取り組み　教 p.198〜199

● 進む過疎化／文化財や伝統文化／地域おこし

◆ 山間部や離島で過疎化→（⑨　　　　　　　　　）。
観光客を呼び寄せる，企業を誘致する取り組み

■（⑩　　　　　　　　　）▶文化財を観光に活用。
島根県石見地区，世界遺産に登録

■ 境港▶空港や高速道路から近く観光地として発展。

■ 瀬戸内（⑪　　　　　　　　　）海道▶自然や水産資源を生かす。

整備された交通網を利用して
観光客を呼びよせる取り組み
が行われているんだね。

📖 教科書の 資料 　次の問いに答えよう。

(1) 次の文の □ にあてはまる数字をそれぞれ書きなさい。

　　　① (　　　　　　) 　② (　　　　　　)

　東京へ出荷されるなすの価格（かかく）は ① 月が最も高く， ② 月が最も安い。

(2) なすの出荷（さか）が盛んな A の県名を □ から選びなさい。

(　　　　　　　　　　　)

| 佐賀県　　島根県　　山口県　　高知県 |

東京へ出荷されるなすの量と価格

東京の市場の取扱量（とりあつかいりょう）／トレージょう／その他／群馬県産／栃木県産／1kgあたりの価格／A

1　2　3　4　5　6　7　8　9　10　11　12月

(2019年)　　　　　　　　　(東京都中央卸売市場資料)

(3) A の県のように，農作物の成長を調整し，高く売れる冬の時期に夏が旬（しゅん）の野菜を出荷するような栽培（さいばい）方法を何といいますか。

(　　　　　　　　　　　　　　　　)

📖 教科書 チェック 一問一答　次の問いに答えよう。

/10問中

★は教科書の太字の語句

1 中国・四国地方の自然環境

① 中国山地と四国山地の間に広がっている海を何といいますか。

□① _____

② 温暖な南四国の気候に影響を与（あた）えている，近海を流れる暖流（だんりゅう）を何といいますか。

□② _____

2 交通網の整備と人々の生活の変化

③ 本州四国連絡橋のうち，岡山県と香川県を結ぶルートにかかっている橋を何といいますか。

□③ _____

④ 大鳴門橋（おおなるときょう）があり，「阿波（あわ）おどり」などを観光資源としている四国の県はどこですか。

□④ _____

3 瀬戸内海の海運と工業の発展

⑤ 瀬戸内工業地域で盛んな，原油からつくられた製品などを原料とする化学工業を何といいますか。

□★⑤ _____

⑥ 水島（みずしま）地区に⑤の工業を行うコンビナートがある岡山県の都市はどこですか。

□⑥ _____

4 交通網を生かして発展する農業

⑦ 温暖な気候を生かしたなすやピーマンの栽培が盛んな，南四国の平野を何といいますか。

□⑦ _____

⑧ 丘陵地（きゅうりょう）で白桃（はくとう）やマスカットを栽培し，海外にも輸出（ゆしゅつ）している瀬戸内の県はどこですか。

□⑧ _____

5 人々を呼び寄せる地域の取り組み

⑨ 人口が流出して地域社会を支（ささ）える活動が困難（こんなん）になる現象（げんしょう）を何化といいますか。

□★⑨ _____

⑩ 観光客を呼（よ）び寄せたり，企業（きぎょう）を誘致（ゆうち）したりして地域の活性化をはかる取り組みを何といいますか。

□★⑩ _____

 知識の泉　中国・四国地方では交通網が整備され，移動が便利になりましたが，その一方で，大都市に人が吸い寄せられる現象も見られます。これを，ストロー現象とよんでいます。

こつこつ テスト直前 解答 p.22

定着のワーク ステージ2 第3章 日本の諸地域
第2節 中国・四国地方

① 中国・四国地方の自然環境 右の地図を見て，次の問いに答えなさい。

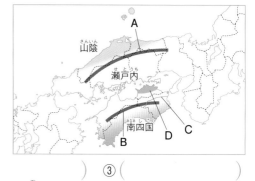

(1) A〜Dの山地や河川，平野名をそれぞれ書きなさい。

A（ 　　　 ）
B（ 　　　 ）
C（ 　　　 ）
D（ 　　　 ）

(2) 次の気候がみられる地域名を，地図中からそれぞれ書きなさい。

①（ 　　　 ） ②（ 　　　 ） ③（ 　　　 ）

① 季節風の影響で，冬には雪や雨の日が多く，山沿いを中心にたくさんの雪が積もる。
② 黒潮の影響で温暖であり，季節風の影響で夏の降水量が多くなっている。
③ 1年を通して晴天の日が多く，降水量が少ないため，水不足になりやすい。

(3) (2)の③の気候の地域で，水不足に備えて農業用につくられた右の写真のような施設を何といいますか。

（ 　　　 ）

> **ヒントの森**
> (2)山陰は北西の，南四国は南東の季節風の影響を受けます。瀬戸内は季節風の影響を受けにくい地域です。

② 交通網の整備と生活 右の地図を見て，次の問いに答えなさい。

(1) 地図中のXの高速道路を何といいますか。

（ 　　　 ）

(2) 地図中のA〜Cの本州と四国を結ぶ橋をまとめて何といいますか。

（ 　　　 ）

(3) (2)のうち，次のルートにあてはまるものをA〜Cからそれぞれ選びなさい。

①（ 　　 ） ②（ 　　 ）

① 瀬戸大橋 ② しまなみ海道

(4) (2)が建設されたことによる変化として誤っているものを次から選びなさい。

（ 　　　 ）

ア 人々の移動が活発になり，フェリーの便数が増えた。
イ 近畿地方の神戸市や大阪市へ出かける人が増え，地方都市の消費が落ち込んだ。
ウ 高速バスなどを使って，観光で四国を訪れる人が増えた。

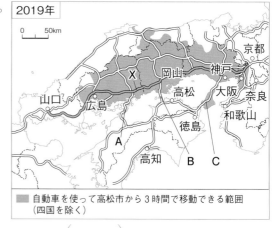

2019年

■ 自動車を使って高松市から3時間で移動できる範囲（四国を除く）

> **ヒントの森**
> (1)中国山地の南側を通る高速道路。
> (3)もう一つは大鳴門橋と明石海峡大橋です。

3 **中国・四国地方の工業** 右の地図を見て，次の問いに答えなさい。

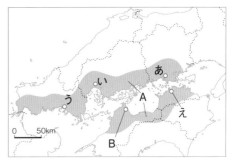

(1) 地図中の**A**に示された工業地域について，次の
問いに答えなさい。

① この工業地域を何といいますか。
（　　　　　　　　　）

② この工業地域の臨海部で盛んな工業を　　　か
ら2つ選びなさい。
（　　　　　　）（　　　　　　）

製糸業　　石油化学工業　　自動車工業　　印刷業

③ この工業地域の代表的な工業都市の一つである倉敷を，**あ**〜
えから選びなさい。（　　　）

(2) タオルの生産が盛んなことで知られる地図中の**B**の都市名を次
から選びなさい。（　　　）

ア 今治　イ 宇部　ウ 岩国　エ 福山

ヒントの森

(1)②臨海部の工場には，
大型貨物船で原料を
大量に輸入したり，
重い工業製品を運び
出したりしやすいと
いう利点があります。

4 **中国・四国地方の農業・観光** 次の問いに答えなさい。

(1) 地図中**A**の県で行われている農業について，
正しいものを次から選びなさい。
（　　　　　　　）

ア 丘陵地で白桃やマスカットなどを栽培し，
海外へも輸出している。

イ 温暖な気候を生かし，ビニールハウスを
使った促成栽培を行っている。

ウ 果樹栽培が盛んであり，みかんの生産量は全国有数となって
いる。

(2) 右のグラフは地図中の**B**の県の農業産出額の内訳を表したもの
です。グラフ中の**W**にあてはまるものを次から選びなさい。
（　　　）

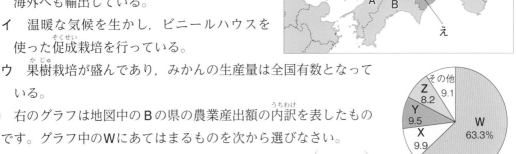

その他 9.1
Z 8.2
Y 9.5
X 9.9
W 63.3%

(2015年)　(農林水産省資料，ほか)

ア 果実　イ 野菜・いも類　ウ 畜産　エ 米

(3) 次の文にあてはまる県を地図中の**あ**〜**え**から選び，記号と県名
を書きなさい。

① 記号（　　）　県名（　　　　　　）
② 記号（　　）　県名（　　　　　　）

① 出雲大社や世界遺産に登録された石見銀山に，多くの観光客
が訪れている。

② 日本最大級の砂丘や，なしの観光農園など，さまざまな観光
資源を活用した地域おこしが行われている。

ヒントの森

(1)**A**の県では，日あた
りの良い傾斜地でさ
かんに農業が行われ
ています。

(2)**B**の県では，温暖な
気候を生かした促成
栽培がさかんです。

第3部
第3章

確認のワーク　ステージ1　第3章　日本の諸地域

第3節　近畿地方①

教科書の要点　（　）にあてはまる語句を答えよう。

❶近畿地方の自然環境　教 p.206〜207

●中央部の低地と南北の山地

◆中央部は，琵琶湖と（①　　　　　　　　　）を中心とした低地。京都盆地などの盆地，大阪平野などの平野が広がり，京都・大阪・神戸などの大都市が集中する。

琵琶湖から流れ，下流に大阪平野が広がる

◆北部にはなだらかな（②　　　　　　　　　）山地や丹波高地，南部には険しい紀伊山地が広がる。

中国地方から兵庫県にかけて連なる山地

◆大阪湾や播磨灘はほとんどが人工海岸である一方，若狭湾や志摩半島には（③　　　　　　　　）が見られる。

入り組んだ海岸線が特徴

●三つの地域で異なる気候

◆日本海に近い北部は，北西の（④　　　　　　　　）の影響で雪が多い。

◆南部は（⑤　　　　　　　　）の影響で冬でも温暖。特に紀伊半島の南東側は南東の季節風の影響で降水量が多い。

太平洋を流れる暖流

◆中央部は南北を山地に挟まれ，夏の暑さが厳しく年間の降水量が少ない。水不足に備えて，（⑥　　　　　　　　）が多く造られた。

播磨平野や奈良盆地など

❷琵琶湖の水が支える京阪神大都市圏　教 p.208〜209

●京阪神大都市圏と琵琶湖・淀川の水

◆京都・大阪・神戸を中心に京阪神大都市圏が広がる。

鉄道沿線に市街地が広がる

■郊外の丘陵地にはニュータウンが建設される。

千里・泉北・須磨など

◆琵琶湖から（⑦　　　　　　　）湾へ注ぐ淀川の水も生活用水として利用。琵琶湖・淀川水系の環境保全が課題。

●琵琶湖の水を守る取り組み

◆琵琶湖では，工場の廃水や生活排水が急速に増えたことで赤潮が発生するなど，水道水への影響が問題となった。

◆（⑧　　　　　　　）を含む合成洗剤の使用中止を住民が呼びかけ，（⑨　　　　　　　）県も工場廃水などを制限。→琵琶湖の水質は徐々に改善。

●水の都，大阪

◆大阪は，「水の都」「（⑩　　　　　　　　）」とよばれる。

江戸時代に商業の中心地

◆中心部で運河が発達し，淀川や瀬戸内海で船の行き来が盛ん。商業が発展していた。

発展した川や運河を観光資源として活用

↓近畿地方の自然

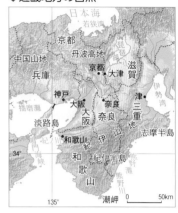

↓京阪神大都市圏と琵琶湖・淀川水系の範囲

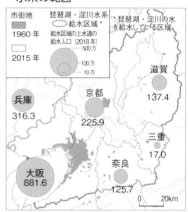

↓琵琶湖で発生した赤潮

淀川は滋賀県内では瀬田川，京都府内では宇治川とよばれるよ。

📖 教科書の 資料 次の問いに答えよう。

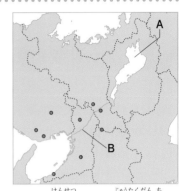

(1) 日本最大の湖である地図中の**A**の湖を何といいますか。

（　　　　　　　　　）

(2) **A**の湖から大阪湾に注ぎ，流域(りゅういき)に暮らす人々の生活用水として水が利用されている地図中の**B**の川を何といいますか。

（　　　　　　　　　）

(3) 東京大都市圏に次いで人口が集中している，地図中の地域に広がる大都市圏を何といいますか。

（　　　　　　　　　）

(4) 地図中の●は，大都市の過密状態(かみつじょうたい)を解消するために大都市周辺に建設(けんせつ)された住宅団地(じゅうたくだんち)や市街地の主な分布(ぶんぷ)を示(しめ)しています。このような住宅団地や市街地のことを何といいますか。

（　　　　　　　　　）

📖 教科書 チェック 一問一答 次の問いに答えよう。

/10問中

★は教科書の太字の語句

① 近畿地方の自然環境

①近畿(きんき)地方南部の和歌山県，奈良県，三重県にまたがる険しい山地を何といいますか。

☐① _____

②沿岸(えんがん)にリアス海岸(かいがん)が見られる，三重県東部の半島を何といいますか。

☐② _____

③大阪湾と瀬戸内海を分ける，近畿地方で最も大きな島を何といいますか。

☐③ _____

④③の島と本州を結ぶ橋を何といいますか。

☐④ _____

⑤観光業のほか，みかんや梅などの果樹栽培(かじゅさいばい)，林業が盛んな近畿地方の県はどこですか。

☐⑤ _____

⑥兵庫県の瀬戸内海沿岸に見られる，不足しやすい水を蓄(たくわ)えるために多く造(つく)られてきた池を何といいますか。

★
☐⑥ _____

② 琵琶湖の水が支える京阪神大都市圏

⑦山から削(けず)り取られた土で海を埋(う)め立て，ポートアイランドなどが造られた都市はどこですか。

☐⑦ _____

⑧海や湖でプランクトンが大量に発生し，水が赤色などに変色する現象(げんしょう)を何といいますか。

☐⑧ _____

⑨江戸(えど)時代に「天下の台所」とよばれ，日本の商業の中心地として発展してきた都市はどこですか。

☐⑨ _____

⑩⑨の都市の中心部に張(は)りめぐらされ，堀川(ほりかわ)とよばれて水上交通に使われてきたものを何といいますか。

☐⑩ _____

第3部
第3章

知識の泉 日本では1960年代にニュータウンの建設が始まりました。当時は新しかったニュータウンも，現在では建物の老朽化や住民の高齢化などが課題となっています。

予習・復習　こつこつ　解答　p.23

確認のワーク　ステージ **1**　第3章　日本の諸地域
第3節　近畿地方②

📖 教科書の **要点**　（　　）にあてはまる語句を答えよう。

❶ 阪神工業地帯と環境問題への取り組み 教 p.210〜211

●移り変わる阪神工業地帯▶大阪湾周辺に阪神工業地帯。

◆1960年代以降，（①　　　　　　　　　）のくみ上げすぎによる**地盤沈下**や，工場の排煙による（②　　　　　　　　　）などの**公害**が深刻化。工業用地も不足。

　■大阪湾で（③　　　　　　　　）を行い，港湾が整備され，埋立地に工場を移転。

◆**臨海部**▶重化学工業が集中→工場が移転→跡地にテレビなどの工場→新しい分野の工場，物流施設，テーマパークが集中。

◆新しい工場では，工業用水の（④　　　　　　　　）や太陽光による発電など環境に配慮する工夫が見られる。

●地域に根ざした中小企業

◆中小企業の町工場では，高い技術で工業製品を生産。
　■後継者不足で廃業→若者にものづくりの楽しさを伝える。
　■住民からの苦情→工場と住民が共生できるまちづくり。

❷ 古都京都・奈良と歴史的景観の保全 教 p.212〜213

●歴史が息づく古都の町並み▶京都・奈良は古都とよばれる。

◆東大寺や清水寺などが（⑤　　　　　　　　）に登録。寺院や寺社が数多く，**重要文化財**が多数ある。

◆西陣織・清水焼，奈良墨などの**伝統的工芸品**を生産。

●古都の景観保全に向けて▶高層の建物で景観が失われつつある。

◆**町家**を保存し，建物の高さや（⑥　　　　　　　　）を整え，電線を地中に埋めるなどの取り組みが進む。

❸ 環境に配慮した林業と漁業 教 p.214〜215

●林業が盛んな紀伊山地と課題，環境林の保全

◆**紀伊山地**▶古くから林業が盛ん。「吉野（⑦　　　　　　　）」や，「尾鷲（⑧　　　　　　　　）」の産地として知られる。

◆近年は林業で働く人の（⑨　　　　　　　）化が進行。

◆洪水や**地球温暖化**を防ぐ効果を重視し，「環境林」を保全。

●水産資源を保護する取り組み

◆沿岸部で漁業が盛ん▶とりすぎ，過度の（⑩　　　　　　　）による水質汚濁などにより水産資源が減少。

◆日本海側でとるカニの量や大きさ，時期の制限などを行う。

↓阪神工業地帯の工業出荷額

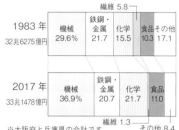

1983年 32兆6275億円	機械 29.6%	鉄鋼・金属 21.7	化学 15.5	食品 10.3	その他 17.1

繊維 5.8

2017年 33兆1478億円	機械 36.9%	鉄鋼・金属 20.7	化学 21.7	食品 11.0	

繊維 1.3　　その他 8.4

※大阪府と兵庫県の合計です。
（平成30年 工業統計表，ほか）

↓東大阪市における製造業の従業員数別割合

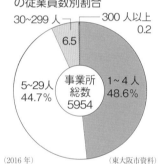

30〜299人 6.5　　300人以上 0.2
5〜29人 44.7%
1〜4人 48.6%
事業所総数 5954

（2016年）　　（東大阪市資料）

↓町家を改装したコンビニエンスストア

↓企業の森づくり活動の事例数

● 主な林業地域
京都 39　北山すぎ
兵庫 12　丹波高地
滋賀 14
大阪 36
奈良 2（2010年）
三重 24（2011年）
吉野すぎ
尾鷲ひのき
和歌山 76
（主に2017年）

参加した企業数
50
10
（国土緑化推進機構資料）

まるごと暗記 😀 **阪神工業地帯** 大阪湾中心の工業地帯　😀 **伝統的工芸品** 西陣織，奈良墨などの工芸品

教科書の 資 料 　次の問いに答えよう。

(1) 右の京都の2枚の写真について，次の文の□□にあてはまる語句をそれぞれ書きなさい。

① (　　　　　　　)
② (　　　　　　　)

Aの写真にある ① と ② が，Bの写真では見られない。これは ① を地中に埋め，歴史的な景観を守る取り組みである。

A

B

(2) 京都は8世紀に都が置かれ，日本の政治や文化の中心地でした。京都に置かれた都を何といいますか。

(　　　　　　　　　)

教科書 一 問 一 答 チェック 　次の問いに答えよう。

/10問中

★は教科書の太字の語句

1
阪神工業地帯と環境問題への取り組み

①大阪湾の臨海部とその周辺を中心とする工業地帯を何といいますか。

★
□①＿＿＿＿＿＿＿

②1960年代に大阪で問題となった，工場の排煙により起きた公害は何ですか。

□②＿＿＿＿＿＿＿

③大阪府の東大阪市や八尾市などの内陸部に多い，規模が小さい企業を何といいますか。

★
□③＿＿＿＿＿＿＿

2
古都京都・奈良と歴史的景観の保全

④平城京が置かれた，東大寺などの文化財がある都市はどこですか。

□④＿＿＿＿＿＿＿

⑤平安京が置かれた，清水寺などの文化財がある都市はどこですか。

□⑤＿＿＿＿＿＿＿

⑥都が置かれ，長い間，日本の政治や文化の中心地であったことから④や⑤の都市は何とよばれていますか。

□⑥＿＿＿＿＿＿＿

⑦④の都市などで保存する取り組みが進められている伝統的な住居を何といいますか。

□⑦＿＿＿＿＿＿＿

⑧⑤の都市の清水焼，西陣織など，古くからの技術によって生産される工芸品を何といいますか。

★
□⑧＿＿＿＿＿＿＿

3
環境に配慮した林業と漁業

⑨世界遺産に登録されている，高野山や熊野本宮大社に通じる山道を何といいますか。

□⑨＿＿＿＿＿＿＿

⑩志摩半島の英虞湾では，何をつくる貝の減少が問題になりましたか。

□⑩＿＿＿＿＿＿＿

第3部
第3章

知 識 の 泉 　古くから都が置かれた近畿地方は，長い間，日本の中心地として発展してきました。「近畿」ということばは，都のまわりの地域を意味する「畿内」が基になっています。

定着のワーク　ステージ **2**

第3章　日本の諸地域
第3節　近畿地方

1 近畿地方の自然環境　右の地図を見て，次の問いに答えなさい。

(1) ①の平野，②の盆地，③の半島，④の湾の名をそれ
ぞれ書きなさい。

①（　　　　　）　②（　　　　　）

③（　　　　　）　④（　　　　　）

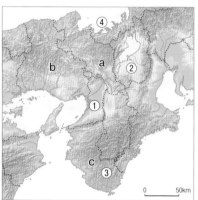

(2) a〜cの府県の特色について述べた文を次からそれ
ぞれ選びなさい。

a（　　）　b（　　）　c（　　）

ア　冬でも温暖で，みかんや梅などの果樹園，白い砂
浜や温泉を生かしたリゾートがみられる。

イ　海に面した地域は季節風の影響で雪が多く，内陸の盆地は，
夏の暑さが厳しく，1年の気温差が大きい。

ウ　瀬戸内海に面した地域は降水量が少なく，水不足に備えるた
めのため池が多くみられる。

> **ヒントの森**
> (2)京都府，和歌山県，兵庫県のいずれかの特徴について述べています。

2 大都市圏と工業　右の地図を見て，次の問いに答えなさい。

(1) この地域に広がる大都市圏について，中心となるA〜
Cの都市名をそれぞれ書きなさい。

A（　　　　　）　B（　　　　　）

C（　　　　　）

(2) 地図中の■のような(1)などの都市の過密のために郊外
の丘陵地などに建設された住宅地を何といいますか。

（　　　　　）

(3) 地図中の琵琶湖の水質を改善するために，使用中止が
呼びかけられた日用品は何ですか。

りんを含む（　　　　　）

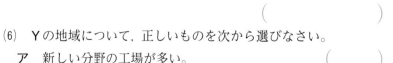

(4) Xの工業地帯について，誤っているものを次から選びなさい。（　　）

ア　地下水のくみ上げすぎによる地盤沈下が問題になった。

イ　大阪市や堺市，高石市の埋立地に重化学工業が集中していた。

ウ　以前に比べて，工業出荷額が大幅に増加している。

(5) 地図中Yの地域に多い中小企業の工場は何とよばれていますか。

（　　　　　）

(6) Yの地域について，正しいものを次から選びなさい。（　　）

ア　新しい分野の工場が多い。

イ　文房具など生活に関わりの深い製品が多く生産されている。

ウ　工場の跡地に大きな物流施設が建設された。

> **ヒントの森**
> (1)三つの都市から1文字ずつとって○○○大都市圏といいます。
> (6)ほかは，大阪湾の臨海部の様子です。

❸ 古都と歴史的景観　次の問いに答えなさい。

(1) 右のグラフタイトルの □ にあてはまる語句を書きなさい。

（　　　　　　　　　　　）

地方別の重要□□数の割合

東北 3.2
北海道 0.4
九州 4.2
中国・四国 8.3
A 近畿 16.6%
B 滋賀 6.3
中部 10.5
合計 1万3217件
関東 27.2
その他 45.9%
近畿 13.2

（2020年 5月現在）
（文化庁資料）

B 10.1

(2) グラフ中の**A・B**の府県について，次の問いに答えなさい。

① **A・B**の府県の県庁所在地にかつて置かれた都の名前を
それぞれ書きなさい。　A（　　　　　　　）

B（　　　　　　　）

② **A・B**にあてはまるものを次から選びなさい。　A（　　　） B（　　　）

　ア　世界遺産に登録されている姫路城を中心としたまちづくりが進められている。

　イ　世界遺産の東大寺をはじめ多くの寺院や寺社がある。

　ウ　西陣織などの伝統的工芸品の生産が盛んで，夏の「祇園祭」が有名である。

(3) 右の写真を見て，次の文の □ にあてはまる語句をそれぞれ書きなさい。

①（　　　　　　　　）

②（　　　　　　　　）

③（　　　　　　　　）

右は，奈良市の伝統的な ① を改
装した建物である。平安時代に造
られた ② の目のような道路が残る京都市の市街地でも同様に，
建物の ③ やデザインが規制されている。これらは歴史的景観
を後世に受け継いでいくための取り組みである。

> **ヒントの森**
> (2)②１つは兵庫県の説
> 明です。
> 古都の景観を守るた
> めの取り組みが行わ
> れています。

❹ 近畿地方の林業・漁業　右の地図を見て，次の問いに答えなさい。

(1) 紀伊山地について，次の問いに答えなさい。

① 紀伊山地の位置を地図中**あ〜え**から選びなさい。

（　　　　　　　）

② 紀伊山地で盛んな林業について，誤っているものを
次から選びなさい。　（　　　　　　　）

　ア　「吉野すぎ」や「尾鷲ひのき」など高品質な木材
の産地として知られている。

　イ　学校等の公共施設で地元の木材を使うなど，林業
の活性化を目指す地域がある。

　ウ　近年は，林業を営む人が急速に増加している。

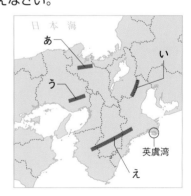

日 本 海
あ
い
う
英虞湾
え

(2) 次の文の □ にあてはまる語句をそれぞれ書きなさい。

①（　　　　　　　　） ②（　　　　　　　）

魚介類のとりすぎや過度な養殖による水質汚濁が起き，日本海
沿岸では ① ，英虞湾では ② をつくる貝の減少が問題になっ
た。日本海沿岸ではとる ① の漁獲量の制限を行っている。

> **ヒントの森**
> (1)①ほかは六甲山地，
> 丹波高地，鈴鹿山脈
> です。
> (2)①○○○ガニです。
> ②宝石として取り引
> きされます。

第3部
第3章

実力判定テスト　ステージ3　総合問題編 第3章　日本の諸地域
第1節　九州地方／第2節　中国・四国地方／
第3節　近畿地方

こつこつ　テスト直前　解答 p.24

30分　/100

1 右の地図を見て，次の問いに答えなさい。

(1)4点，3点×8（28点）

(1) ▨に広がるシラス台地の土の特徴を簡単に説明しなさい。

(2) 佐賀県は，耕地利用率が100%を超えています。これはこの地域でどのような農業が盛んに行われているからですか。

(3) 次の文の□□にあてはまる県を地図中A～Cからそれぞれ選び，（　）にあてはまる語句を書きなさい。

① □□県は，古くから海の玄関口として発展し，豊富に採掘された（　）を利用し，鉄鋼業を中心として工業が発展した。

② □□県は，火山が多い九州の中でも特に温泉が多く，日本最大級の発電量を誇る（　）所がある。

③ □□県は，美しい自然や独自の文化を観光に生かす一方，今なお一部の土地が（　）に使われており，騒音などの問題がある。

(4) 福岡県宮若市や大分県中津市などに近年進出した工場を次から選びなさい。

ア　鉄鋼　　イ　衣類　　ウ　食料品　　エ　自動車

(1)						
(2)		(3)①			②	
(3)③				(4)		

2 右の地図を見て，次の問いに答えなさい。

3点×7（21点）

(1) 地図の地方のうち，Xの地域を何といいますか。

(2) 右の雨温図が示す都市を地図中ア～ウからそれぞれ選びなさい。

(3) Yの工業地域を何といいますか。

(4) 本州四国連絡橋のうち，Zの橋の名前を書きなさい。

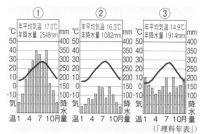

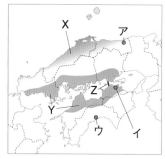

(5) (4)などが開通した結果，この地域の地方都市が衰退した理由を「移動」の語句を使って簡単に書きなさい。

(1)		(2)①		②		③		(3)	
(4)		(5)							

3 次の問いに答えなさい。　　　　　　　　　　　　　　　　3点×5（15点）

(1) 右の写真は，岡山県倉敷市の臨海部に集まる，製油所や化学工場の様子です。このような石油製品の生産に関連する企業が集まる地域を何といいますか。

(2) 中国・四国地方について，次の取り組みを行う県をあとからそれぞれ選びなさい。

① 「阿波おどり」を観光資源として利用している。

② かんきつ類の皮を鯛やぶりの養殖に利用している。

③ 日本最大級の砂丘や，なしの観光農園，漁港を観光に生かしている。

　　ア　島根県　　イ　鳥取県　　ウ　愛媛県　　エ　徳島県

(3) 南四国で，なすやピーマンの促成栽培が盛んな平野を何といいますか。

| (1) | | (2)① | | ② | | ③ | | (3) | |

4 右の地図を見て，次の問いに答えなさい。　　　　　　　　4点×9（36点）

(1) Aの湖とBの河川の名前をそれぞれ書きなさい。

(2) 右の雨温図があてはまる地点を地図中ア〜ウから選びなさい。

(3) ▨の工業地帯について，次の文の□□にあてはまる語句をそれぞれ書きなさい。

　　この工業地帯の臨海部には，① パネルなど新しい分野の工場が進出した。また，大阪府の東部には高い技術力をもつ ② の町工場も多い。

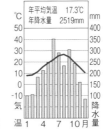

(4) 地図中①〜③の府県にあてはまるものを次から選びなさい。

　　ア　「古都」とよばれ，右の写真のような伝統的な建物も残る。

　　イ　英虞湾で真珠の養殖が盛ん。

　　ウ　六甲山地の土砂で海を埋め立てた。

　　エ　かつて「天下の台所」とよばれた。

(5) この地方で，千里・泉北・須磨などの地区にニュータウンがつくられた理由を，簡単に説明しなさい。

(1)	A		B		(2)	
(3)①		②		(4)①	②	③
(5)						

実力判定テスト ステージ**3**　資料活用・思考力問題編
第3章　日本の諸地域
第1節　九州地方〜第3節　近畿地方

こつこつ　解答▶p.25

30分　/100

1 九州地方について，次の資料を見て，あとの問いに答えなさい。　　8点×4（32点）

資料1

0　500km

ソウル　福岡
プサン
チェジュ
シャンハイ
福岡から900km
タイペイ

▲主な火山　♨温泉地　X

(1) **資料1**は，地図中**X**の県にある発電所の写真で
す。この発電所は何によって電力を生み出してい
ますか。地図を見て，簡単に説明しなさい。

(2) **資料2**について，次の問いに答えなさい。

① **Y**にあてはまる，この年に福岡空港を利用した訪日
外国人が多かった州を書きなさい。

② ①の州の訪日外国人が福岡空港で多い理由を，地図
を参考に簡単に書きなさい。

(3) 地図中〇の地域の農業の様子を，土地の特徴を明らか
にして，簡単に書きなさい。

資料2　福岡空港を利用する
訪日外国人の国・割合

アメリカ合衆国 1.0　　　その他 0.8
ヨーロッパ 1.2
その他
14.8
中国 8.6
13.3（台湾）
合計139万人 97.0%　Y
韓国 60.3%

(2018年)　　　（法務省資料）

(1)	
(2) ①	②
(3)	

2 中国・四国地方について，次の問いに答えなさい。　　10点×2（20点）

(1) **資料**を見て，高松市から移動
にかかる時間が1985年から2019
年ではどのように変化していま
すか。

(2) (1)のように所要時間が変化し
た理由を，簡単に説明しなさい。

資料　中国・四国地方の高速道路網と所要時間の変化

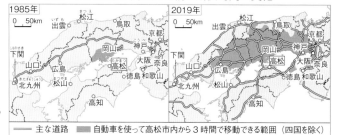

1985年　0　50km
出雲　松江　鳥取
下関　山口　岡山　京都
広島　高松　大阪 奈良
北九州　松山　徳島 和歌山
高知

2019年　0　50km
出雲　松江　鳥取
下関　山口　岡山　神戸 京都
広島　高松　大阪 奈良
北九州　松山　徳島 和歌山
高知

══ 主な道路　▨ 自動車を使って高松市内から3時間で移動できる範囲（四国を除く）

(1)	
(2)	

地名や地形の位置関係や距離に注目して地図を読み取ろう。交通網の広がりにも注目してみよう。

3 中国・四国地方について，次の問いに答えなさい。

(1)(2)10点×2，(3)4点（24点）

(1) **資料**のうち，高知県産にあてはまるものをア～ウから選び，その時期に出荷する理由を「価格」の語句を使って簡単に説明しなさい。

(2) (1)のように出荷できる理由を気候と栽培方法に注目して簡単に説明しなさい。

(3) 高知県から出荷する野菜の輸送形態として多いものを次から選びなさい。

ア 鉄道　　イ トラック　　ウ 航空

資料 東京へ出荷されるなすの量と価格

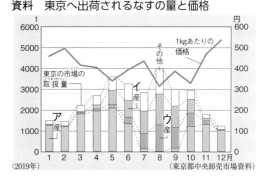

(2019年)　　　　　　　　（東京都中央卸売市場資料）

(1)	記号	理由			
(2)				(3)	

4 近畿地方について，次の資料を見て，あとの問いに答えなさい。

8点×3（24点）

資料1 近畿地方の主なニュータウン　　**資料2 奈良・和歌山・三重の3県における林業従事者の変化**　　**資料3 授業ノート**

（平成27年国勢調査報告ほか）

・国や自治体は林業の知識や技能が習得できる「a緑の雇用」制度を始めた。

・奈良県の十津川村ではb公共施設に地元産の木材が使われている。

(1) **資料1**について，ニュータウンはどのような地域に造られていますか。鉄道の種類に注目して簡単に書きなさい。

(2) **資料2・3**について，次の問いに答えなさい。

① 下線部**a**の取り組みが行われた理由として考えられることを，**資料2**を見て，簡単に書きなさい。

② 下線部**b**の取り組みは①のほかにどのような林業の課題を解決するために行われたと考えられますか。「輸入材」の語句を使って簡単に書きなさい。

(1)		
(2)	①	
	②	

予習・復習　こつこつ　解答　p.25

ステージ 1　第3章　日本の諸地域
第4節　中部地方①

教科書の 要点　（　）にあてはまる語句を答えよう。

1 中部地方の自然環境　教 p.222〜223

●日本アルプスを抱く中部地方

◆飛騨山脈，木曽山脈，（①　　　　　　　　　）から
　なる日本アルプスが中央にあり，富士山や浅間山
　などの火山も点在。

◆天竜川や信濃川が日本アルプスから流れ出る。

◆木曽川，（②　　　　　　　　　），揖斐川の木曽三
　川が流れる濃尾平野は，昔は川の氾濫が多かった
　が，現在では治水が進む。

●三つの地域で異なる気候

◆中部地方は，東海・中央高地・北陸と分けられる。

■（③　　　　　　　　　）▶太平洋側。夏に降水量
　が多く冬は温暖。日当たりのよい丘陵でみかん
　栽培が盛ん。

■（④　　　　　　　　　）▶日本海側。冬に
　（⑤　　　　　　　　　）から季節風が吹き，雪が多い。

■（⑥　　　　　　　　　）▶内陸。標高が高く，夏と冬，昼と
　夜の気温差が大きい。高原は夏に涼しく，避暑地となる。

2 中京工業地帯の発展と名古屋大都市圏　教 p.224〜225

●繊維工業から自動車工業へ

◆愛知県の内陸部は（⑦　　　　　　　　　）工業で発展。

■織物機械を作る技術から，自動車工業が発展した。

◆自動車工業は，数多くの部品を組み立てて自動車を生産する
　（⑧　　　　　　　　　）型の工業。自動車工場の周辺には部品
　を造る関連工場が多く集まる。

●日本最大の工業地帯／結び付きを強める名古屋大都市圏

◆（⑨　　　　　　　　　）湾沿いの愛知県東海市に製鉄所，
　（⑩　　　　　　　　　）県四日市市に石油化学コンビナート。

◆臨海部の重化学工業が内陸部の自動車工業と結び付き，
　日本最大の中京工業地帯を形成。

◆愛知県名古屋市は東海の中心都市。

■鉄道や道路を通じて周辺地域と結び付き，日本で三番
　目に人口が多い名古屋大都市圏を形成。

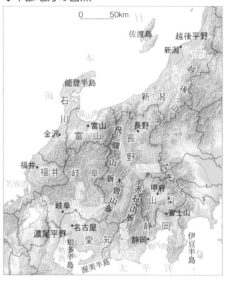

↓中部地方の自然

↓中部地方の地域区分

輸送に便利な場所に工場が多いよ。

↓輸送用機械工業の出荷額
合　計 68兆3716億円

愛知 38.8%	静岡 6.3	神奈川 6.0	群馬 5.4	広島 5.3	福岡 4.9	埼玉 3.7	その他 29.6

（2017年）　　　（平成30年 工業統計表）

教科書の 資料 次の問いに答えよう。

(1) Aの湾の名を書きなさい。

（　　　　　　　　　湾）

(2) 次の市で盛んな工業を，□□□からそれぞれ選びなさい。

① 四日市市 （　　　　　　　　　）

② 豊田市 （　　　　　　　　　）

石油化学工業　　自動車工業
繊維工業　　食品工業

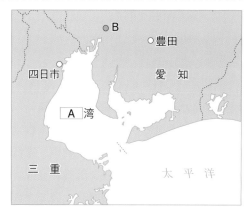

(3) B市は，周辺地域と結び付いて大都市圏を形成しています。この都市名を書きなさい。

（　　　　　　　　　市）

教科書 一問一答 次の問いに答えよう。

/10問中

★は教科書の太字の語句

1 中部地方の自然環境

①中部地方の中央にある，飛驒山脈，木曽山脈，赤石山脈をまとめて何といいますか。

★① ＿＿＿＿＿

②越後平野を流れて日本海に注ぐ，日本で最も長い川を何といいますか。

② ＿＿＿＿＿

③木曽三川が流れ，昔は川の氾濫が多かった，愛知県から岐阜県にかけて広がる平野を何といいますか。

③ ＿＿＿＿＿

④温暖な東海に位置する静岡県で，駿河湾沿いの日当たりのよい丘陵などで盛んに栽培される果樹は何ですか。

④ ＿＿＿＿＿

⑤冬に北西から吹き，中部地方の日本海側に多くの雪をもたらす風を何といいますか。

⑤ ＿＿＿＿＿

⑥高原が広がる長野県軽井沢町のように，都会の人々が夏に涼しさを求めて訪れる土地を何といいますか。

⑥ ＿＿＿＿＿

2 中京工業地帯の発展と名古屋大都市圏

⑦石油化学製品を効率よく生産するために関係のある工場をまとめた地域を何と言いますか。

⑦ ＿＿＿＿＿

⑧名古屋市を中心とする地域で生産された自動車が主に輸出される貿易港を何といいますか。

⑧ ＿＿＿＿＿

⑨三重県から愛知県にかけての臨海部に広がる日本最大の工業地帯を何といいますか。

★⑨ ＿＿＿＿＿

⑩愛知県と東京都，大阪府を結び，交通の大動脈として機能している新幹線を何といいますか。

⑩ ＿＿＿＿＿

 知識の泉　豊田市は，昔は挙母（ころも）町といいましたが，自動車会社の名前をとって豊田市になりました。この市のように，一つの企業が経済に与える影響が大きい地域を企業城下町といいます。

第3部 第3章

予習・復習　こつこつ　解答 p.25

確認のワーク　ステージ1　第3章　日本の諸地域
第4節　中部地方②

📖 教科書の 要点 （　　）にあてはまる語句を答えよう。

① 東海で発達するさまざまな産業　教 p.226〜227

●豊かな水を生かして発達した工業

◆（①　　　　　　）▶静岡県の太平洋沿岸に広がる。

■西部はオートバイ，自動車，楽器の生産が盛ん。

■東部は製紙・パルプ工業が発達。

●水が得にくい地域での農業／遠洋漁業の基地，焼津

◆静岡県の牧ノ原や磐田原などの（②　　　　　　　）では，
日当たりや水はけがよく，茶の栽培が盛ん。
（平地の中で一段高くなっているところ）

◆愛知県南部の渥美半島では，（③　　　　　　　）の整備で
園芸農業が盛んになった。
（用水路）

■（④　　　　　　）の抑制栽培▶電照栽培で成長を抑える。

◆温暖な東海では，施設園芸農業が盛んになっている。

◆静岡県の焼津港は，遠洋漁業の基地で，まぐろやかつおの漁
獲量が日本一。

↓静岡県で生産が盛んな工業製品

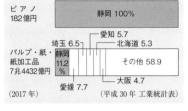

ピアノ 182億円　静岡 100％

パルプ・紙・紙加工品 7兆4432億円　静岡 11.2％　埼玉 6.5　愛知 5.7　北海道 5.3　その他 58.9　大阪 4.7　愛媛 7.7

(2017年)　(平成30年 工業統計表)

↓電照菊の栽培

② 内陸にある中央高地の産業の移り変わり　教 p.228〜229

●盆地に生まれた産業／涼しい気候を生かした高原野菜

◆甲府盆地や長野盆地の（⑤　　　　　　　）は，養蚕
（日あたりが良く水はけがよい）
が盛んだった時代は（⑥　　　　　　　）として利用。
（蚕のえさ）

■製糸業衰退後，（⑦　　　　　　　）や桃などを栽培。
（ワインの原料）

◆（⑧　　　　　　　）県の野辺山原では，夏でも涼し
い気候を生かし，レタスなどの高原野菜を生産。

●製糸業から電気機械工業へ

◆中央高地では，製糸業の衰退後，精密機械工業が発達。
近年は電気機械工業の工場が進出している。
（電子部品，プリンタ，産業用ロボットなどを生産）

↓東京へ出荷されるレタスの量

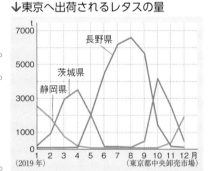

長野県　茨城県　静岡県

(2019年)　(東京都中央卸売市場)

③ 雪を生かした北陸の産業　教 p.230〜231

●雪どけ水を生かした稲作／冬場の副業で発達した地場産業

◆（⑨　　　　　　）平野▶雪どけ水を利用し米の単作。
（信濃川の下流）
「魚沼産コシヒカリ」などの銘柄米を生産。

◆北陸では，冬の（⑩　　　　　　　）として屋内で作業で
（雪が多く，農業ができない）
きる工芸品などを生産。この技術が地場産業につながる。

●雪どけ水を生かした工業と暮らし

◆豊富な雪どけ水を利用し，水力発電が盛ん。水と電力がア
ルミニウム工業の発展を支える。
（地場産業の銅器の生産から発展）

↓北陸の主な伝統的工芸品

新潟・白根仏壇　越後三条打刃物　新潟　輪島塗　高岡漆器　小千谷縮　金沢箔　十日町がすり　加賀友禅　富山　塩沢紬　山中漆器　高岡銅器　九谷焼　加賀ぬい　福井　越前漆器　越前和紙

0　50km

(経済産業省資料)

📖 教科書の 資料　次の問いに答えよう。

(1) A〜Cは，新潟県，愛知県，長野県のいずれかです。あてはまる県名をそれぞれ書きなさい。

A（　　　　　　　）　B（　　　　　　　）

C（　　　　　　　）

全国と中部地方3県の農業産出額

A 2462億円	米 58.7%	野菜 14.2		畜産 19.4

果実3.1　その他1.6

B 2616億円	18.1%	34.6	27.3	11.0

花3.0　5.3　3.7

C 3115億円	9.5%	36.1	17.4	27.8

6.5　2.7

(2018年)　　　　（生産農業所得統計）

(2) A県などで生産が盛んな，特に優れた品質をもつとして，産地や品種が登録された米を何といいますか。

（　　　　　　　　　　）

(3) B県で，涼しい気候を生かして多くつくられている，レタスなどの野菜をまとめて何といいますか。（　　　　　　　　　　）

(4) C県で，花の栽培に用いられている，電照栽培などによって農産物の成長を遅らせる栽培方法を何といいますか。（　　　　　　　　　　）

📖 教科書 一問一答　次の問いに答えよう。

/10問中

★は教科書の太字の語句

1 東海で発達するさまざまな産業

①都市の市場への出荷を目的に，野菜や果樹，花などを栽培する農業を何といいますか。

★① ＿＿＿＿＿＿＿＿＿

②①のうち，温室やビニールハウスなどの施設を使う農業を何といいますか。

★② ＿＿＿＿＿＿＿＿＿

③遠洋漁業の基地として栄え，かつおやまぐろの漁獲が盛んな静岡県の漁港はどこですか。

③ ＿＿＿＿＿＿＿＿＿

2 内陸にある中央高地の産業の移り変わり

④かつて中央高地で盛んに行われていた，蚕を飼って繭を生産する農業を何といいますか。

★④ ＿＿＿＿＿＿＿＿＿

⑤化学繊維の普及などによって衰退した，繭から生糸をつくる産業を何といいますか。

★⑤ ＿＿＿＿＿＿＿＿＿

⑥第二次世界大戦後に中央高地の諏訪盆地で盛んになった，時計などを作る工業を何といいますか。

★⑥ ＿＿＿＿＿＿＿＿＿

⑦近年，中央高地の高速道路沿いで盛んな，電子部品やプリンタなどを作る工業を何といいますか。

★⑦ ＿＿＿＿＿＿＿＿＿

3 北陸の産業 雪を生かした

⑧北陸での稲作のような，1年間に1種類の農作物だけを栽培することを何といいますか。

★⑧ ＿＿＿＿＿＿＿＿＿

⑨地域と密接に結び付いて発達してきた，伝統産業などの産業を何といいますか。

★⑨ ＿＿＿＿＿＿＿＿＿

⑩伝統産業によって生産される織物や漆器，陶磁器などを何といいますか。

⑩ ＿＿＿＿＿＿＿＿＿

知識の泉　品種改良で生まれた「コシヒカリ」からは，さらに新しい品種が生み出されています。「あきたこまち」や「ひとめぼれ」などは，「コシヒカリ」の子にあたる品種です。

こつこつ　テスト直前　解答　p.26

定着のワーク　ステージ2

第3章　日本の諸地域
第4節　中部地方

1 中部地方の自然環境　右の地図を見て，次の問いに答えなさい。

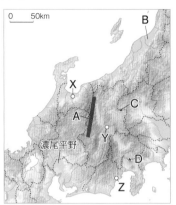

0　50km

(1)　A・Bの山脈・平野名をそれぞれ書きなさい。

A（　　　　　　　　　）　B（　　　　　　　　　）

(2)　C・Dの火山（かざん）の名前を　　　からそれぞれ選びなさい。

C（　　　　　　　　　）　D（　　　　　　　　　）

あさまやま　あそさん　ふじさん　おんたけさん
浅間山　　　阿蘇山　　富士山　　御嶽山

よく出る (3)　濃尾平野（のうび）を流れる川として誤（あやま）っているものを次から選び
なさい。　　　　　　　　　　　　　　　　（　　　　　）

ア　木曽川（きそがわ）　イ　長良川（ながらがわ）　ウ　天竜川（てんりゅうがわ）

(4)　地図中の地域のうち，①日本海側，②内陸，③太平洋（たいへいよう）側の地域をそれぞれ何といいます
か。

①（　　　　　　　）　②（　　　　　　　）　③（　　　　　　　）

よく出る (5)　X～Zの都市の雨温図
を右からそれぞれ選びな
さい。　　X（　　　　）

Y（　　　　）

Z（　　　　）

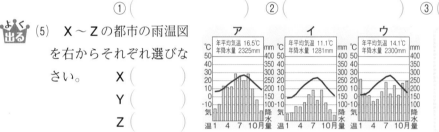

ア　年平均気温 16.5℃　年降水量 2325mm
イ　年平均気温 11.1℃　年降水量 1281mm
ウ　年平均気温 14.1℃　年降水量 2300mm

ヒントの森
(2)九州地方の火山が含まれています。
(5)アは夏，ウは冬の降水量が多くなっています。

2 東海の産業　右の地図を見て，次の問いに答えなさい。

(1)　東海の中心都市Xと，「自動車の町」として有名
なYの都市名をそれぞれ書きなさい。

X（　　　　　　　　　）

Y（　　　　　　　　　）

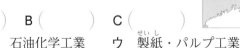

(2)　A～Cの都市で特に盛（さか）んな工業を次からそれぞれ
選びなさい。

A（　　　　　）　B（　　　　　）　C（　　　　　）

ア　鉄鋼業（てっこう）　イ　石油化学工業　ウ　製紙（せいし）・パルプ工業

(3)　豊川用水（とよがわ）が引かれていて，園芸（えんげい）農業が盛んなZの半島を何といい
ますか。　　　　　　　　　　　　　　　（　　　　　　　　　）

(4)　右のグラフの①・②にあてはま
る農産物を次から選びなさい。

①（　　　　）　②（　　　　）

ア　なす　　イ　菊（きく）

ウ　いちご　エ　茶

東海で生産が盛んな農産物

三重 7.2
① 静岡 38.7%　鹿児島 32.6　その他 21.5

福岡 6.7　鹿児島 6.0
② 愛知 31.8%　沖縄 17.9　その他 37.6

(2018 年)　　　　　（農林水産省資料）

ヒントの森
(1)Aは四日市市，Bは東海市，Cは富士市です。
(4)②(3)の半島で，露地栽培や電照栽培で生産されています。

3 **中央高地の産業**　次の問いに答えなさい。

(1)　中央高地の高原では，高原野菜の栽培が盛んで，
長野県の野辺山原ではレタスを多く出荷しています。
次の問いに答えなさい。

①　長野県を示すものを右のグラフのア～ウから選
びなさい。　　　　　　　　　　　　　（　　）

②　野辺山原でレタスの栽培に生かされている自然
条件を次から選びなさい。　　　　　　（　　）
ア　扇状地の水はけや日当たりのよさ
イ　夏の涼しさ　　ウ　日照時間の長さと温暖さ

東京へ出荷されるレタスの量

（2019年）　　　　　　　（東京都中央卸売市場資料）

(2)　甲府盆地が位置する県について，次の問いに答えなさい。

①　この県名を書きなさい。　　　　（　　　　　　　）

②　この県で特に生産が盛んな果物を次から2つ選びなさい。
（　　　）（　　　）

ア　みかん　　イ　ぶどう　　ウ　桃　　エ　さくらんぼ

(3)　長野県で①第二次世界大戦後に生産が盛んになった製品，②近
年，特に高速道路沿いで生産量が増えている製品を次からそれぞ
れ選びなさい。　　　　　　　①（　　　）　②（　　　）
ア　プリンタ　　イ　オートバイ　　ウ　ピアノ　　エ　時計

> **ヒントの森**
> (1)①②条件を生かして
> ほかの地域からの出
> 荷が少ない時期に栽
> 培しています。
> (3)①精密機械工業②電
> 気機械工業にあては
> まります。

4 **北陸の産業**　右の地図を見て，次の問いに答えなさい。

(1)　地図中の**A**の県について，次の問いに答えなさい。

①　この県を何といいますか。　　　（　　　　　　）

②　この県について，正しいものを次から選びなさい。
（　　　）

ア　「魚沼産コシヒカリ」のような銘柄米を盛んに生産
している。
イ　米と小麦の二毛作が盛んに行われている。
ウ　農業用水としてため池をつくり，水不足に備えている。

(2)　**B・C**の県の伝統的工芸品を　　からそれぞれ選びなさい。

B（　　　　　　　）　　C（　　　　　　　）

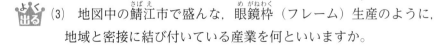
越前和紙　　高岡銅器　　輪島塗　　小千谷縮　　越後三条打刃物

(3)　地図中の鯖江市で盛んな，眼鏡枠（フレーム）生産のように，
地域と密接に結び付いている産業を何といいますか。
（　　　　　　　　　）

(4)　地図中の黒部川で盛んな発電方法を次から選びなさい。（　　）
ア　火力発電　　イ　水力発電　　ウ　地熱発電

> **ヒントの森**
> (1)②雪が多く，農業を
> 行える時期が限られ
> ています。
> (4)雪どけ水を利用。

第3部
第3章

予習・復習　こつこつ　解答 p.26

確認のワーク　ステージ 1　第3章　日本の諸地域
第5節　関東地方①

教科書の 要点 （　　）にあてはまる語句を答えよう。

❶ 関東地方の自然環境　教 p.238〜239

● 日本で最も広い関東平野

◆関東平野には，（① 　　　　　　　）とよばれる赤土に覆われた（② 　　　　　　　）と，利根川や多摩川などの河川沿いにできた低地がある。
　　　　　　　　　　平地の中で一段高くなっているところ

● 内陸と海沿いで異なる気候

◆内陸は，冬に北西の（③ 　　　　　　　）が乾いた風となって吹き降り，冬に晴天が続く。近海を黒潮が流れる海沿いは，冬でも温暖。

◆東京の中心部ではヒートアイランド現象。

◆夏は関東各地で（④ 　　　　　　　）が発生。
　　　　　　　　　　　局地的な大雨

↓関東地方の自然

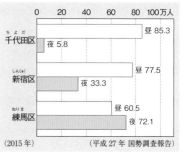

❷ 多くの人々が集まる首都，東京　教 p.240〜241

● 日本の首都，東京／世界都市，Tokyo

◆首都である東京の中心部は（⑤ 　　　　　　　）の特別区からなる。

　■国会議事堂や最高裁判所，そのほか中央官庁が集まる▶日本の（⑥ 　　　　　　　）の中心。

　■大きな銀行，大企業の本社が集まる▶日本の（⑦ 　　　　　　　）の中心。

　■夜間人口より昼間人口が多い。

● 交通網の中心となる東京▶都心と郊外は鉄道で結ばれている。

◆ターミナル駅がある新宿・渋谷・池袋は副都心とよばれる。

◆東京は国内交通網の中心。（⑧ 　　　　　　　）は国内航空路線の中心で，成田国際空港とともに東京の空の玄関口。
　　貿易額日本一

↓東京都の主な区における昼間人口と夜間人口の違い

		0 20 40 60 80 100万人
千代田区	昼 85.3	
	夜 5.8	
新宿区	昼 77.5	
	夜 33.3	
練馬区	昼 60.5	
	夜 72.1	

（2015年）　　　（平成27年 国勢調査報告）

ターミナル駅は，鉄道の起点となる駅だよ。

❸ 東京大都市圏の過密問題とその対策　教 p.242〜243

● 東京大都市圏の拡大／過密問題と対策／横浜

◆東京大都市圏は，最大の都市圏で，人口の過密からさまざまな（⑨ 　　　　　　　）が発生。
　　　　　　　　　　　通勤時間帯の混雑，ごみの増加など

◆時差出勤の推奨や道路の整備で緩和を図る。

　■都市機能の分散や再開発を行う。
　　筑波研究学園都市や「幕張新都心」などを整備

　■住宅不足のため（⑩ 　　　　　　　）を建設。
　　都市の郊外に計画的に造成

◆東京大都市圏には五つの（⑪ 　　　　　　　）。
　　都道府県並みの権限をもつ

　■**横浜市**は全国第2位の都市で，人口が増え続けている。

↓「みなとみらい21」地区

教科書の 資 料　次の問いに答えよう。

(1) 地図中の県のうち，東京23区へ通勤・通学する人が最も多い県はどこですか。

(　　　　　)

(2) 東京の中心部では，昼間人口と夜間人口のどちらが多いと考えられますか。

(　　　　　)

(3) 鉄道網に沿って東京への通勤・通学者の住む住宅地が発達し，東京の中心部との結び付きが強くなっている地域を何といいますか。

(　　　　　)

(4) 東京国際空港の位置を，**ア〜ウ**から選びなさい。

(　　　　　)

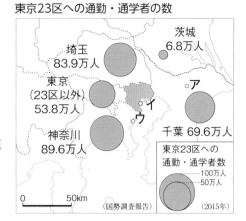

東京23区への通勤・通学者の数

茨城 6.8万人
埼玉 83.9万人
東京（23区以外）53.8万人
ア
イ
ウ
千葉 69.6万人
神奈川 89.6万人

東京23区への通勤・通学者数
●100万人
●50万人

0　50km　（国勢調査報告）　（2015年）

教科書 一 問 一 答　次の問いに答えよう。

/10問中

★は教科書の太字の語句

1 関東地方の自然環境

①関東地方に広がっている，日本で最も広い平野を何といいますか。
★①＿＿＿＿

②①の平野を流れる，日本最大の流域面積をもつ川を何といいますか。
②＿＿＿＿

③東京の中心部でみられる，気温が周辺地域よりも高くなる現象を何といいますか。
★③＿＿＿＿

2 多くの人々が集まる首都、東京

④一般の市と同じような役割をもつ，東京23区のことを漢字3字で何といいますか。
④＿＿＿＿

⑤政治や経済の重要な施設が集中する東京の千代田区・港区・中央区などの中心地区を何といいますか。
★⑤＿＿＿＿

⑥新宿・渋谷・池袋など，⑤についで中心となる機能をもつ地区を何といいますか。
★⑥＿＿＿＿

⑦日本の空の玄関口であり，貿易額が日本最大となっている空港を何といいますか。
⑦＿＿＿＿

3 東京大都市圏の過密問題とその対策

⑧さまざまな都市問題が発生する，人口が集中しすぎる状態を何といいますか。
★⑧＿＿＿＿

⑨⑧の都市で行われている，古い建物などを取り壊して，新しい町につくり直すことを何といいますか。
★⑨＿＿＿＿

⑩江戸末期に開港した港町で，人口が全国第2位の都市はどこですか。
⑩＿＿＿＿

 知識の泉　日本は，人口や産業が首都である東京に集中しています。このような「一極集中」が地方の活力を失わせているという意見もあり，さまざまな議論が行われています。

第3部 第3章

予習・復習　こつこつ　解答　p.27

第3章　日本の諸地域
ステージ1
第5節　関東地方②

教科書の 要点 （　）にあてはまる語句を答えよう。

1 人口の集中と第3次産業の発達　教 p.244〜245

● **情報と娯楽を扱う産業の発達**

◆東京は情報が集まる▶テレビ局や新聞社，出版社などが多い。

◆インターネットに関連した（①　　　　　　　）（ICT）関連産業が発展。テーマパーク，展示場も各地にある。

◆サービス業の発達▶東京大都市圏に人口が集中する要因。

● **消費活動を支える産業**▶東京大都市圏は日本最大の消費地。

◆（②　　　　　　　）に従事する人が非常に多い。
　　小売業・卸売業

　■卸売市場や，高速道路沿いの物流センターが商業活動を支える。これらには企業の倉庫もあり，全国に商品を配送。

2 臨海部から内陸部へ移りゆく工場　教 p.246〜247

● **臨海部から発達した京浜工業地帯**

◆京浜工業地帯▶東京都は（③　　　　　　　）が盛ん。
　　　　　　　　　　　　　　　　新聞社・出版社が多いため

◆東京湾岸の（④　　　　　　　）地には製鉄所や火力発電所が立地。（⑤　　　　　　）県の京葉工業地域には大規模な**石油化学コンビナート**が立ち並ぶ。

◆工業用地の不足・公害の問題→工場が郊外へ移転。海外に拠点を移す企業も→工場の跡地は再開発。

● **北関東への工場進出と流通の変化**

◆北関東工業地域▶栃木県，（⑥　　　　　　　），茨城県。

　■工業団地が造られ，多くの工場が進出。

◆（⑦　　　　　　　）の近くに，電気機械・自動車の工場。
　　　　輸送に便利

　■自動車関連の工場では外国籍の日系人も働く。

3 大都市周辺の農業と山間部の過疎問題　教 p.248〜249

● **食料の大消費地を支える農業**▶東京周辺では近郊農業が発展。

◆（⑧　　　　　　　）にかかる時間や費用を抑える。
　　　　　　　　　　　近年は，道路網が整備→保冷トラックで長距離輸送

　■茨城県，千葉県▶野菜や鶏卵，食肉などの生産が盛ん。

　■栃木県▶いちご。　■群馬県▶嬬恋村でのキャベツ。
　　　　　「とちおとめ」　　　　　　栽培に夏の涼しい気候を利用

　■房総半島や三浦半島▶花の栽培。
　　ぼうそう　みうら　　　　　冬でも温暖な気候を利用

● **山間部の役割と地域の再生**▶豊かな自然を観光に生かす。

◆山間部では，高齢化と（⑨　　　　　　　）が問題化→対策
　　　　　　　　　　　　　　　　人口が減る
の結果，Uターンや，（⑩　　　　　　　）による移住者が増えた地域もある。
　　　　　他地域の出身者が都市部から移住する

↓サービス業の年間売上額

		大阪	神奈川
情報サービス業 19.2兆円	東京 57.5%	9.9 9.6	その他 17.8

愛知 5.2

		愛知 3.3	大阪	
広告業 8.1兆円	東京 64.9%		11.7	その他 17.1

福岡 3.0

		愛知 6.2	大阪	
デザイン業 3104億円	東京 50.5%		15.1	その他 24.4

福岡 3.8

その他 11.8

			大阪
テーマパークなど 3380億円	千葉 51.7		30.8

東京 5.7

（2017年）　（経済産業省資料）

新しい商業施設の影響で古い商店街の客足が減る問題もあるよ。

↓京葉工業地域

↓関東地方で生産が盛んな農産物

			栃木 2.7	
		群馬 3.7	埼玉 2.7	
はくさい 89.0万t	茨城 26.5%	長野 25.4	その他 33.4	

北海道 2.9　大分 2.7

		千葉 13.8%	
ねぎ 45.3万t	埼玉 茨城 12.3 11.0		その他 54.3

群馬 4.3　北海道 4.3

	群馬 9.4	茨城 7.8	
ほうれんそう 22.8万t	埼玉 10.6		その他 54.1

千葉 11.2%　宮崎 6.9

	熊本 6.9	静岡 6.7	
いちご 16.2万t	栃木 福岡 15.4% 10.1		その他 54.6

長崎 6.9

	茨城 8.5%	鹿児島 5.2	広島 4.9
鶏卵 262.8万t			その他 68.4

千葉 6.4　岡山 4.9

（2018年）　（農林水産省資料）

📖 教科書の 資料 　次の問いに答えよう。

(1) 次の文の◻にあてはまる語句を書きなさい。（　　　　　　　）

大消費地の近くで農産物を生産すると，輸送にかかる時間や◻を抑えられることが利点になる。

(2) グラフのア〜ウは，米・野菜・畜産のいずれかの生産額です。野菜にあたるものを選びなさい。（　　　　　　　）

(3) 夏でも涼しい気候を生かして，嬬恋村などでキャベツの生産を盛んに行っている県を，グラフ中から選びなさい。

（　　　　　　　　　　）

関東地方各県の農業産出額の内訳

群馬
10.4　ア 6.8%
ウ 42.7　イ 40.1
2454億円

栃木
8.6
24.9%
38.1　28.4
2871億円

茨城
14.5　19.3%
28.3　37.9
4508億円

埼玉
16.8　21.0%
14.8　47.4
1758億円

千葉
16.4　17.1%
30.2　36.3
4259億円

神奈川
5.2%
22.3
20.9　51.6
697億円

(2018年)　（農林水産省資料）

📖 教科書 チェック 一問一答　次の問いに答えよう。　／10問中

★は教科書の太字の語句

1 人口の集中と第3次産業の発達

①東京ディズニーリゾートのような，特定のテーマをもつ観光施設を何といいますか。　◻①＿＿＿

②東京大都市圏で特に盛んな，情報や娯楽を扱う産業は何という業種に分類されますか。　◻★②＿＿＿

③小売業や卸売業の販売額が全国で最も多い都道府県はどこですか。　◻③＿＿＿

2 臨海部から内陸部へ移りゆく工場

④東京都・神奈川県・埼玉県にまたがる日本有数の工業地帯を何といいますか。　◻★④＿＿＿

⑤東京湾岸の千葉県の臨海部にある工業地域は特に何といいますか。　◻★⑤＿＿＿

⑥栃木県・群馬県・茨城県に形成されている工業地域を何といいますか。　◻★⑥＿＿＿

⑦⑥の工業地域で県や市町村によって造られた，工場を誘致するための地区を何といいますか。　◻⑦＿＿＿

⑧⑥の工業地域で多く働いている，海外に移住した日本人の子孫にあたる外国籍の人々を何といいますか。　◻⑧＿＿＿

3 農業と過疎問題

⑨大消費地の近くで，新鮮さが求められる野菜などを生産する農業を何といいますか。　◻★⑨＿＿＿

⑩一度都市部に移住した大都市圏以外の出身者が出身地やその近くに戻ることを何といいますか。　◻★⑩＿＿＿

知識の泉 江戸時代の末から明治時代にかけて，八王子から横浜までの道は「絹の道」ともよばれ，群馬県や埼玉県でつくられた生糸が横浜港から輸出されました。

第3部
第3章

第3章　日本の諸地域
第5節　関東地方

定着のワーク　ステージ2

1 関東地方の自然環境　右の地図を見て，次の問いに答えなさい。

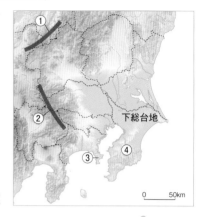

(1)　①の山脈，②の山地，③，④の半島名をそれぞれ書きなさい。

①（　　　　　　　）　②（　　　　　　　）
③（　　　　　　　）　④（　　　　　　　）

よく出る (2)　下総台地など関東平野の台地を覆う，火山灰が積もっている赤土を何といいますか。　（　　　　　　　）

(3)　関東地方に冬に吹く乾いた風は，どの方位から吹きますか。8方位で書きなさい。　（　　　　　　　）

(4)　東京都に属する，世界遺産に登録されている諸島を次から選びなさい。　（　　　　　）

ア　小笠原諸島　イ　伊豆諸島　ウ　南西諸島

下総台地

0　　　50km

ヒントの森
(3)①の山脈からふく。

2 首都東京と東京大都市圏　右の地図を見て，次の問いに答えなさい。

(1)　地図中の東京都について，次の文を読んであとの問いに答えなさい。

> 日本の（　　　）である東京は，日本の中心として発達してきた。千代田区などのオフィス街には都内や隣県からも多くの人が通勤している。

① （　　　）にあてはまる語句を書きなさい。

（　　　　　　　）

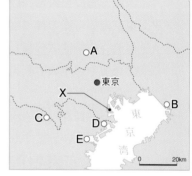

●東京

X

東京湾

0　　　20km

② グラフ1中の ▨ は夜間人口・昼間人口のうちのどちらを示していますか。　（　　　　　　　）

レベルUP ③ グラフ2中のa〜cにあてはまるものを次からそれぞれ選びなさい。

a（　　　）　b（　　　）　c（　　　）

ア　面積　イ　人口　ウ　外資系企業数

グラフ1　千代田区の昼間人口と夜間人口

	0	20	40	60	80	100万人

千代田区　85.3
　　　　　5.8
(2015年)　（平成27年 国勢調査報告）

グラフ2　東京への集中

a（2017年度）　関東82.2　東京67.1%
b（2019年）　東京10.8%　関東34.1%
c（2019年）　東京0.6%　関東8.6%

（住民基本台帳人口要覧　平成31年ほか）

よく出る (2)　A〜Eのような市の中に区が設置されている都市を何といいますか。　（　　　　　　　）

(3)　人口が全国で2番目に多い都市をA〜Eから選び，その都市名を書きなさい。

記号（　　　）　都市名（　　　　　　　）

(4)　日本の国内航空路線の中心であるXの空港を何といいますか。

（　　　　　　　）

ヒントの森
(1)②郊外から通勤。

全部できたら，➡に✔をかいて😊にしよう！　😌 😌 😌

❸ 関東地方の工業・商業・サービス業　次のグラフを見て，あとの問いに答えなさい。

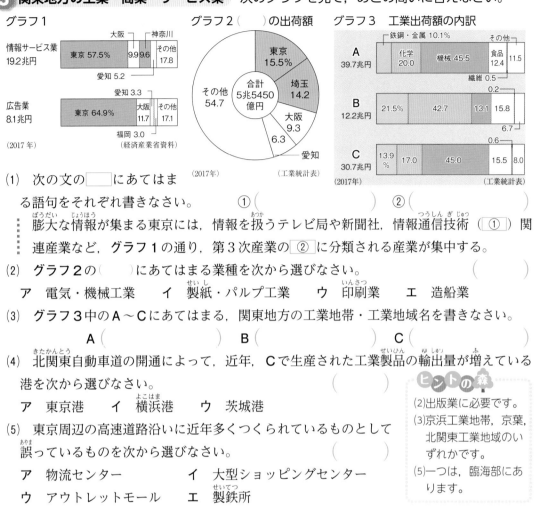

グラフ1

情報サービス業
19.2兆円

| 東京 57.5% | 9.9 | 9.6 | その他 17.8 |

大阪　神奈川
愛知 5.2

広告業
8.1兆円

| 東京 64.9% | 大阪 11.7 | その他 17.1 |

愛知 3.3　福岡 3.0

(2017年)　　　（経済産業省資料）

グラフ2（　　）の出荷額

合計
5兆5450
億円

東京 15.5%
埼玉 14.2
大阪 9.3
愛知 6.3
その他 54.7

(2017年)　　（工業統計表）

グラフ3　工業出荷額の内訳

A
39.7兆円

| 化学 20.0 | 機械 45.5 | 食品 12.4 | 11.5 |

鉄鋼・金属 10.1%　その他
繊維 0.5

B
12.2兆円

| 21.5% | 42.7 | 13.1 | 15.8 |

0.2
6.7

C
30.7兆円

| 13.9% | 17.0 | 45.0 | 15.5 | 8.0 |

0.6

(2017年)　　（工業統計表）

(1)　次の文の　　にあてはまる語句をそれぞれ書きなさい。　①（　　　　　）　②（　　　　　）

膨大な情報が集まる東京には，情報を扱うテレビ局や新聞社，情報通信技術（　①　）関連産業など，グラフ1の通り，第3次産業の　②　に分類される産業が集中する。

(2)　グラフ2の（　　）にあてはまる業種を次から選びなさい。　　　（　　　　　）

　ア　電気・機械工業　　イ　製紙・パルプ工業　　ウ　印刷業　　エ　造船業

(3)　グラフ3中のA～Cにあてはまる，関東地方の工業地帯・工業地域名を書きなさい。

　A（　　　　　）　　　B（　　　　　）　　　C（　　　　　）

(4)　北関東自動車道の開通によって，近年，Cで生産された工業製品の輸出量が増えている港を次から選びなさい。　　　（　　　　　）

　ア　東京港　　イ　横浜港　　ウ　茨城港

(5)　東京周辺の高速道路沿いに近年多くつくられているものとして誤っているものを次から選びなさい。　　　（　　　　　）

　ア　物流センター　　　　　イ　大型ショッピングセンター
　ウ　アウトレットモール　　エ　製鉄所

> **ヒントの森**
> (2)出版業に必要です。
> (3)京浜工業地帯，京葉，北関東工業地域のいずれかです。
> (5)一つは，臨海部にあります。

第3部　第3章

❹ 大都市周辺の農業と山間部の過疎問題　次の問いに答えなさい。

(1)　右の地図を見て，次の文の　　にあてはまる語句をそれぞれ書きなさい。
　①（　　　　　）
　②（　　　　　）　③（　　　　　）

大消費地の近くで　①　さが要求される　②　や果物，牛乳・鶏卵・食肉を生産する　③　農業が盛ん。

(2)　栃木県で生産量が多い農産物を，次から選びなさい。
　　　（　　　　　）

　ア　ねぎ　　イ　いちご　　ウ　鶏卵　　エ　だいこん

(3)　高原の気候を生かし，キャベツの生産が盛んな嬬恋村が位置する都県を地図中から書きなさい。　　　（　　　　　）

(4)　過疎が問題になっている地域の取り組みとして，誤っているものを次から選びなさい。　　　（　　　　　）
　ア　村営住宅の整備　　イ　学校の閉鎖　　ウ　特産品の開発

嬬恋
東京
横浜

| 野菜栽培地 (1点100ha) |
| 市街地 |

0　20km

> **ヒントの森**
> (1)距離が近いので輸送時間が短くなります。
> (2)福岡県などでも生産量が多い農産物。

実力判定テスト　ステージ3　総合問題編

第3章　日本の諸地域
第4節　中部地方／第5節　関東地方　30分　／100

1 右の地図を見て，あとの問いに答えなさい。　　　　　3点×10（30点）

（1）　地図中Aの盆地とBの半島をそれぞれ何といいますか。

（2）　右の雨温図にあてはまる都市を地図中あ〜うからそれぞれ選びなさい。

① 年平均気温 11.1℃　年降水量 1281mm
② 年平均気温 14.1℃　年降水量 2300mm

（3）　右のグラフは，地図中a〜cのいずれかの農業産出額の内訳を示しています。次の問いに答えなさい。

① Ⅰ〜Ⅲにあてはまる県名をそれぞれ書きなさい。

② □にあてはまる農作物を書きなさい。

（4）　地図中X・Yの地域で栽培が盛んな農作物を次からそれぞれ選びなさい。

ア　なす　　イ　レタス
ウ　菊　　　エ　茶

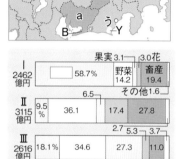

| Ⅰ 2462億円 | 58.7% | | 野菜14.2 | 畜産19.4 | 果実3.1 3.0花 |
Ⅱ 3115億円　9.5% 36.1 17.4 27.8　6.5 その他1.6
Ⅲ 2616億円　18.1% 34.6 27.3 11.0　2.7 5.3 3.7
（2018年）　（生産農業所得統計）

(1)	A		B		(2)	①		②	
(3)	① Ⅰ	Ⅱ	Ⅲ	②		(4)	X	Y	

2 次の文を読んであとの問いに答えなさい。　　　　　5点×4（20点）

ₐ中部地方の工業都市はₑ江戸時代や明治時代の技術を土台に，さまざまな工業が発展した。特に꜀北陸では，農家の副業から発展した地場産業が盛んである。

（1）　下線部aについて，この地域で特に工業が盛んな地図中あ〜えの都市のうち，浜松市にあたるものを選びなさい。

（2）　下線部bについて，地図中の豊田市で繊維工業の発展とともに①かつて盛んに生産された工業製品と，その技術を土台にして②現在生産が盛んになっている工業製品を次からそれぞれ選びなさい。

〔　電子部品　　織物機械　　自動車　　紙・パルプ　〕

豊田市

（3）　下線部cについて，副業が盛んだった理由を，気候の面から簡単に書きなさい。

(1)		(2)	①		②	
(3)						

目標
- □ 中部地方の自然環境をおさえよう。
- □ 関東地方の自然環境をおさえよう。
- □ 各地域の産業の様子をおさえよう。

自分の得点まで色をぬろう!

0	60	80	100点

3 右の地図を見て，次の問いに答えなさい。

(2)6点, 4点×6 (28点)

(1) 地図中 **X** の河川を何といいますか。

(2) 右の雨温図の都市の冬の降水量が少ない理由を，簡単に書きなさい。

(3) 地図中の東京について，次の問いに答えなさい。

　① 東京の中心部でみられる気温が周辺地域よりも高くなる現象を何といいますか。

　② 地図中☆などに見られ，複数の鉄道が乗り入れ，都心と郊外を結ぶ交通の拠点となる駅を何といいますか。

(4) 都市機能の分散のためにつくられた次の地域の位置を地図中あ～えから選びなさい。

　① 「みなとみらい 21」　② 筑波研究学園都市　③ 「幕張新都心」

(1)		(2)	
(3) ①		②	(4) ①	②	③

4 次の問いに答えなさい。

(3)5点, 他3点×5 (20点)

(1) 次の文にあてはまる地域をあとからそれぞれ選びなさい。

　① 右の写真のように大規模な石油化学コンビナートが立ち並ぶ。

　② 高速道路沿いに自動車や電気機械などの工場が立ち並び，外国籍の人も多く働いている。

　　ア　北関東工業地域
　　イ　京葉工業地域
　　ウ　京浜工業地帯

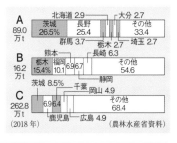

(2) 右のグラフは関東地方で生産が盛んな農産物です。A～Cにあてはまる農産物を次からそれぞれ選びなさい。

　　ア　いちご　　イ　はくさい　　ウ　鶏卵

A 89.0万t：茨城 26.5% 北海道 2.9 群馬 3.7 長野 25.4 大分 2.7 栃木 2.7 埼玉 2.7 その他 33.4

B 16.2万t：栃木 15.4% 福岡 10.1 熊本 6.9 6.7 長崎 6.3 静岡 その他 54.6

C 262.8万t：茨城 8.5% 千葉 6.9 6.4 鹿児島 広島 4.9 岡山 4.9 その他 68.4

(2018 年) (農林水産省資料)

(3) 右のグラフのような農産物は，近年消費地から離れた地域でも生産が盛んです。この理由を「道路網」の語句を使って簡単に説明しなさい。

(1) ①		②		(2) A		B		C	
(3)									

第3部
第3章

確認のワーク　ステージ1　第3章　日本の諸地域
第6節　東北地方

教科書の **要点** （　　）にあてはまる語句を答えよう。

①東北地方の自然環境　教 p.256～257

●**南北にはしる山脈／東西と南北で異なる気候**

◆中央に**奥羽山脈**が連なる。日本海側の**白神山地**は世界遺産。

◆太平洋側の**三陸海岸**には（ ① ）が続く。
入り組んだ海岸

◆日本海側は，北西からの（ ② ）の影響で雪が多く降る。太平洋側には冷たい北東風のやませが吹く。
夏に吹く

②伝統行事と生活・文化の変化　教 p.258～259

●**生活・文化から生まれた祭り／伝統文化と観光業／仙台市**

◆各地域の生活と結び付いた伝統行事が受け継がれている。

◆東北三大祭りなどの祭りが（ ③ ）資源。

◆**仙台市**は（ ④ ）で，新幹線や高速バスでほかの東北地方の都市と結ばれ，都市圏を形成。
政令によって定められた大都市

③稲作と畑作に対する人々の工夫や努力　教 p.260～261

●**米作りと寒い夏の克服／減反政策と銘柄米の開発／食文化**

◆山形県の**庄内平野**などで稲作が盛んに行われてきた。
最上川が流れる

◆太平洋側では，やませの影響で（ ⑤ ）が起こることがある。冷害に強い品種の栽培が広がる。
稲が育たなくなる

◆米の（ ⑥ ）量が減り，政府の減反政策で転作が進んだ。消費者に喜ばれる味のよい銘柄米が開発。

◆寒さに強いそばや小麦の栽培，冷涼な気候を生かした酪農。

④果樹栽培と水産業における人々の工夫や努力　教 p.262～263

●**果樹栽培における人々の工夫／生活に根ざした水産業の営み**

◆各地で果樹栽培が盛ん。**山形盆地**のさくらんぼや西洋なし，（ ⑦ ）平野のりんご，福島盆地の桃など。
「果物王国」とよばれる
青森県

◆（ ⑧ ）がある三陸海岸沖は好漁場。三陸海岸や陸奥湾でかきやわかめ，ほたてなどの養殖業。
暖流と寒流が出会う海域

⑤工業の発展と人々の生活の変化　教 p.264～265

●**工業の成長／エネルギー／伝統的工芸品と後継者の育成**

◆工業団地の誘致で仕事が増え，（ ⑨ ）は減少。
冬の間だけ働きに行っていた

◆**東北地方太平洋沖地震**（**東日本大震災**）後は，原子力発電に代わり，風力や太陽光などの再生可能エネルギーを導入。

◆（ ⑩ ）県の南部鉄器など伝統的工芸品が発達，デザインが現代風のものも生産。職人の高齢化が進む。

↓東北地方の自然

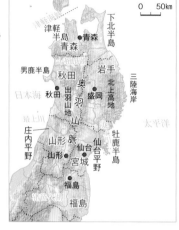

↓仙台七夕まつり

↓米の生産

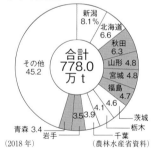

合計 778.0万t

新潟 8.1%
北海道 6.6
秋田 6.3
山形 4.8
宮城 4.8
福島 4.7
茨城 4.6
栃木 4.1
千葉 3.9
岩手 3.5
青森 3.4
その他 45.2

（2018年）
（農林水産省資料）

↓天童将棋駒

教科書の 資料 次の問いに答えよう。

(1)　A〜Cは，次のいずれかの果物です。あてはまる
ものを　　からそれぞれ選びなさい。

A（　　　　　　　）

B（　　　　　　　）

C（　　　　　　　）

> りんご　　もも　　西洋なし

(2)　「佐藤錦」や「紅秀峰」などさくらんぼの生産量
が日本で最も多い東北地方の県の名前を，グラフ中
から選びなさい。
（　　　　　　　）

主な果物の生産量

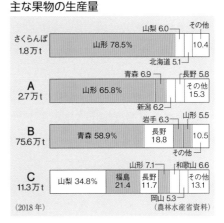

(2018年)　（農林水産省資料）

教科書 一問一答 次の問いに答えよう。

/10問中

★は教科書の太字の語句

1 東北地方の自然環境

①東北地方の中央を南北に長く連なっている山脈を何と
いいますか。
① ＿＿＿＿＿＿＿

②主に6月から8月にかけて東北地方を中心に吹く冷た
く湿った北東の風を何といいますか。
★② ＿＿＿＿＿＿＿

2 伝統行事と生活・文化

③東北地方各地でもみられる，古くから地域で受け継が
れてきた行事を何といいますか。
★③ ＿＿＿＿＿＿＿

④東北地方の行政・経済などの中心的な役割を担ってい
る，「杜の都」ともよばれる都市はどこですか。
④ ＿＿＿＿＿＿＿

3 稲作と畑作の努力

⑤米が余るようになったことから政府によって行われた，
米の生産量を減らす政策を何といいますか。
★⑤ ＿＿＿＿＿＿＿

⑥「あきたこまち」「はえぬき」など，特に品質が優れ
たものとして登録された米を何といいますか。
★⑥ ＿＿＿＿＿＿＿

4 果樹栽培と水産業

⑦沖合いに潮目があり，水揚げ量の多い漁港がリアス海
岸に点在する，太平洋側の海岸を何といいますか。
⑦ ＿＿＿＿＿＿＿

⑧陸奥湾などで盛んな，魚介類をいけす・いかだなどで
人が育てて増やす漁業を何といいますか。
★⑧ ＿＿＿＿＿＿＿

5 工業の発展と生活

⑨東北地方の各地に造られた，計画的に工場を集めた地
区を何といいますか。
★⑨ ＿＿＿＿＿＿＿

⑩岩手県の南部鉄器など，伝統産業によって生産される
製品を何といいますか。
★⑩ ＿＿＿＿＿＿＿

 知識の泉 東北地方では古くから馬の飼育が盛んです。「曲家（まがりや）」という伝統的な住居は土間を
へだてて居間と馬屋が結ばれており，馬と深く結び付いた人々の暮らしが伺えます。

第3部　第3章

こつこつ　テスト直前　解答 p.28

定着のワーク　ステージ2　**第3章　日本の諸地域**
6節　東北地方

1 東北地方の自然環境　右の地図を見て，次の問いに答えなさい。

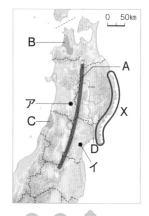

よく出る (1) A〜Dの山脈や平野，河川名をそれぞれ書きなさい。

A （　　　　　　　　）　B （　　　　　　　　）

C （　　　　　　　　）　D （　　　　　　　　）

(2)　右の雨温図が示す都市を，地図中ア・イからそれぞれ選びなさい。

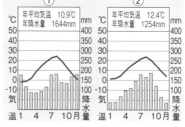

①（　　　　　　　　）

②（　　　　　　　　）

(3)　地図中Xの海岸について，次の文の□□にあてはまる語句をそれぞれ書きなさい。

①（　　　　　　　）　②（　　　　　　　）

太平洋側のXは ① 海岸といい，漁業が盛んな地域である。入り江が多く複雑な ② という海岸が続いている。

ヒントの森
(2)①の雨温図は冬の降水量が多くなっています。

2 伝統文化と稲作・畑作　右の地図を見て，次の問いに答えなさい。

(1)　地図中Xの県で行われている右の写真の祭りを次から選びなさい。　（　　　　　）

ア　ねぶた祭
イ　竿燈まつり
ウ　七夕まつり

(2)　この地方唯一の政令指定都市で，政府の出先機関や企業の支店が集まっている都市を地図中から選びなさい。

（　　　　　　　　　　）

よく出る (3)　地図中の➡の風について，次の文の□□にあてはまる語句をそれぞれ書きなさい。

①（　　　　　　　）

②（　　　　　　　）

③（　　　　　　　）

この風は夏に吹く ① という冷たく湿った風である。この風が吹くと霧や雲が多く発生し， ② 時間が減少するため，稲が十分に育たず収穫量が減る ③ が起こることがある。

(4)　地図中X〜Zを代表する銘柄米を，次からそれぞれ書きなさい。

X （　　　　）　Y （　　　　）　Z （　　　　）

ア　はえぬき　イ　ひとめぼれ　ウ　あきたこまち

ヒントの森
(1)ほかは青森県，宮城県の祭りです。
(2)この市を本拠地とするプロスポーツチームがあります。
(3)②霧や雲でさえぎられます。
(4)銘柄米は優れた品質をもつ米です。

全部できたら，➡に✔をかいて😊にしよう！ 😐😐😐

③ 果樹栽培と水産業　右の地図を見て，次の問いに答えなさい。

(1) 右のグラフの①～③の県の位置を地図中からそれぞれ選び，その県名を書きなさい。

①位置（　　　）

県名（　　　　　　）

②位置（　　　）

県名（　　　　　　）

③位置（　　　）

県名（　　　　　　）

主な果物の生産量

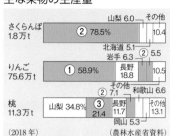

さくらんぼ 1.8万t ② 78.5%　山梨6.0　その他10.4

りんご 75.6万t ① 58.9%　北海道5.1／岩手6.3　②5.5　長野18.8　10.5

桃 11.3万t 山梨34.8%　③21.4　その他7.1　和歌山6.6　②長野11.7　その他13.1　岡山5.3

(2018年)　（農林水産省資料）

(2) 潮目（潮境）をつくる，**A**の寒流と**B**の暖流をそれぞれ何といいますか。　A（　　　　　　）　B（　　　　　　）

(3) **X**の湾について，次の問いに答えなさい。

① この湾名を次から選びなさい。　（　　　）

　ア 陸奥湾　　イ 若狭湾　　ウ 英虞湾

② この湾で養殖業による生産が特に多い水産物を次から選びなさい。　（　　　）

　ア 真珠　　イ ほたて　　ウ かき

ヒントの森

(1)②の県は，さくらんぼのほかに西洋なしの生産も盛んです。

(3)①ほかは福井県などに面する湾，三重県に面する湾です。

④ 工業の発展　次の問いに答えなさい。

(1) 次の文を読んで，あとの問いに答えなさい。

　東北地方は，かつて農林水産業が産業の中心で，冬の間に（ **あ** ）に行く人が多くいた。1970年代以降，高速道路などの交通網が整備されると，高速道路沿いに（ **い** ）が造られた。働く場所が増え，（ **あ** ）は少なくなっていった。

① （　　）にあてはまる語句をそれぞれ書きなさい。

あ（　　　　　　）　い（　　　　　　）

② 下線部の地域で盛んな工業を次から選びなさい。　（　　　）

　ア 石油化学工業　　イ 電気機械工業　　ウ 鉄鋼業

(2) 東日本大震災後の東北地方で活発に導入されているエネルギーにあてはまらないものを次から選びなさい。　（　　　）

　ア バイオマス　　イ 原子力

　ウ 風力　　　　　エ 太陽光

(3) 地図中の①～④の県で作られている伝統的工芸品を，次からそれぞれ選びなさい。　①（　　　）　②（　　　）

③（　　　）　④（　　　）

　ア 南部鉄器　　イ 会津塗

　ウ 天童将棋駒　エ 大館曲げわっぱ

ヒントの森

(1)①あほかの地域で働くこと。②部品を組み立てる工業です。

(2)震災で発生した事故をきっかけに見直しが進められているエネルギー源は増えていません。

第3部

第2章

予習・復習　こつこつ　解答 p.29

確認のワーク　ステージ1　第3章　日本の諸地域
第7節　北海道地方

教科書の 要点　（　）にあてはまる語句を答えよう。

1 北海道地方の自然環境　教 p.272〜273

↓北海道地方の自然

● 特色ある地形と景観／亜寒帯の寒冷な気候

◆日本の総面積の5分の1。中央に石狩山地，西部に石狩平野，東部に十勝平野・根釧台地。北方領土。択捉島・国後島・色丹島・歯舞群島

◆亜寒帯（冷帯）で梅雨がない。東西で気候が異なる。

■日本海側は季節風の影響で雪が多い。太平洋側は夏に（①　　　　　　）が発生しやすく気温が低い。南東の季節風の影響　日照をさえぎる

◆（②　　　　　　）海沿岸▶冬に流氷が見られる。

2 雪と共にある北海道の人々の生活　教 p.274〜275

● 札幌市の取り組み／雪に備える生活の工夫

◆札幌市では市が除雪作業。「さっぽろ雪まつり」を開く。

◆屋根の傾きを大きくするなど，雪に備える工夫をする。

◆雪を生活に役立てる（③　　　　　　）の取り組み。雪室，雪冷房システムなど

↓北海道地方の農地面積の変化

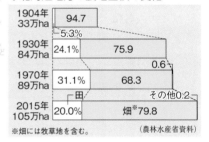

1904年 33万ha	94.7		
1930年 84万ha	24.1%	75.9	
1970年 89万ha	31.1%	68.3	
2015年 105万ha	20.0%	畑※79.8	

5.3%　0.6　その他0:2　田　畑※には牧草地を含む。（農林水産省資料）

3 厳しい自然環境を克服してきた稲作　教 p.276〜277

● 農業に不向きな土地／稲作への挑戦／「おいしい米」へ

◆石狩平野▶古くは湿地（泥炭地）。しっち　でいたんち

■石狩川は（④　　　　　　）の人々の漁場。

◆明治時代に開拓使▶屯田兵など，全国から人々が移住。

■（⑤　　　　　　）で土地を改良→有数の米どころ。他の地域から土を運び入れる

◆1970年代以降，（⑥　　　　　　）政策で転作→田の面積は減少。品種改良で寒さに強い銘柄米を作る。米の生産量を減らす

4 自然の恵みを生かす畑作や酪農，漁業　教 p.278〜279

● 気候と広い土地を生かした畑作／酪農／豊かな漁場

◆十勝平野などで，てんさいなどの大規模な畑作が盛ん。年ごとに栽培する作物を変える（⑦　　　　　　）を行う。

◆（⑧　　　　　　）で酪農が盛ん。生乳の輸出も増加。

◆排他的経済水域の設定→北洋漁業の漁獲量が減少。

■養殖業や（⑨　　　　　　）が盛んになった。稚魚・稚貝を海に戻す

↓十勝平野のじゃがいも畑

5 北国の自然を生かした観光業　教 p.280〜281

● 観光業の発展／増加する外国人観光客／自然環境との共存

◆雄大な自然や食べ物，夏の涼しさを生かす観光業が発展。世界遺産・知床など

◆航空路線の整備で北海道を訪れる外国人観光客が増えた。

◆（⑩　　　　　　）の取り組みを進める。生態系の保全と観光の両立を目指す

↓主な農産物に占める北海道の割合

てんさい 361.1万t	北海道 100%		
じゃがいも 226.0万t	北海道 77.1%		その他 14.5
小麦 76.5万t	北海道 61.6%		その他 31.2
生乳 728.9万t	北海道 54.4%		その他 41.1

鹿児島 4.3　長崎 4.1　福岡 7.2　栃木 4.5　（2018年）（農林水産省資料）

😊 まるごと暗記　👓 **利雪** 雪を生活に役立てる取り組み　👓 **輪作** 年ごとに作物を変えて栽培する農法

📖 教科書の 資料 次の問いに答えよう。

⑴ 北海道で雪が多いのは，太平洋側と日本海側の
うちのどちらであると読み取れますか。

（　　　　　　　　　）

⑵ 北海道で夏も気温が低いのは，東部と西部のう
ちのどちらであると読み取れますか。

（　　　　　　　　　）

⑶ ⑵の地域でみられる濃霧（のうむ）の発生に影響している，
北海道近海を流れる寒流を何といいますか。

（　　　　　　　　　）

⑷ 冬にオホーツク海沿岸に押し寄せる，Xは何ですか。

（　　　　　　　　　　　　　）

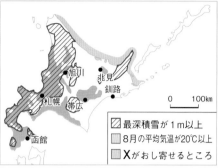

北海道の気候

旭川　北見　釧路　札幌　帯広　函館

0　100km

▨ 最深積雪が1m以上
▧ 8月の平均気温が20℃以上
▦ Xがおし寄せるところ

（北海道の気候ほか）

📖 教科書 チェック 一 問 一 答 次の問いに答えよう。

/10問中

★は教科書の太字の語句

1 北海道地方の自然環境

①火山灰（かざんばい）が積もってできた，北海道の東部に広がる畑作
が盛んな平野を何といいますか。

☐①＿＿＿＿＿＿＿＿＿

②北海道のほとんどの地域が属す，冬の寒さが厳しい気
候帯を何といいますか。

☐★②＿＿＿＿＿＿＿＿＿

③北海道にはない，6月から7月ごろにかけて日本の大
部分で続く長雨の時期を何といいますか。

☐③＿＿＿＿＿＿＿＿＿

2 厳しい自然環境を克服してきた稲作

④世界的にも珍（めずら）しいほど降雪量（こうせつ）が多い大都市で，「雪ま
つり」を行っている北海道の都市はどこですか。

☐④＿＿＿＿＿＿＿＿＿

3

⑤石狩平野に広がっていた，枯（か）れた植物が炭化（たんか）して堆積（たいせき）
した農業に適さない湿地（しっち）を何といいますか。

☐★⑤＿＿＿＿＿＿＿＿＿

⑥明治時代に北海道に置かれ，北方（ほっぽう）の防備（ぼうび）と開拓を行っ
た兵士を何といいますか。

☐★⑥＿＿＿＿＿＿＿＿＿

4 自然の恵みを生かす畑作や酪農，漁業

⑦根釧台地で盛んな，乳牛を飼育し，生乳や乳製品を生
産する農業を何といいますか。

☐★⑦＿＿＿＿＿＿＿＿＿

⑧ロシア沿岸やアメリカ合衆国（がっしゅうこく）のアラスカ沿岸の海で，
さけやすけとうだらなどをとる漁業を何といいますか。

☐★⑧＿＿＿＿＿＿＿＿＿

5 北国の自然を生かした観光業

⑨北海道東部にある半島で，自然環境を評価されて世界
遺産（いさん）に登録されたところはどこですか。

☐⑨＿＿＿＿＿＿＿＿＿

⑩生態系（せいたい）の保全（ほぜん）と観光の両立を目指す旅行の取り組みを
何といいますか。

☐★⑩＿＿＿＿＿＿＿＿＿

第3部
第3章

📖 知識（ち・しき）の泉 すけとうだらは北方の海でとれる代表的な魚の一つです。すけとうだらのすり身はかまぼこな
どの練り物の原料になり，卵はたらことして広く食べられています。

こつこつ　テスト直前　解答 p.29

定着のワーク　ステージ 2　第3章　日本の諸地域
第7節　北海道地方

1 北海道地方の自然環境　右の地図を見て，次の問いに答えなさい。

(1) Xの山脈やYの海峡名をそれぞれ書きなさい。

X（　　　　　　　）

Y（　　　　　　　）

(2) Zの火山を次から選びなさい。

ア　阿蘇山　イ　有珠山　ウ　大雪山　エ　浅間山

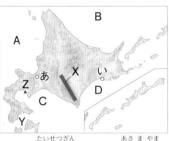

(3) 冬に流氷が押し寄せる海域をA~Dから選びなさい。

(4) 右上の雨温図が示す都市を地図中あ，いからそれぞれ選びなさい。　①（　　　　）　②（　　　　）

(5) 雪を生かすために，右のような「雪まつり」を開催している，北海道最大の都市名を書きなさい。

（　　　　　　　）

ヒントの森
(2)関東地方の山が入っています。
(3)オホーツク海沿岸です。
(5)①の雨温図の都市です。

2 厳しい自然環境と稲作　右の地図を見て，次の問いに答えなさい。

(1) 地図中のAの平野について，次の問いに答えなさい。

① この平野を何といいますか。

（　　　　　　　）

② 作物に適した土をほかの土地から運び込んだことを何といいますか。（　　　　　　　）

(2) 北海道の開拓について，次の問いに答えなさい。

① 屯田兵などによって，北海道の本格的な開拓が始まった時代を次から選びなさい。（　　　　）

ア　明治時代　イ　大正時代　ウ　昭和時代

② ①の以前からこの地に住み，自然と共生する生活を営んできた人々を何といいますか。

（　　　　　　　）

③ 開拓のために札幌に置かれた役所を何といいますか。

（　　　　　　　）

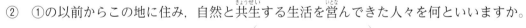

(3) 北海道の稲作について述べた文として，誤っているものを次から選びなさい。（　　　　）

ア　寒さに強い品種が生まれ，稲作を行える範囲が広がった。

イ　稲作を行う田の面積は，年々増加し続けている。

ウ　「ゆめぴりか」などの北海道産米が全国に出荷されている。

ヒントの森
(1)①全国有数の米の産地となった平野。
(2)①屯田兵はロシアへの防備も兼ねました。
(3)減反政策で近年転作が進みました。

3 畑作や酪農・漁業 右の地図を見て，次の問いに答えなさい。

よく出る

(1) 畑作が盛んな地図中のAの平野と，酪農が盛んなBの台地をそれぞれ何といいますか。

A（　　　　　　）

B（　　　　　　）

(2) Aの平野などで盛んに栽培されており，北海道の生産量が全国最大となっている農産物として，誤っているものを次から選びなさい。　（　　）

ア　小麦　　イ　じゃがいも　　ウ　てんさい　　エ　キャベツ

(3) 同じ場所で同じ作物を栽培し続けることによる地力の低下を防ぎ，収穫量を安定させるために，Aの平野などで行われていることは何ですか。　（　　　　　　）

(4) Bの台地で特に飼育数が多い家畜を次から選びなさい。

ア　乳牛　　イ　豚　　ウ　ブロイラー（食用の鶏）

(5) 北海道で以前盛んに行われていた漁業について，次の文の□□□にあてはまる語句をそれぞれ書きなさい。

①（　　　　　　）　②（　　　　　　）

以前は，アラスカ沖などで行う ① が盛んだったが，各国が ② を設定すると漁ができる範囲が限られ，① は衰退した。

(6) 北海道で，養殖業による生産が特に盛んな水産物を，次から2つ選びなさい。　（　　）（　　）

ア　わかめ　　イ　のり　　ウ　こんぶ　　エ　ほたて貝

ヒントの森

(2)ア〜エのうち，一つは愛知県や群馬県で生産が盛んです。

(4)Bの台地は日本有数の酪農地帯です。

(5)②が設定されたため，漁場が狭くなりました。

4 自然を生かした観光業 右の地図を見て，次の問いに答えなさい。

(1) 次の文にあてはまる都市を，地図中からそれぞれ選びなさい。①（　　　　　　）　②（　　　　　　）

① 雪の中を歩くペンギンなど特色ある展示が人気の旭山動物園がある都市。

② 日米和親条約で開かれ，江戸時代末期から明治時代にかけての建物が残る都市。

(2) Xの半島について，次の問いに答えなさい。

① この半島を何といいますか。　（　　　　　　）

② この半島は，貴重な動植物が残されていることから屋久島などとともに何に登録されていますか。　（　　　　　　）

(3) エコツーリズムの取り組みにあてはまるものを次から選びなさい。　（　　）

ア　港町として栄えたころにできた運河のクルーズを行う。

イ　植物を踏み荒らさないように高架木道を設ける。

ウ　観光客の増加に伴い，ホテルを増やす。

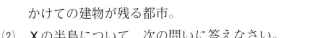

ヒントの森

(1)①内陸にあります。②海に面した港町です。

(2)②ユネスコによって登録されています。

(3)エコツーリズムは環境保全と観光の両立を目指しています。

第3部　第3章

1 右の地図を見て，次の問いに答えなさい。　　　　　　　4点×6（24点）

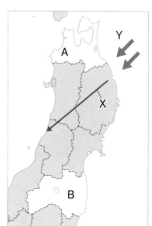

(1) 地図中の東北地方で，県名と異なる県庁所在地名をもつ都市を2つ書きなさい。

(2) 地図中Xに沿って見られる地形を，次から選びなさい。
　ア　出羽山地→奥羽山脈→仙台平野
　イ　北上高地→奥羽山脈→庄内平野
　ウ　秋田平野→出羽山地→阿武隈高地

(3) 地図中A・Bの伝統行事と伝統的工芸品の組み合わせとして正しいものを，次からそれぞれ選びなさい。
　ア　チャグチャグ馬コ－南部鉄器
　イ　ねぶた祭－津軽塗
　ウ　竿燈まつり－大館曲げわっぱ
　エ　相馬野馬追－会津塗

(4) 地図中Yはこの地域に吹くやませを示しています。やませとはどのような風か簡単に書きなさい。

(1)			(2)		(3) A		B	
(4)								

2 次の文を読んで，あとの問いに答えなさい。　　　　　　　4点×5（20点）

　東北地方は古くから米の生産が盛んな一方，a 米の生産量を減らす政策により転作が進んだ。ほかにb 果樹栽培，c 三陸海岸の沖合での漁業などの水産業も盛んである。近年，岩手県から宮城県の高速道路沿いに大規模な（　　　）工場が進出した。

(1) （　　　）にあてはまる工場を次から選びなさい。
　ア　製鉄　　イ　印刷　　ウ　自動車　　エ　製紙

(2) 下線部aの政策を何といいますか。

(3) 下線部bについて，右のグラフの①・②にあてはまる果物を書きなさい。

(4) 下線部cについて，この海域で漁業が盛んな理由を簡単に書きなさい。

(1)		(2)		(3) ①		②	
(4)							

目標
- 東北地方の自然環境をおさえよう。
- 北海道地方の自然環境をおさえよう。
- 各地域の産業の様子をおさえよう。

自分の得点まで色をぬろう!

❷がんばろう		❸もう一歩		❹合格!	
0		60	80	100点	

③ 右の地図を見て，次の問いに答えなさい。

4点×8（32点）

(1) 地図中の**X**に沿って見られる地形について，次の文の□□にあてはまる平地を書きなさい。

□①□ → 日高山脈(ひだか) → □②□ → 釧路平野(くしろ) → □③□

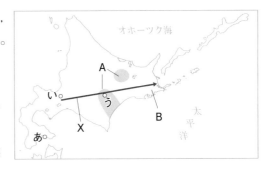

(2) 次の文にあてはまる都市を地図中**あ〜う**からそれぞれ選びなさい。
　① 明治時代(めいじ)の初めに開拓使(かいたくし)が置かれた北海道最大の都市。
　② 江戸(えど)時代の終わりに開港した都市。

(3) 地図中**A・B**の地域で特に盛んな農業を次から選びなさい。
　ア 畑作(はたさく)　**イ** 稲作(いなさく)　**ウ** 酪農(らくのう)

(4) 右のグラフの**a〜c**のうち，てんさいにあてはまるものを選びなさい。

主な農産物の全国生産に占める北海道の割合

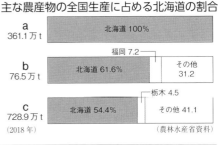

(農林水産省資料)

(1)	①		②		③		
(2)	①		②		(3) A		B	(4)

④ 右の地図を見て，次の問いに答えなさい。

(3)完答，4点×6（24点）

(1) 世界遺産に登録されている**A**の山地(さんち)と**B**の半島(はんとう)の名前をそれぞれ書きなさい。

(2) ①〜③の雨温図にあてはまる都市を，右の地図中の**ア〜ウ**からそれぞれ選びなさい。

(3) 正しいものを次から2つ選びなさい。
　ア 東北では冬の間に出稼(でかせ)ぎに行く人が多い。
　イ 東北では再生可能(さいせいかのう)エネルギーを導入する動きが活発である。
　ウ 北海道では，近年北洋漁業(ほくようぎょぎょう)が盛んに行われている。
　エ 石狩川(いしかり)の下流域では，小麦やそば，大豆(だいず)などの畑作を行う農家が増えている。

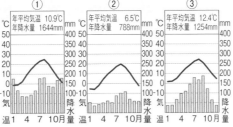

(1)	A		B		(2) ①		②		③	
(3)										

第3部
第3章

実力判定テスト　ステージ3

資料活用・思考力問題編
第3章　日本の諸地域
第4節　中部地方〜第7節　北海道地方

こつこつ　解答 p.31

30分　/100

1 右の地図を見て，あとの問いに答えなさい。

8点×4（32点）

(1) 資料1のように，中部地方は3つの地域に分けられます。このうち中央高地について，ほかの2つの地域との気温，降水量に見られる違いを，資料2の雨温図を見て書きなさい。

資料1　中部地方の地域区分

資料2　中部地方の主な都市の雨温図

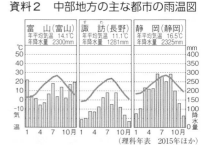

（理科年表　2015年ほか）

(2) (1)の違いが生まれる理由として考えられる，中央高地の地形の特徴を簡単に説明しなさい。

(3) 資料3は資料1中の東海の工業についてまとめたものです。次の問いに答えなさい。

① この地域で特に盛んに生産されている工業製品は何ですか。

② 工業が盛んな地域は，どのような場所に多いですか。資料3から考えられる理由にふれて，簡単に説明しなさい。

資料3　伊勢湾周辺から静岡県にかけての主な工業出荷額

(1)	
(2)	
(3)	①
	②

2 右の資料を見て，次の問いに答えなさい。

(1)6点，(2)10点（16点）

(1) 右のグラフは東京都多摩市の異なる年の人口ピラミッドです。資料を読んで，この地域にニュータウンができたころのものを，ア・イから選びなさい。

(2) (1)を選んだ理由を，簡単に説明しなさい。

資料

・東京の過密の解消のため，周辺の多摩や海浜にニュータウンができた。

・近年のニュータウンは高齢化や建物の老朽化が問題になっている。

（多摩市資料ほか）

(1)		(2)	

自然，人口，産業，交通，それぞれが関係しながら地域の特色を生み出すよ。問題のテーマが何についてのものか読み取ろう。

自分の得点まで色をぬろう！

| 0 | 60 | 80 | 100点 |

3 次の地図を見て，あとの問いに答えなさい。

8点×2（16点）

資料1　茨城港（常陸那珂港区）の取扱貨物量の推移

輸入
輸出

万t
600
500
400
300
200
100
0
2000　05　10　15　17年
（茨城県資料）

※2011年全面開通　―― 高速道路・主な自動車専用道路

市町村別の工業生産（出荷額）〔2000億円以上〕

資料2　工業出荷額の内訳

ア 京浜工業地帯（東京・神奈川・埼玉）39.7兆円
鉄鋼・金属 10.1%　その他
化学 20.0　機械 45.5　食品 12.4　11.5
繊維 0.5

イ 京葉工業地域（千葉）12.2兆円
21.5%　42.7　13.1　15.8
0.2
6.7

ウ 北関東工業地域（群馬・栃木・茨城）30.7兆円
13.9%　17.0　45.0　15.5　8.0
0.6

（2017年）（工業統計調査）

(1) 地図中の茨城港では，資料1の通り，輸入・輸出ともに増加しています。その理由として考えられることを，交通の面から簡単に書きなさい。

(2) 茨城港で多く輸出されている工業製品は主にどこで生産されたものと考えられますか。資料2のア～ウから選びなさい。

| (1) | | (2) | |

4 右の資料を見て，次の問いに答えなさい。

7点×4（28点）

よく出る

(1) 右の**資料1**は，日本中で冷害が起きた年の米の作況指数を示しています。次の問いに答えなさい。
　① 特に冷害の被害が大きかった地域を，都道府県名も明らかにして書きなさい。
　② ①の地域で被害が大きくなった理由を，「日照時間」の語句を使って，簡単に書きなさい。

(2) 冷害に備えて，東北地方で行われている工夫を，「品種」の語句を使って書きなさい。

(3) **資料2**は日本の農家1戸あたりの耕地面積を示しています。資料からわかる，北海道地方の農家の特徴を簡単に書きなさい。

資料1

0　50km

米の作況指数（1993年）
■ 80～100
□ 50～80
■ 20～50
■ 0～20

資料2

十勝地方 37.8ha

北海道 23.8ha

北海道以外の都府県の平均 1.6ha

（2015年）（農林水産省資料）

(1)	①	
	②	
(2)		
(3)		

第1章　地域の在り方

教科書の 要点　（　）にあてはまる語句を答えよう。

① 課題を把握しよう　　　　　　　　教 p.286～287

● 各地域でみられた課題を振り返ろう

◆地域の在り方について，地域の（①　　　　　　　　他と比べて優れている点　）を生かしながら，（②　　　　　　　　）を目指すために取り組むべきことを考える。
将来の世代にわたって発展

● 追究するテーマを決めよう

◆在り方を考えていく対象となる地域を選定する。
学校の所在地，姉妹都市など

② 地域をとらえよう　　　　　　　　教 p.288～289

● 地域の実態を知ろう

◆追究するテーマを決めて（③　　　　　　　　）をまとめ，調査を行う。
調査する項目などを整理する

◆統計資料などを活用し，（④　　　　　　　　），表やグラフを作成する。
特定のテーマを詳しく描いた地図

◆追究するテーマは，地球的課題なのか，日本全体でみられるものか，地域特有のものかを明らかにする。

③ 課題の要因を考察しよう　　　　　　教 p.290～291

● 類似した地域と比べよう

◆類似した課題がみられる地域との比較や関連付けが，課題の要因を（⑤　　　　　　　　）する際には大切である。
物事を明らかにするため，よく調べて考えること。

● 課題の要因を探ろう

◆地域の特色が，地域の優れた点である一方で，地域の課題を生み出す背景や（⑥　　　　　　　　）になる。
主な原因

④ 課題の解決に向けて構想しよう　　　教 p.292～293

● 課題の解決に向けた取り組みの調査・構想・議論

◆課題の要因を踏まえ，解決に向けた取り組みを（⑦　　　　　　　　）していく。
物事の実現のため，内容や方法を考え，まとめる

◆課題の解決に向けて構想したことを発表し，議論する。

⑤ 構想の成果を発信しよう　　　　　　教 p.294～295

● 構想をまとめ，発信しよう

◆課題の解決に向けて構想したことを報告書などにまとめる。

◆まとめた報告書などは，発表したり（⑧　　　　　　　　）したりして，意見や評価をもらう。
考えや意見を出す

● 持続可能な社会を目指す一員として▶定期的な見直しが必要。

↓地域の在り方を考える視点の例

視点①	自然環境や歴史的景観の保全
視点②	人口の増減や移動
視点③	産業の転換や流通の変化
視点④	防災・減災
視点⑤	伝統文化の変容

調査するテーマを決めるときは，仮説を立てて，調査の見通しをもつんだったね。

京都市や鎌倉市では，観光客が増えて経済が活性化しする一方で，交通機関の混雑などが起きたんだね。

↓持続可能な社会に向けた取り組みの例

・通信網を生かした地域おこしの取り組み

・時代の変化に対応する産業の創出

・都市と農村の交流の取り組み

・地域の多様な文化を大切にする取り組み

定着のワーク　ステージ2　第1章　地域の在り方

1 地域の在り方①　次の問いに答えなさい。

(1)　図は，地域の在り方を考えるための流れです。A〜Eにあてはまるものを次からそれぞれ選びなさい。

A（　　　）　　B（　　　）
C（　　　）　　D（　　　）
E（　　　）

ア　類似した地域と比べる
イ　課題の解決に向けた取り組みを調べる
ウ　社会に向けて提言する
エ　地域の実態を知る
オ　追究するテーマを決める

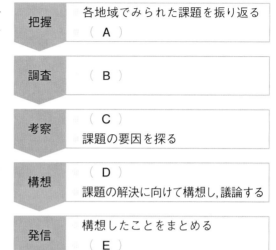

把握	各地域でみられた課題を振り返る （　A　）
調査	（　B　）
考察	（　C　） 課題の要因を探る
構想	（　D　） 課題の解決に向けて構想し，議論する
発信	構想したことをまとめる （　E　）

(2)　地域の発展のための取り組みを進めると，新たな課題が生じることがあります。京都市の課題と取り組みについて，右の表にまとめました。次の問いに答えなさい。

① あ〜うの内容を次から選びなさい。

あ（　　　）　い（　　　）　う（　　　）

ア　バスの混雑
イ　鉄道を利用したルートマップの作成
ウ　歴史的景観の保全
エ　伝統的工芸品を紹介するパンフレットの作成

課題	町が発展して現代的なビルが増えた
取り組み	あ
結果	多くの観光客が訪れるようになった
新たな課題	い
解決法	う

② 表と関わりが深い視点を次から選びなさい。　（　　　）

ア　防災・減災　　　イ　人口の増減
ウ　持続可能な観光　エ　伝統産業の変容

ヒントの森
(2)①原因と結果をつかんで考えましょう。

2 地域の在り方②　次の問いに答えなさい。

(1)　将来の世代にわたって発展していける社会のことを何といいますか。

（　　　　　　　　　　）

(2)　特定のテーマに沿って詳しく情報をかいた地図を何といいますか。

（　　　　　　　　　　）

(3)　課題の調査にあたって，調査する項目などをまとめたものを何といいますか。　（　　　　　　　）

(4)　調査結果をまとめるときに記載が必要な，参考にした本や資料の出所のことを何といいますか。　（　　　　　　　）

ヒントの森
(1)○○な社会。
(2)テーマは主題ともいいます。

世界の国々と国旗

⭐ 次の国旗と国名と，首都の名前をそれぞれ書きましょう。

① 国名（　　　　　　）
首都名（　　　　　　）

② 国名（　　　　　　）
首都名（　　　　　　）

③ 国名（　　　　　　）
首都名（　　　　　　）

④ 国名（　　　　　　）
首都名（　　　　　　）

⑤ 国名（　　　　　　）
首都名（　　　　　　）

⑥ 国名（　　　　　　）
首都名（　　　　　　）

⑦ 国名（　　　　　　）
首都名（　　　　　　）

⑧ 国名（　　　　　　）
首都名（　　　　　　）

⑨ 国名（　　　　　　）
首都名（　　　　　　）

⑩ 国名（　　　　　　）
首都名（　　　　　　）

⑪ 国名（　　　　　　）
首都名（　　　　　　）

⑫ 国名（　　　　　　）
首都名（　　　　　　）

⑬ 国名（　　　　　　）
首都名（　　　　　　）

⑭ 国名（　　　　　　）
首都名（　　　　　　）

⑮ 国名（　　　　　　）
首都名（　　　　　　）

⑯ 国名（　　　　　　）
首都名（　　　　　　）

⑰ 国名（　　　　　　）
首都名（　　　　　　）

⑱ 国名（　　　　　　）
首都名（　　　　　　）

⑲ 国名（　　　　　　）
首都名（　　　　　　）

⑳ 国名（　　　　　　）
首都名（　　　　　　）

解答：①国名：日本　首都名：東京　②大韓民国／ソウル　③朝鮮民主主義人民共和国／ピョンヤン　④中華人民共和国／ペキン　⑤モンゴル／ウランバートル　⑥インド／ニューデリー　⑦フィリピン／マニラ　⑧タイ／バンコク　⑨ロシア連邦／モスクワ　⑩イタリア／ローマ　⑪スイス／ベルン　⑫ドイツ／ベルリン　⑬フランス／パリ　⑭イギリス／ロンドン　⑮カナダ／オタワ　⑯アメリカ合衆国／ワシントンD.C.　⑰ブラジル／ブラジリア　⑱アルゼンチン／ブエノスアイレス　⑲オーストラリア／キャンベラ　⑳南アフリカ共和国／プレトリア

時差の出し方

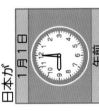

経度15度につき、1時間の時差

日本が
1月1日
午前2時
のときの

★ **カイロ（エジプト）の時間**　東経30度

カイロの標準時子午線　135−30＝105（度）

時差　105÷15＝7

…1月1日午前2時

★ **ニューヨーク（アメリカ合衆国）の時間**　西経75度

ニューヨークの標準時子午線　135＋75＝210（度）

経度差　210÷15＝14

時差

…12月31日午後7時

日本の標準時からの時差▼

▲グリニッジ標準時（GMT）からの時差

ロンドン　モスクワ　カイロ　バグダッド　+3h30　ペキン　+5h45'　+5h30'　+4h30'　シンガポール　+6h30'　+13　キャンベラ　−9h30'　東京　明石　日本の標準時子午線　本初子午線　日付変更線　−3h30'　ニューヨーク　−4h30'　ロサンゼルス　リオデジャネイロ

標準時

−10 −9 −8 −7 −6 −5 −4 −3 −2 −1 0 1 2 3 4 5 6 7 8 9 10 11 12 -12 −11 −10 −9 −8 −7 −6 −5 −4 −3 −2 −1

−10 −11 −12 −13 −14 −15 −16 −17 −18 −19 −20 3 -21 2 1 0 −1 −2 −3 −4 −5 −6 −7 −8 −9 −10

日本の自然と地形

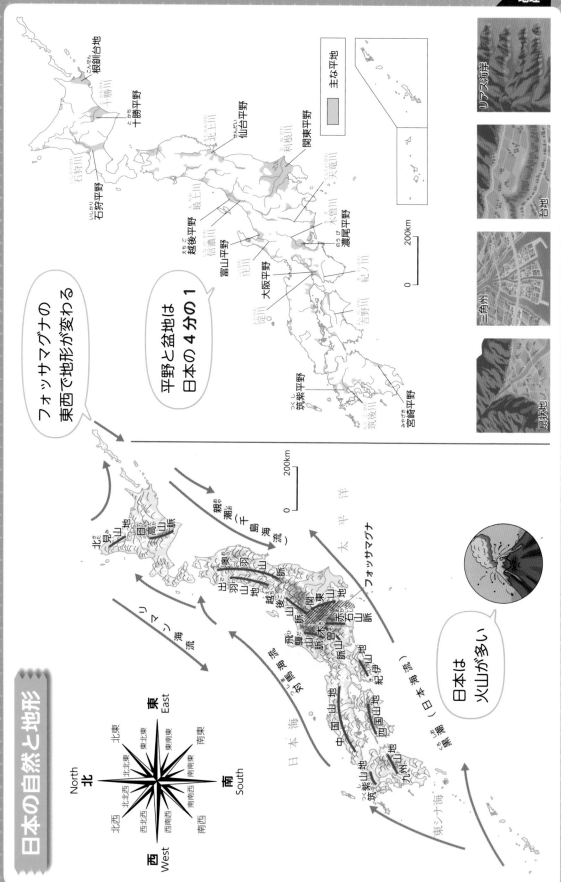

フォッサマグナの東西で地形が変わる

平野と盆地は日本の4分の1

日本は火山が多い

北 North
東 East
南 South
西 West

北北東　北東　東北東
北北西　　　　東南東
北西　　　　　南東
西北西　　　　南南東
西南西　　　　南南東
南西　　　南南西

主な平地

リアス海岸
台地
三角州
扇状地

根釧台地
十勝平野
十勝川
石狩川
石狩平野
北上川
仙台平野
最上川
越後平野
信濃川
富山平野
庄川
大阪平野
淀川
紀ノ川
筑紫平野
筑後川
宮崎平野
関東平野
利根川
木曽川
天竜川
濃尾平野

北見山地
日高山脈
奥羽山脈
出羽山地
越後山脈
関東山地
飛驒山脈
木曽山脈
赤石山脈
紀伊山地
中国山地
四国山地
九州山地
筑紫山地

親潮（千島海流）
リマン海流
対馬海流（日本海流）
黒潮（日本海流）

日本海
太平洋
東シナ海
フォッサマグナ

200km

定期テスト対策

得点アップ！予想問題

1 この「予想問題」で実力を確かめよう！

時間もはかろう

2 「解答と解説」で答え合わせをしよう！

3 わからなかった問題は戻って復習しよう！

この本での学習ページ

スキマ時間でポイントを確認！別冊「スピードチェック」も使おう

●予想問題の構成

社会地理　帝国書院版

解答 p.32

第1回 予想問題　第1章　世界の姿

⏱ **15**分　/100

1 右の地図を見て，次の問いに答えなさい。　10点×6（60点）

(1) 南半球で，インド洋と大西洋に面する大陸を2つ書きなさい。

(2) 世界の6つの州のうち，A国がまたがっている州名を2つ書きなさい。

(3) フィリピンと同じく島国である国を次から選びなさい。
　　ア　スイス　　　イ　モンゴル
　　ウ　ネパール　　エ　ニュージーランド

(4) B国の国名は，国土を通る赤道に由来しています。この国を次から選びなさい。
　　ア　エクアドル　　イ　コロンビア
　　ウ　シンガポール　　エ　ベトナム

(5) Cの国境線は直線になっています。この国境線は何に沿って引かれていますか。

(1)			(2)	
(3)		(4)	(5)	

2 右の地図1，2を見て，次の問いに答えなさい。　10点×4（40点）

(1) 地図1は，中心の東京からの距離と方位が正しく表された地図です。東京から最も離れている大陸名を書きなさい。

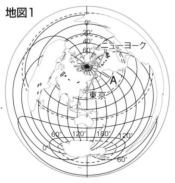

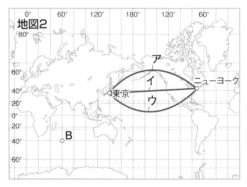

(2) 東京~ニューヨーク間を結んだ**地図1**中のAの線は，**地図2**中ではどれにあたりますか。ア~ウから選びなさい。

(3) **地図2**中のBの地点について，この地点の緯度，経度を書きなさい。

(4) **地図2**は，緯線と経線が直角に交わる地図です。この図法の地図には，面積に関してどのような特色がありますか。簡単に書きなさい。

(1)		(2)	(3)	
(4)				

第**2**回 予想問題 **第2章 日本の姿**

🕐 **15**分 /100

1 右の地図を見て，次の問いに答えなさい。 10点×3（30点）

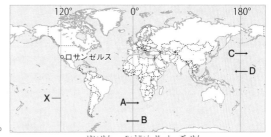

(1) 日本の位置について，正しい文を次から選びなさい。

　ア　日本は「中東」に位置している。

　イ　日本とアメリカ合衆国は，大西洋を挟んで向かい合っている。

　ウ　日本はユーラシア大陸の東に位置する。

(2) 日本の時刻が1月1日午前8時であるとき，地図中Xの経線を標準時子午線とするロサンゼルスは何月何日何時ですか。午前・午後を明らかにして書きなさい。

(3) 日付の調節について，地図中━，━のように移動するとき，日付を1日戻す必要がある場合を，A〜Dから選びなさい。

(1)		(2)		(3)	

2 次の問いに答えなさい。 10点×7（70点）

(1) 右の地図を見て，次の問いに答えなさい。

　① 地図中A・Bの海をそれぞれ何といいますか。

　② 地図中Cに，あてはまらないものを次から選びなさい。

　　ア　国後島　　イ　色丹島

　　ウ　択捉島　　エ　尖閣諸島

　③ 地図中Dについて，正しいものを選びなさい。

　　ア　韓国によって不法に占拠されている。

　　イ　日本政府による管理が及び，他国との間に解決すべき領土問題はない。

　　ウ　島を侵食から守るため，島の周りを消波ブロックやコンクリートで保護している。

　④ 都道府県名と都道府県庁所在地名が異なるところを，地図中あ〜えから選びなさい。

(2) 領海の外側の，沿岸から200海里までの海は日本の排他的経済水域となっています。この海域内で認められる権利を，簡単に説明しなさい。

(3) 昔の国名と都道府県の組み合わせとして，誤っているものを次から選びなさい。

　ア　肥後 – 熊本県　　イ　讃岐 – 高知県　　ウ　近江 – 滋賀県

　エ　越後 – 新潟県　　オ　陸奥 – 青森県

(1) ① A		B		②	③	④
(2)					(3)	

解答　p.32

第3回 予想問題

第1章　人々の生活と環境

⏱ **15分**

/100

1　次の地図を見て，あとの問いに答えなさい

10点×6（60点）

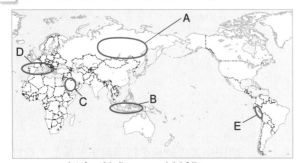

(1)　Aの地域に分布する，針葉樹の森林が広がる気候帯を何といいますか。

(2)　Bの地域の自然環境と関係の深い語句を次から選びなさい。

　　ア　オアシス　　イ　スコール　　ウ　ツンドラ　　エ　ステップ

(3)　Cの地域で古くから飼育されている家畜を次から選びなさい。

　　ア　アルパカ　　イ　リャマ　　ウ　カリブー　　エ　らくだ

(4)　Dの地域で栽培が盛んな乾燥に強い作物を次から選びなさい。

　　ア　じゃがいも　　イ　タロいも　　ウ　オリーブ　　エ　キャッサバ

(5)　Eの地域が赤道付近にもかかわらず，年間の気温が低い理由を簡単に書きなさい。

(6)　右上の写真のような伝統的な住居が見られる地域をA〜Eから書きなさい。

(1)		(2)		(3)		(4)	
(5)					(6)		

2　右のグラフを見て，次の問いに答えなさい。

10点×4（40点）

(1)　グラフ中のA，Bが主に信仰されている国を，次の地図中からそれぞれ選びなさい。

世界の宗教別人口の割合

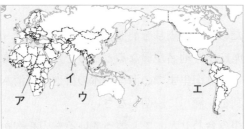

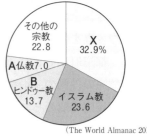

その他の宗教 22.8
X 32.9%
A仏教7.0
B ヒンドゥー教 13.7
イスラム教 23.6

(The World Almanac 2019)

(2)　グラフ中のイスラム教について，この宗教を信仰する人々が，休日である金曜日に集まって祈りをささげる礼拝堂を何といいますか。

(3)　世界的に広がっている，グラフ中のXにあてはまる宗教を何といいますか。

(1) A		B		(2)		(3)	

解答 p.33

第4回 予想問題

第3章 世界の諸地域

第2章 第1節 アジア州

15分 /100

1 右の地図を見て，次の問いに答えなさい。 10点×10（100点）

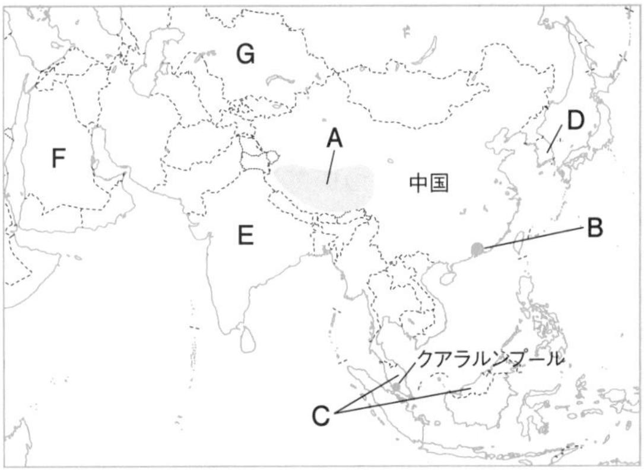

G
A
D
F
中国
B
E
クアラルンプール
C

(1) Aの高原名を書きなさい。

(2) 現在(げんざい)の中国について述べた文として正しいものを次から選びなさい。

ア 夫婦(ふうふ)のもてる子どもの数を1人に制(せい)限(げん)し，人口抑制(よくせい)を進めている。

イ 工業の中心は，繊維(せんい)工業などの軽工業で，重化学工業は発展(はってん)していない。

ウ 都市部と農村部との間で人々の収入(しゅうにゅう)の格差(かくさ)が広がっている。

(3) 経済特区(けいざいとっく)が設(もう)けられているBの都市を次から選びなさい。

ア シャンハイ　イ シェンチェン　ウ ペキン　エ ムンバイ

(4) Cの国で，プランテーションでの栽培(さいばい)地が拡大(かくだい)している農産物を次から選びなさい。

ア とうもろこし　イ 綿花(めんか)　ウ 油やし

(5) 右のグラフ1は，Dの国の輸出(ゆしゅつ)品の変化を表しています。グラフ中のX，Yにあてはまる品目を次から一つずつ選びなさい。

ア 機械類　イ 衣類　ウ 木材　エ 茶

グラフ1

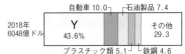

1980年
181億ドル
X
16.3%
Y
13.3
繊維品
12.2
その他
42.3
鉄鋼 9.1
船舶 6.8
自動車 10.0
石油製品 7.4
2018年
6048億ドル
Y
43.6%
その他
29.3
プラスチック類 5.1
鉄鋼 4.6

(UN Comtrade)

(6) Eの国について述べた文として誤(あやま)っているものを次から選びなさい。

ア カーストとよばれる身分制度(せいど)のなごりが根強く残っている。

イ 現在，中国と同様に人口が10億人以上と特に多い国である。

ウ ASEAN(アセアン)に加盟(かめい)し，周辺の国々との結び付きを強めている。

エ 近年，ソフトウェアの輸出が大幅(おおはば)にのびている。

(7) Fの国は，ある資源(しげん)の世界有数の産出国であり，日本はこの資源をFの国から最も多く輸入しています。この資源は何ですか。

(8) アジア州をさらにいくつかの地域に区分したとき，Gの国が含(ふく)まれる地域を何といいますか。

(9) 右のグラフ2は，クアラルンプールの雨温図です。この雨温図から読み取れる，年間の降水量(こうすいりょう)の特徴(とくちょう)を簡単(かんたん)に書きなさい。

グラフ2

年平均気温 27.3℃
年降水量 2672mm
℃
mm
50
40
30
20
10
0
-10
気温
400
350
300
250
200
150
100
降水量
1 4 7 10月

(1)		(2)		(3)		(4)	
(5)	X　　Y	(6)		(7)		(8)	
(9)							

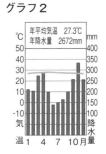

第**5**回 予想問題

第2章 世界の諸地域

第2節 ヨーロッパ州／第3節 アフリカ州

解答 p.33

15分

/100

1 右の地図を見て，次の問いに答えなさい

10点×6（60点）

(1) Xの海を何といいますか。

(2) ヨーロッパの気候に影響を与えている，Yの風を何といいますか。

(3) ①，②の国について述べた文として正しいものを次からそれぞれ選びなさい。

 ア 主にスラブ系言語が話されており，キリスト教の宗派では正教会を信仰する人が多い。

 イ 沿岸部に，氷河に削られてできたフィヨルドが見られる。

 ウ ルール工業地域などで工業が発展したヨーロッパ最大の工業国である。

 エ 農業が盛んであり，小麦の輸出量は世界有数となっている。

(4) ①，②の国は，日常的に互いの国境を越え，通勤や買い物を行うことができます。この理由を2つの国が加盟する組織を明らかにして，簡単に説明しなさい。

(5) 地図中あ〜えのうち，労働者の平均的な賃金が最も低いと考えられる国を選びなさい。

(1)		(2)		(3)①		②
(4)					(5)	

2 右の地図を見て，次の問いに答えなさい。

8点×5（40点）

(1) Xの湾を次から選びなさい。

 ア ギニア湾　　イ ペルシア湾　　ウ ベンガル湾

(2) Yのあたりにはゾウやシマウマなどの野生動物が生息する草原が広がっています。このような草原を何といいますか。

(3) 右のグラフは，ある国の輸出品の内訳を示しています。この国を地図中あ〜えから選びなさい。

(4) アフリカの国々について述べた文として，誤っているものを次から選びなさい。

 ア 主に民族の分布によって国境が定められている。

 イ モノカルチャー経済の国が多くなっている。

 ウ 近年では，携帯電話やスマートフォンの普及が進んでいる。

(5) アフリカの国々が設立した国際機関を何といいますか。

グラフ

合計 624 億ドル

	液化天然ガス	その他
原油 82.3%	9.9	7.8

（2018年）　　　　　　　　（UN Comtrade）

(1)		(2)		(3)		(4)		(5)	

第2章　世界の諸地域
第4節　北アメリカ州

解答 ▶ p.33

15分　/100

1 右の地図を見て，次の問いに答えなさい。　　　　　　　10点×4（40点）

(1)　Xの山脈を何といいますか。

(2)　Yの半島を次から選びなさい。

　ア　スカンディナビア半島　　イ　インドシナ半島

　ウ　フロリダ半島　　エ　カリフォルニア半島

(3)　A・Bの地域で特に盛んな農業を次からそれぞれ選び

なさい。

　ア　放牧　　イ　綿花　　ウ　小麦　　エ　とうもろこし・大豆

(1)		(2)		(3) A		B	

2 右の地図を見て，次の問いに答えなさい。　　　　(4)完答，10点×6（60点）

(1)　サンベルトに含まれる地域として正しいものを地図中

　　あ～えから選びなさい。

(2)　シリコンバレーについて，正しいものを次から選びな

　　さい。

　ア　付近に鉄鉱石の産地があり，古くから鉄鋼業が盛ん

　　に行われてきた地域である。

　イ　アメリカ合衆国における自動車産業の中心地として発展してきた地域である。

　ウ　コンピュータ関連産業や情報産業などの企業が集中している地域である。

　エ　天然ガスの一種であるシェールガスの開発が特に進められている地域である。

(3)　アメリカ合衆国最大のXの都市を何といいますか。

(4)　右のグラフのa～dにあてはまる人種・民族を次から

　　選びなさい。

　ア　アジア系　　　イ　アフリカ系

　ウ　ヨーロッパ系　エ　ネイティブアメリカン

(5)　アメリカ合衆国で増えている，主にスペイン語を話す

　　人々を何といいますか。

(6)　ファストフード店など，アメリカに多くある多国籍企業とはどのような企業ですか。簡

　　単に説明しなさい。

アメリカ合衆国の人種・民族構成
総人口　3億2312万人

その他
d 0.8
c系5.4
b系

a系 72.6%	12.7	8.5

（2016年）　　　　（U.S. Census Bureau, ほか）

(1)		(2)		(3)	
(4) a	b	c	d	(5)	
(6)					

第**7**回 予想問題

第2章 世界の諸地域
第5節 南アメリカ州 ／ 第6節 オセアニア州

15分

解答 p.34

/100

1 右の地図を見て，次の問いに答えなさい。 10点×5（50点）

(Diercke Weltatlas 2015)

(1) ●の地域で盛んに栽培されている農産物を次から選びなさい。

ア カカオ豆　イ コーヒー　ウ 茶　エ オリーブ

(2) Xの地域に広がる草原を何といいますか。

(3) アマゾン川の流域について，次の問いに答えなさい。

① この地域で盛んな焼畑農業では，畑をつくるときに生じる何を肥料として利用しますか。

② 地球温暖化の原因とされる二酸化炭素の排出量を抑えられるとして，ブラジルで普及が進む燃料は何ですか。

(4) 銅の産出量が世界最大となっている国を，あ〜えから選びなさい。

(1)		(2)		(3)①		②		(4)	

2 右の地図を見て，次の問いに答えなさい。 10点×5（50点）

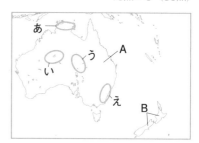

(1) Aの国について，次の問いに答えなさい。

① 温帯に属している地域を，あ〜えから選びなさい。

② グラフ1はこの国の移民の出身地の変化を示しています。X・Yの地域からの移民が1970年代まで少なかった理由を簡単に書きなさい。

③ グラフ2は，この国の貿易相手国の内訳を示しています。Zにあてはまる国を次から選びなさい。

ア イギリス　イ 中国

ウ 南アフリカ共和国　エ ロシア

④ この国で産出する鉱産資源と産出する地域の組み合わせとして正しいものを，次から選びなさい。

ア 鉄鉱石−北東部　イ 石炭−東部

ウ 金−北部　エ ボーキサイト−中央部

(2) Bの国の重要な輸出品を次から選びなさい。

ア 牛肉　イ 豚肉

ウ 羊肉　エ 鶏肉

グラフ1

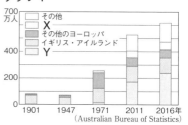

(Australian Bureau of Statistics)

グラフ2

(2015年)　(UN Comtrade)

(1)	①		②				
	③		④		(2)		

解答 p.34

第**8**回
予想問題

第1章　身近な地域の調査

15分

/100

1 右の地形図をみて，次の各問いに答えなさい。　　　　10点×5（50点）

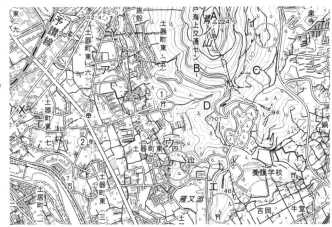

（「丸亀」平成29年）

(1) X地点とY地点の間の地形図上の長さは5cmであり，実際の距離は1250mです。この地形図の縮尺(しゃくしゃく)を次から選びなさい。

　ア　1万分の1

　イ　2万5千分の1

　ウ　5万分の1

(2) X地点から見て，Y地点はおよそどの方位にありますか。八方位で書きなさい。

(3) 果樹園(かじゅ)がみられるところを，地図中ア〜エから選びなさい。

(4) ①，②の地図記号が表すものの組み合わせとして正しいものを次から選びなさい。

　ア　①神社，②病院　　　イ　①神社，②保健所

　ウ　①寺院，②病院　　　エ　①寺院，②保健所

(5) A〜Dの斜面(しゃめん)のうち，傾(かたむ)きが最も急なものを選びなさい。

(1)		(2)		(3)		(4)		(5)	

2 地域(ちいき)の調査の流れをまとめた次の図を見て，あとの問いに答えなさい。　　10点×5（50点）

テーマを決める　➡　A　➡　B　➡　C

(1) 上の図のA〜Cにあてはまるものを，次からそれぞれ選びなさい。

　ア　調査結果を発表する　　イ　調査方法(ほうほう)を考える　　ウ　調査を実行する

(2) テーマを決めるときに行うことの説明として正しいものを選びなさい。

　ア　調査の見通しをもつため，調査の仮説(かせつ)を立てる。

　イ　集めた資料や情報(じょうほう)を整理して，分析(ぶんせき)を行う。

　ウ　身近な地域の特色を，地理的な見方や考え方で考察(こうさつ)する。

(3) 野外調査(やがいちょうさ)をするとき，野外観察(やがいかんさつ)のために，調査の道順や目的などを書きこんだ地図を用意することがあります。このような地図を何といいますか。

(1) A	B	C	(2)	
(3)				

第**9**回　予想問題　第2章　日本の地域的特色

解答 p.34

15分

/100

1 右の地図を見て，次の問いに答えなさい。

8点×5（40点）

(1) 信濃川が流れる平野を地図中の**あ〜え**から選びなさい。

(2) 川の河口部に見られる，粒の小さい砂や泥が積もった低い土地を何といいますか。

(3) 雨温図が示す都市を地図中の**A〜D**から選びなさい。

(4) 地図中▲の火山と関係する自然災害を次から選びなさい。
〔　液状化　　津波　　火砕流　　高潮　〕

(5) **X・Y**の間の地域で年間を通じて降水量が少ない理由を，**X・Y**の山地名を明らかにして書きなさい。

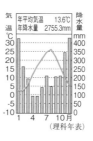

(1)		(2)		(3)		(4)	
(5)							

2 次の文を読んで，あとの問いに答えなさい。

10点×6（60点）

日本で_a農業や林業，漁業などが盛んな地域は，人口が減る（　　）となっているところも多い。_b資源を輸入しやすい臨海部を中心に，_c工業が発達してきたが，_d産業の空洞化の現象も見られる。現在は，_e商業やサービス業が産業の中心となっている。

(1) （　　）にあてはまる語句を右から選びなさい。〔　過疎　　過密　〕

(2) 下線部**a**について，特に大都市の周辺で，野菜などを生産する農業を何といいますか。

(3) 下線部**b**について，日本の原油の主な輸入先の国を次から選びなさい。
ア　アラブ首長国連邦　　イ　カナダ　　ウ　インド

(4) 下線部**c**について，右のグラフの**A〜C**のうち，**A**にあてはまる工業地帯を次から選びなさい。
ア　京浜工業帯　　イ　阪神工業地帯　　ウ　中京工業地帯

(5) 下線部**d**について，このような現象が見られるようになった理由を簡単に書きなさい。

(6) 下線部**e**について，これらの産業はどのような産業に分類されますか。3つに分けた分類名から書きなさい。

全国の工業出荷額の内訳

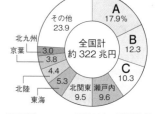

(2017年)　　（平成30年 工業統計表）

(1)		(2)		(3)		(4)	
(5)					(6)		

第**10**回
予想問題

第3章　日本の諸地域
第1節　九州地方／第2節　中国・四国地方

解答　p.35

⏱**15**分

/100

定期テスト対策　予想問題

1 右の地図を見て，次の問いに答えなさい。

8点×5（40点）

(1) Aの平野で盛んな促成栽培（そくせいさいばい）とはどのようなものですか。A（さか）の平野で生産量の多い農産物を示（しめ）して，簡単（かんたん）に書きなさい。

(2) 次の①～③の文があてはまる県を，ア～カからそれぞれ選びなさい。

　① 九州地方で最も人口が多い都市がある。

　② 畜産（ちくさん）が盛（さか）んであり，豚（ぶた）の飼育数（しいく）は全国最大である。

　③ カルデラがあることで知られる阿蘇山（あそさん）がある。

(3) 1970年代に九州で急増した工場を次から選びなさい。

　ア　太陽光発電のパネル　　イ　蓄電池（ちくでんち）　　ウ　IC（集積回路）（しゅうせきかいろ）

(1)				
(2) ①		②	③	(3)

2 右の地図を見て，次の問いに答えなさい。

10点×6（60点）

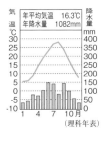

気温℃／降水量mm
年平均気温	16.3℃
年降水量	1082mm

（理科年表）

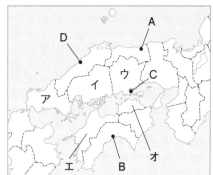

(1) 右の雨温図と同じ気候区にあたる場所を，地図中A～Dから選びなさい。

(2) Aに広がる，日本最大級の砂（さ）丘（きゅう）を何といいますか。

(3) Bの県で生産が盛んな農産物を次から選びなさい。

　ア　なす　　イ　なし　　ウ　オリーブ

(4) Cの都市は，市内の水島（みずしま）地区に石油化学コンビナートが形成され，ほかにも鉄鋼（てっこう）や自動車，商品などが盛んに生産されています。この都市名を次から選びなさい。

　ア　福山（ふくやま）　　イ　宇部（うべ）
　ウ　新居浜（にいはま）　　エ　倉敷（くらしき）

(5) 世界遺産に登録され，観光客が訪（おとず）れているDの史跡を何といいますか。

(6) 本州四国連絡橋（ほんしゅうしこくれんらくきょう）のうち，しまなみ海道によって結ばれている県を地図中ア～オから2つ選びなさい。

(1)		(2)		(3)		(4)	
(5)			(6)				

第**11**回
予想問題

第3章　日本の諸地域
第3節　近畿地方

解答 p.35

15分

/100

1 右の地図を見て，次の問いに答えなさい。

10点×7（70点）

(1)　A，Bの入り組んだ特徴をもつ海岸を何といいますか。

(2)　Cの湖から大阪湾に流れる河川を何といいますか。

(3)　次の文にあてはまる都市を地図中ア〜オからそれぞれ
選びなさい。

　①　8世紀に平城京が置かれた都市で，東大寺などの文化
財がある都市。

　②　長い間都が置かれ，清水焼や西陣織などの伝統的工芸
品の生産が盛んな都市。

　③　江戸時代に「天下の台所」とよばれ，商業都市として発展した。

(4)　地図中の千里や泉北などに都市部の住宅不足の解消のためにつくられた住宅地を何とい
いますか。

(5)　地図中の紀伊山地で，古くから盛んな産業を書きなさい。

(1)		(2)		(3) ①		②		③	
(4)				(5)					

2 次の問いに答えなさい。

10点×3（30点）

(1)　右のグラフは，大阪府の工業用水の水源
の変化を示しています。利用する水源が変
化した理由を，この地域で起きた問題を踏
まえて簡単に書きなさい。

(2)　阪神工業地帯について，正しいものを次
から選びなさい。

　ア　官営の八幡製鉄所を中心に発達した工業地帯である。

　イ　中小企業の工場が多く集まっている地域がある。

　ウ　現在日本の中で，工業出荷額が最も多い工業地帯である。

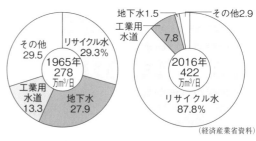

（経済産業省資料）

(3)　右の写真の店は奈良市にあります。このような外観にす
る取り組みの理由にあてはまらないものを次から選びなさい。

　ア　伝統的な建物を保存するため。

　イ　狭い土地を効率的に利用するため。

　ウ　住民の生活の利便性を守るため。

奈良市にあるコンビニエンスストア

(1)		(2)		(3)	

第**12**回 予想問題

第3章　日本の諸地域

第4節　中部地方

解答 p.35

15分

/100

1 右の地図を見て，次の問いに答えなさい。

10点×4（40点）

(1) 地図中の中央高地の気候に見られる特徴について，気温の面から簡単に説明しなさい。

(2) Xの山脈を何といいますか。

(3) 富士山を地図中あ〜うから選びなさい。

(4) Yの平野を，次から選びなさい。

ア　越後平野　　イ　讃岐平野
ウ　濃尾平野　　エ　筑紫平野

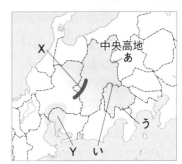

(1)				
(2)		(3)	(4)	

2 右の地図を見て，次の問いに答えなさい。

10点×6（60点）

(1) Aの県について，正しい文を次から選びなさい。

ア　牧ノ原や磐田原などの台地で，茶の栽培が盛んである。
イ　野辺山原では，レタスなどの栽培が盛んである。
ウ　豊川用水が引かれて園芸農業が盛んになった。

(2) ぶどうや桃などの果樹栽培が盛んな県を，地図中あ〜え から選びなさい。

(3) Bの都市について，次の文を読んでこの都市名を書きなさい。

　石油化学コンビナートなどの工場があり，工業が盛んである。かつて公害が発生して，住民たちが ぜんそく などに苦しんだ。

(4) Cの県の伝統的工芸品を次から選びなさい。

ア　輪島塗　　イ　九谷焼　　ウ　高岡銅器　　エ　小千谷縮

(5) (4)のような伝統的工芸品はこの地域で主に冬の期間に作られてきました。冬に行われた理由を簡単に書きなさい。

(6) この地域の工業について，盛んな工業と都市名の組み合わせとして誤っているものを次から選びなさい。

ア　自動車工業−豊田市　　イ　製紙・パルプ工業−浜松市
ウ　電気機械工業−松本市

(1)		(2)		(3)		(4)	
(5)						(6)	

第**13**回
予想問題

第3章　日本の諸地域
第5節　関東地方

15分

/100

1 右の地図を見て，次の問いに答えなさい。

10点×6（60点）

(1)　Aの川の名前を書きなさい。

(2)　Bの台地を覆う土は，火山灰が堆積してできた赤土です。このような土を何といいますか。

(3)　地図中の上野村では，過疎が進んだことで，他の地域の出身者が移住するような取り組みを進めました。このように，他の地域の出身者が移住することを何といいますか。

(4)　次の文にあてはまる県を地図中の**ア〜カ**からそれぞれ選びなさい。

　①　農業が盛んで，いちごの生産量や乳牛の飼育頭数が全国有数である。

　②　南部は温暖で花の栽培が盛んで，北部には貿易額が日本で最大の空港がある。

(5)　地図中の越後山脈の南側にある関東地方は，冬はどのような気候となりますか。「季節風」という語句を用いて，簡単に説明しなさい。

(1)		(2)		(3)	
(4) ①		②		(5)	

2 次の文を読んで，あとの問いに答えなさい。

10点×4（40点）

> 関東地方には，首都として a 膨大な情報が集まる東京をはじめとして，各地に b 都市が発達しており，多くの c 人口が集中している。また，d 京浜工業地帯や京葉工業地域，北関東工業地域が広がり，工業も盛んである。

(1)　下線部 a について，東京には多くの出版社・新聞社などが集まっています。このことから地域で盛んになっている工業を次から選びなさい。

　ア　印刷業　　**イ**　鉄鋼業　　**ウ**　化学工業　　**エ**　繊維工業

(2)　下線部 b について，関東地方の都県のうち政令指定都市が3つあるのはどこですか。

(3)　下線部 c について，日本の総人口のうち，東京大都市圏に集中している人口の割合を，次から選びなさい。

　ア　4分の1　　**イ**　6分の1　　**ウ**　8分の1

(4)　下線部 d について右のグラフのうち，北関東工業地域にあてはまるものを**あ〜う**から選びなさい。

京浜工業地帯と京葉・北関東工業地域の出荷額の内訳

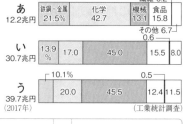

(1)		(2)		(3)		(4)	

第**14**回
予想問題

第3章　日本の諸地域
第6節　東北地方 ／ 第7節　北海道地方

15分
／100

1 右の地図を見て，次の問いに答えなさい。

12点×5（60点）

(1)　**A**の川と**B**の平野名をそれぞれ書きなさい。

(2)　右のグラフは，東北地方で生産が盛んな
ある果物の県別生産量割合を示しており，
X～**Z**は地図中の県を示しています。この
果物は何ですか。

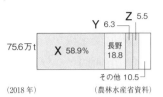

Y 6.3　Z 5.5
75.6万t　X 58.9%　長野 18.8
その他 10.5
(2018年)　（農林水産省資料）

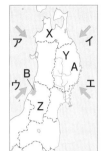

(3)　東北地方の産業について，正しいものを次から選びなさい。

ア　積雪のある冬の間に，出稼ぎに行く人が多くなってきている。

イ　高速道路沿いに工業団地ができ，電気機械工業の工場が進出した。

ウ　きれいな水や空気を生かし，時計やレンズを作る精密機械工業が発達した。

(4)　次の東北地方の祭りと開催都市の正しい組み合わせを次から選びなさい。

ア　仙台市 - 七夕まつり　イ　青森市 – 竿燈まつり　ウ　秋田市—ねぶた祭

(1) A	B	(2)	(3)	(4)

2 右の地図を見て，次の問いに答えなさい。

10点×4（40点）

(1)　次の文中の□□□にあてはまる語句を書きなさい。

札幌の都市名は，□□□語で「乾いた大きな川」を
意味する「サッポロペッ」に由来している。

(2)　北海道では，ほたての稚貝の海への放流が盛んに
行われています。育てる漁業のうち，このような方
法で水産資源を増やす漁業を何といいますか。

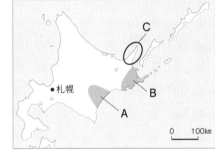

•札幌
C
B
A
0　100km

(3)　北海道の産業について，次の①～③の産業が行わ
れている地図中の地域の組み合わせとして，正しいものをあとから選びなさい。

①　乳牛を育てて生乳を生産する酪農が盛んである。

②　生態系の保全と観光の両立を目指すエコツーリズムの取り組みが進む。

③　小麦やてんさい，じゃがいもなどを育てる畑作が盛んである。

ア　①B　②C　③A　　イ　①A　②B　③C

ウ　①C　②A　③B

(4)　東北地方や北海道では，稲作をやめてほかの農作物を栽培する転作を多くの農家が行っ
てきました。その理由を「政府」の語句を用いて簡単に書きなさい。

(1)	(2)	(3)

(4)

地理　総合問題

解答 p.36

15分

/100

1 右の地図を見て，次の問いに答えなさい。

10点×6（60点）

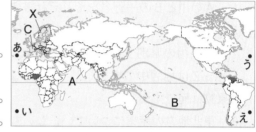

(1) 日本から見て地球の反対側にあたるおよその位置を地図中の**あ～え**から選びなさい。

(2) ロンドンと日本の時差を次から選びなさい。

　ア　3時間　**イ**　6時間　**ウ**　9時間

(3) ＿＿＿＿の国が加盟する組織を何といいますか。

(4) **A**国について正しい文を次から選びなさい。

　ア　イスラム教の聖地があり，国民の大半がイスラム教の信者である。

　イ　英語を話せる人が多く，時差を生かして情報通信技術（ICT）関連産業が盛んである。

　ウ　近年では，ヒスパニックとよばれる人々が増えている。

(5) **B**の地域で伝統的な食事に用いられてきた農産物を次から選びなさい。

　ア　ライ麦　**イ**　なつめやし　**ウ**　タロいも　**エ**　とうもろこし

(6) 地図中の■■で表された国の経済は，原油の輸出に頼る経済となっています。このようなモノカルチャー経済の問題点を，「国際価格」という語句を用いて，簡単に説明しなさい。

(1)		(2)		(3)		(4)		(5)	
(6)									

2 右の地図を見て，次の問いに答えなさい。

8点×5（40点）

---- 新幹線

0　200km

(1) 日本アルプスに含まれる山脈を**ア～エ**から選びなさい。

(2) **X**の地域が稲作に不向きな理由を「火山灰」「水」という語句を用いて，簡単に説明しなさい。

(3) 老年人口の割合が最も高い県を**A～D**から選びなさい。

(4) **a**の県の産業の説明として正しいものを選びなさい。

　ア　雪どけ水を活用し，アルミニウム工業が盛んである。

　イ　涼しい気候を生かし，高原野菜の生産量が多い。

　ウ　かつて，公害病のぜんそくが発生した。

(5) 地図中の■□■の経路を**b**駅から**c**駅まで新幹線を乗り継いで移動したときに，次のものを見られる順に並べなさい。

　ア　琵琶湖　**イ**　富士山　**ウ**　瀬戸内海　**エ**　北上川

(1)		(2)			
(3)		(4)		(5)	→　　　→　　　→

教科書ワーク 社会

特別ふろく

無料アプリ

どこでもワーク

こちらにアクセスして，ご利用ください。
https://portal.bunri.jp/app.html

**重要事項を
3択問題で確認！**

**ポイント
解説つき**

ピンチアウト

**地図は大きく
確認できる**

間違えた問題だけを何度も確認できる！

無料ダウンロード

ホームページテスト

無料でダウンロードできます。
表紙カバーに掲載のアクセス
コードを入力してご利用くだ
さい。
https://www.bunri.co.jp/infosrv/top.html

問題▶

**テスト対策や
復習に使おう！**

**同じ紙面に解答があって，
採点しやすい！**

▼解答

注意 ●サービスやアプリの利用は無料ですが，別途各通信会社からの通信料がかかります。
●アプリの利用にはiPhoneの方はApple ID，Androidの方はGoogleアカウントが必要です。対応OSや対応機種については，各ストアでご確認ください。
●お客様のネット環境および携帯端末により，ご利用いただけない場合，当社は責任を負いかねます。ご理解，ご了承いただきますよう，お願いいたします。

中学教科書ワーク

帝国書院版

解答と解説

社会 地理

この「解答と解説」は，**取りはずして** 使えます。

第1部 世界と日本の地域構成

第1章 世界の姿

p.2〜3 　ステージ1

● 教科書の要点
① ユーラシア大陸 　② 太平洋
③ ヨーロッパ 　④ 東アジア
⑤ 内陸国 　⑥ ロシア（連邦）
⑦ バチカン市国 　⑧ 中国〔中華人民共和国〕
⑨ 国境 　⑩ エクアドル
⑪ オセアニア

● 教科書の資料
(1) ユーラシア大陸
(2) 太平洋
(3)① 3 　② 7
(4) アジア州

● 教科書チェック　一問一答
① アフリカ大陸 　② 大西洋
③ オセアニア州 　④ ウラル山脈
⑤ 島国 　⑥ イタリア
⑦ アフリカ大陸 　⑧ コロンビア
⑨ 赤道 　⑩ ユニオンジャック

ミス注意！

★ 太平洋…漢字に注意しよう。

○　太平洋	✕　大平洋
世界最大の面積をもつ海洋。	

★ 大西洋…漢字に注意しよう。

○　大西洋	✕　太西洋
ユーラシア大陸と，北アメリカ大陸・南アメリカ大陸の間に広がる海洋。	

---

p.4〜5 　ステージ1

● 教科書の要点
① 緯度 　② 赤道
③ 経度 　④ 本初子午線
⑤ 地球儀 　⑥ 平面
⑦ 球体 　⑧ 直角
⑨ 大き 　⑩ 中心

● 教科書の資料
(1) 距離
(2) オーストラリア大陸
(3) ブエノスアイレス 　(4) 北東

● 教科書チェック　一問一答
① 緯線 　② 90度
③ 経線 　④ 180度
⑤ ロンドン 　⑥ 南極点
⑦ 地球儀 　⑧ 世界地図
⑨ 面積 　⑩ 方位

ミス注意！

★ 緯度と経度…取り違えに注意しよう。

緯度	経度
南北の位置を北緯または南緯で表す。	東西の位置を東経または西経で表す。

★ 本初子午線…漢字に注意しよう。

○　本初子午線	✕　本初子牛線
イギリスのロンドンを通る，経度0度の経線。	

---

p.6〜7 　ステージ2

❶ (1)① ユーラシア大陸 　② 北アメリカ大陸
　③ オーストラリア大陸 　④ 南極大陸
(2) A 大西洋 　B インド洋 　C 太平洋
(3) X 南アメリカ州 　Y アフリカ州
(4) ア

なぞろう
重要語句 　太平洋 　大西洋 　緯度 　経度 　本初子午線

❷ (1)ウ

(2)イギリス

(3)①チリ　②カナダ

③イタリア　④モンゴル

❸ (1)経線　(2)本初子午線

(3)イ　(4)緯線

(5)赤道　(6)北半球

(7)①北緯　②東経　(8)北極点

❹ (1)Aイ　Bウ　Cア

(2)①大きく　②ブエノスアイレス

━━━━━ 解説 ━━━━━

❶ (1)①ユーラシア大陸は，六つの大陸の中で最も面積が大きく，三つの大洋すべてに面している。(2)三つの大洋は，太平洋，大西洋，インド洋の順に面積が大きい。最も大きい太平洋は，五つの大陸に囲まれている。

❷ (3)②面積が大きい国は，1位からロシア，カナダ，アメリカ合衆国，中国，ブラジルと続く。④内陸国には，モンゴルのほか，ヨーロッパ州のスイスや，南アメリカ州のボリビアなどもある。

❸ (1)(2)経線は，北極と南極を結ぶ線であり，子午線ともいう。その基準となる0度の線が本初子午線である。方位を表す昔の言葉で「子（ね）」は北を，「午（うま）」は南を意味する。

❹ (1)Aの地図は，中心からの距離と方位が正しいが，中心以外の地点どうしの距離と方位は正しく表されない。Bの地図は，面積が正しい地図で，分布図に適している。Cの地図は，地図上の2点を結んだ直線上では，経線に対する角度が常に等しく，昔は船で海を渡るときに用いられていた。

第**2**章　日本の姿

p.8〜9 ≡ステージ1

●教科書の要点

①ヨーロッパ　②ロシア（連邦）

③ユーラシア大陸　④太平洋

⑤東　⑥15

⑦標準時子午線　⑧135

⑨太平洋　⑩日付変更線

●教科書の資料

(1)兵庫県

(2)105

(3)7

●教科書チェック　一問一答

①アフリカ大陸　②オーストラリア

③東　④日本海

⑤極東　⑥中東

⑦標準時　⑧正午

⑨時差　⑩180度

ミス注意！ ……………………

★本初子午線と標準時子午線…取り違いに注意しよう。

本初子午線	標準時子午線
経度0度の経線。イギリスの標準時子午線でもある。	それぞれの国や地域で定める標準時（時刻）の基準となる経線。

p.10〜11 ≡ステージ1

●教科書の要点

①領域　②38

③200　④国際法

⑤国後島　⑥ロシア

⑦韓国　⑧中国

⑨47　⑩都道府県庁

●教科書の資料

(1)①択捉島　②沖ノ鳥島

③南鳥島　④与那国島

(2)領海

(3)排他的経済水域

●教科書チェック　一問一答

①領空　②本州

③接続水域　④北方領土

⑤竹島　⑥尖閣諸島

⑦廃藩置県　⑧京都（府）

⑨札幌（市）　⑩山梨（県）

ミス注意！ ……………………

★沖ノ鳥島と南鳥島…取り違いに注意しよう。

沖ノ鳥島	南鳥島
東京都に属する，日本の南端の島。	東京都に属する，日本の東端の島。

なぞろう 重要語句　地球儀　標準時子午線　日付変更線

の一部の昔の国名。

(4)(5)aの宮城県仙台市は城下町として，bの兵庫県神戸市は港町として，それぞれ発展してきた。

---

p.12~13 ≡ ステージ②

❶ (1)a オ　　b イ
　(2)① A・中国，B・アメリカ合衆国
　　② C・オーストラリア
　(3)南

❷ (1)東経135度
　(2)1月1日午前1時
　(3)① 255　　② 17　　(4)日付変更線

❸ (1)① え　② い　(2)12海里
　(3)ア，ウ
　(4)① イ　　② ア　　③ ウ

❹ (1)い　(2)43
　(3)A イ　　B ウ
　(4)a 仙台市　　b 神戸市　　(5)エ

■━━━━━━ 解 説 ━━━━━━■

❶ (3)地図中にXで示したロシア東部から見ると，日本は，オホーツク海や日本海を挟んで南に位置する国であるといえる。

❷ (2)地球は24時間で1回転（360度）するので，360÷24＝15より，経度15度ごとに1時間の時差が生じる。日本の標準時子午線は東経135度，B国（イギリス）の標準時子午線は0度の経線であり，経度差は135度なので，135÷15＝9より，時差は9時間である。日本のほうがイギリスより時刻が早いので，イギリスの現地時間は東京の9時間前の1月1日午前1時となる。
(3)ロサンゼルスの標準時子午線は西経120度なので，東京の標準時子午線との経度差は，135＋120より，255度である。したがって，255÷15＝17より，時差は17時間となる。

❸ (1)①与那国島は日本の西端に，②の南鳥島は東端に位置する島である。あは日本の北端の択捉島，うは南端の沖ノ鳥島。
(3)排他的経済水域内であっても，船や航空機の通行，海底ケーブルやパイプラインを敷設することは，どの国にも認められている。
(4)①歯舞群島は北方領土に含まれる。

❹ (2)都は東京都のみ，道は北海道のみ，府は大阪府と京都府の二つ，県は43である。
(3)アの加賀は石川県の一部，エの薩摩は鹿児島県

---

p.14~15 ≡ ステージ③ 総合

❶ (1)① X 大西洋　　Y インド洋
　　② オーストラリア大陸，南極大陸
　　③ ロシア（連邦）　　④ 島国
　(2)① エ　② ア　　(3)あ

❷ (1)① シドニー　　② 南アメリカ大陸
　(2)イ
　(3)南緯20度，東経60度
　(4)例 距離や面積，方位などを一度に正しく表すことができない。

❸ (1)ア，カ　　(2)エ
　(3)例 日本は，ユーラシア大陸の東にある。
　(4)東経
　(5)1月1日午前2時

❹ (1)右図

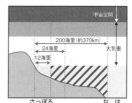

　(2)ウ　　(3)① 札幌市　　② 那覇市
　(4)例 沿岸国が水産資源や海底の鉱産資源を利用する権利をもつ海域。

■━━━━━━ 解 説 ━━━━━━■

❶ (1)②地図1は，陸が多く見える向きから見た地球（陸半球）である。六つの大陸のうち，ユーラシア大陸，アフリカ大陸，北アメリカ大陸，南アメリカ大陸の四つがかかれており，オーストラリア大陸と南極大陸がかかれていない。
(2)①「45」は地図帳のページ数を，「G6」は地図中のGの列と6の行が交わる範囲にあることを示す。「S」は，この範囲の南（South）にあることを示す。

❷ (1)①中心の東京から各都市を線で結び，距離を比べる。距離が短い順に，シドニー→ニューヨーク→ナイロビ→ブエノスアイレスとなる。
②地図の上が北，下が南，左が西，右が東。東京から東に進むと，南アメリカ大陸に到達する。

なぞろう
重要語句　　領域　　排他的経済水域　　北方領土

(2)赤道は０度の緯線のことで，南アメリカ大陸の
エクアドルや東南アジアのインドネシア，アフリ
カ大陸中央部などを通っている。

(4)地球を小さくした模型である地球儀は，距離や
面積，形，方位などを正しく表すことができるが，
持ち運びに不便で，世界全体を一度に見ることが
できない。いっぽう，平面である地図には，球体
である地球のすべてを正しく表すことができない。
このため，使う目的に応じて，さまざまな種類の
世界地図が作られてきた。

❸ (2)日本を地球の反対側に移した位置は，南アメ
リカ大陸の南東の海域となる。

(4)地球上の時刻は，日付変更線のすぐ西側が最も
早く，そこから西へ行くほど遅れていき，日付変
更線のすぐ東側が最も遅い。

(5)ニューヨークと東京との標準時子午線の経度差
は135＋75より，210度なので，210÷15＝14より，
時差は14時間と求められる。東京のほうが時刻が
早いので，ニューヨークの時刻は東京の14時間前
の１月１日午前２時となる。

❹ (1)排他的経済水域は，領海の外側の，海岸線か
ら200海里以内の範囲の海域である。

(3)①は北海道，②は沖縄県である。

(4)排他的経済水域は，国連海洋法条約で海岸線か
ら200海里（約370km）以内と定められている。
この範囲では，ほかの国は資源の利用はできない
一方，船や航空機の通行や海底ケーブルなどの敷
設は認められている。

p.16～17 ━━**ステージ3** 資・思

❶ (1)a イ　　b エ　　c ウ　　d ア
(2)①45G6　　②45F5S

❷ (1)A エ　　B ウ　　C ア
(2)右図

(3)①北北東　　②東

え　と　ろ　ふ　と　う
択捉島
み　な　み　と　り　し　ま
南鳥島

---

❸ (1)例東西に長い国である。
(2)本初子午線　　(3)12時間10分

❹ (1)200（海里）　　(2)ウ
(3)例国土面積のわりに排他的経済水域の面積
が広い。
(4)例日本の排他的経済水域を失わないように
するため。
(5)右図

◆━━━━━━━━━━━━ **解 説** ━━━━━━━━━◆

❶ (2)①ベルンは45ページで経線の範囲はGで緯線
の範囲は⑥，中央あたりに位置しているため，N
とSの表示はしない。②ブリュッセルは，45ペー
ジで経線の範囲はFで緯線の範囲は⑤，南に位置
しているためSと表記する。

❷ (1)Aはメルカトル図法といい，角度を正しく表
せるため，航海図で利用されていた。赤道から離
れ緯度が高くなるほど，実際の面積よりも大きく
示される。Bはモルワイデ図法といい，面積が正
しく表される。分布図で利用される。Cは正距方
位図法といい，中心からの距離と方位が正しい。

(3)Aの地図では方位が正しく表せないため，各都
市のおよその位置を読み取り，Cの地図にかき込
んで方位を確かめる。

❸ (1)東西に長い国は，一つの標準時にすると，日
の出・日の入りの時刻が大きく異なり，生活に支
障がでるため，複数の標準時を設けている。

(3)下記の表のように出発時刻と到着時刻の整理を
するとよい。日本とロンドンの時差は，135（経
度の差）÷15＝９時間となる。

	日本	9時間戻す ➡	イギリス
出発	午前９：50		午前０：50
到着			午後１：00

よって，イギリス時間での到着時間から出発時間
を引くと，飛行時間は12時間10分である。

❹ (1)排他的経済水域は海岸線から200海里（以内），

領海は海岸線から12海里である。

(3)日本は島国であるため，国土面積に比べて排他的経済水域が広くなっている。

(4)沖ノ鳥島の周囲には，日本の国土面積（約38万km²）よりも広い排他的経済水域が広がっており，沖ノ鳥島が水没するとこの排他的経済水域が失われる。

(5)解答欄の緯線・経線を目印にして，およその位置をかく。日本列島のほぼ中央部に北緯35度の緯線，東経135度の経線が通っている。

ポイント

■**六大陸と三大洋，六つの州をおさえる。**

六大陸▶ユーラシア大陸，アフリカ大陸，オーストラリア大陸，北アメリカ大陸，南アメリカ大陸，南極大陸。三大洋▶太平洋，大西洋，インド洋。

六つの州▶アジア州（東アジア，東南アジア，南アジア，西アジア，中央アジアに区分），ヨーロッパ州，アフリカ州，オセアニア州，北アメリカ州，南アメリカ州。

■**時差の求め方をおさえる。**

時差は，標準時子午線の経度差15度ごとに1時間▶時差＝経度差÷15。経度差▶東経どうし，西経どうしは差，東経と西経は和。

■**日本の領域をおさえる。**

領域は領土・領海・領空からなる。領海▶海岸線から12海里以内。排他的経済水域▶領海の外側で，海岸線から200海里以内。

第2部 世界のさまざまな地域

第1章 人々の生活と環境

p.18〜19 ステージ1

●**教科書の要点**
①熱帯雨林　　　　②雨季
③砂漠　　　　　　④ステップ
⑤温暖湿潤　　　　⑥小さい
⑦冬　　　　　　　⑧針葉樹
⑨ツンドラ　　　　⑩氷雪
⑪スコール　　　　⑫熱帯林

●**教科書の資料**
(1)熱（帯）　　(2)温（帯）
(3)①少ない　　②大きい

●**教科書チェック　一問一答**
①熱帯　　　　　　②乾燥帯
③遊牧　　　　　　④温帯
⑤偏西風　　　　　⑥亜寒帯〔冷帯〕
⑦寒帯　　　　　　⑧インドネシア
⑨キャッサバ　　　⑩熱帯林

ミス注意！

★サバナ気候とステップ気候…取り違えに注意しよう。

サバナ気候	ステップ気候
熱帯。熱帯雨林気候と異なり，雨季と乾季がはっきり分かれている。	乾燥帯。砂漠気候と異なり，少しだけ雨が降るため，草原が広がる。

★西岸海洋性気候と地中海性気候…取り違えに注意しよう。

西岸海洋性気候	地中海性気候
温帯のうち，1年を通して気温と降水量の差が小さい。	温帯のうち，夏に乾燥し，冬に降水量が多くなる。

p.20〜21 ステージ1

●**教科書の要点**
①砂漠　　　　　　②かんがい
③ショッピングセンター　④地中海
⑤温帯　　　　　　⑥シエスタ
⑦太陽光　　　　　⑧ユーラシア大陸
⑨寒帯　　　　　　⑩高床

●**教科書の資料**
(1)①地中海性気候　　②砂漠気候
　③亜寒帯
(2)オアシス
(3)①夏　　②冬

●**教科書チェック　一問一答**
①アラビア半島　　②かんがい
③遊牧　　　　　　④日干しれんが
⑤温帯　　　　　　⑥オリーブ
⑦シエスタ　　　　⑧シベリア
⑨寒帯　　　　　　⑩永久凍土

なぞろう　重要語句

熱帯雨林　　乾燥帯　　砂漠　　遊牧

p.22〜23 ステージ1

●教科書の要点
①じゃがいも　②アルパカ
③携帯電話　④米
⑤小麦　⑥キリスト教
⑦イスラム教　⑧仏教
⑨ヒンドゥー教　⑩カースト

●教科書の資料
(1)①キリスト教　②イスラム教　③仏教
(2)ヒンドゥー教　(3)牛

●教科書チェック　一問一答
①アンデス山脈　②とうもろこし
③リャマ　④主食
⑤米　⑥小麦
⑦クリスマス　⑧メッカ
⑨モスク　⑩豚

ミス注意！
★イスラム教とヒンドゥー教…取り違いに注意しよう。

イスラム教	ヒンドゥー教
西アジアや北アフリカなどに広まる。豚肉を食べない。	インドで広く信仰。牛を神聖視し、牛肉を食べない。

p.24〜25 ステージ2

❶ (1)A熱帯　B乾燥帯　C温帯
　D亜寒帯〔冷帯〕　E寒帯
(2)イ
(3)①温暖湿潤気候　②西岸海洋性気候
(4)針葉樹

❷ (1)ア，エ　(2)熱帯林
(3)永久凍土

❸ (1)A，D
(2)Bイ　Cウ　Dア
(3)①イ　②ア　③ウ

❹ (1)Aキリスト教　B仏教
　Cヒンドゥー教
(2)宗教　イスラム教，国　エ

■ 解説 ■
❶ (2)アは一年中雨が多い熱帯雨林気候，イは雨季と乾季があるサバナ気候の雨温図である。

❷ (1)Aはスペインで，温帯のうちの地中海性気候が分布する。タロいもは熱帯地域で栽培が盛んな農作物である。

❸ (1)日干しれんがは土をこねて，乾かしたもの。降水の少ない地域でよく使われる。
(2)Bは亜寒帯（冷帯）のシベリア，Cは熱帯のインドネシア，Dは乾燥帯のアラビア半島。
(3)①は日本や中国南部，東南アジアなどに分布していることから米，②はヨーロッパなどに分布していることから小麦。③が残りのいも類。

❹ (1)Aはアメリカ合衆国，Bはタイ，Cはインド。
(2)エのイラクがイスラム教の信仰が盛んな国としてあてはまる。アのメキシコとイのオーストラリアはキリスト教，ウのモンゴルは仏教を信仰している人が多い。

p.26〜27 ステージ3 総合

❶ (1)ウ
　気候区　温暖湿潤気候
(2)スコール　(3)遊牧
(4)Aウ　Bイ　Cア　Dエ
(5)①ア，ウ
　②例年間の気温の変化が小さく，5月から9月にかけて降水が少ない。

❷ (1)Aイ　Bア　Cウ
(2)例それぞれの地域で手に入りやすい材料が異なるため。
(3)ア

❸ (1)①キリスト教　②イスラム教
(2)①ア　②ヒンドゥー教

■ 解説 ■
❶ (1)一年を通して降水量が多いウが，日本が含まれる温暖湿潤気候である。一年を通して気温や降水量の変化が小さいアは西岸海洋性気候，夏に降水量が少ないイは地中海性気候。
(4)Aは温帯のうちの地中海性気候の地域。夏は降水量が少ないので，乾燥に強い作物が作られている。Bは乾燥帯のうちの砂漠気候の地域。オアシスは，砂漠の中でも水が得られる場所のことである。Cは亜寒帯（冷帯）の地域。寒さの厳しい冬

なぞろう 重要語句　西岸海洋性気候

亜寒帯

遊牧

には作物が育たないため，野菜の酢漬けなどの保存食がつくられてきた。Dは熱帯のうちの熱帯雨林気候の地域。

(5)②高地は，同じ緯度で標高の低い地域よりも気温が低く，**資料2**からわかるように年間の気温の変化が小さい。一方，一日の昼と夜の気温差は大きいという特徴がある。

2 (1)Cの地域の多くは乾燥帯に属し，木の入手が難しい。そこで，土から作られる日干しれんがが住居の材料として用いられている。
(3)温帯の地中海性気候に属する地域では，夏の強い日ざしをさえぎるため，窓を小さくした家が見られる。

3 (2)インドでは，国民の約8割がヒンドゥー教を信仰している。ヒンドゥー教では，牛が神聖な動物とされ大切にされている。

p.28〜29 ■■ステージ3 資・思

1 (1)Aウ　Bエ　Cエ　Dイ
(2)Aウ　Bア　Cエ　Dイ
(3)例建物から出る熱が永久凍土をとかし，建物が傾かないようにするため。
2 (1)例夏に乾燥し，冬に雨が降る。
(2)地中海性気候
3 (1)例伝統的な食べ物だけでなく，海外の食べ物も食べるようになったと考えられる。
(2)例日中の強い日ざしや砂ぼこりから身を守るため。
4 (1)キリスト教・仏教・イスラム教
(2)例キリスト教はヨーロッパから南北アメリカ，イスラム教は西アジアを中心に，仏教は東南アジアから東アジアに分布するなど，世界の広い範囲で信仰されている。
(3)例ヒンドゥー教では，牛は神様の乗り物とされ，大切にされているから。

■■■■■ 解説 ■■■■■

1 (2)A熱帯雨林気候では，熱や湿気がこもらないように高床にしている。B乾燥帯では森林が少なく木材を得にくいため，日干しれんがを利用している。C標高が高い地域は雨が少なく乾燥するた

め，乾燥帯の地域と同様に日干しれんがを家に利用する。D亜寒帯気候にあたるシベリアは，永久凍土で覆われている。アは地中海沿岸など，夏の日ざしが強い地域で見られる。

2 (2)夏に乾燥する地中海沿岸では，乾燥に強いオリーブやオレンジ，ぶどうなどが栽培されている。

3 (1)観光客になじみのあるファストフード店ができると，地元の人々も利用するようになった。

4 (1)(2)キリスト教は，世界で最も信者が多く，聖書を読んだり，日曜日に教会の礼拝に参加したりしている。イスラム教の聖地はメッカで，祈りの方法から衣服の着かたなど，生活上に細かい決まりがある。仏教は建築や彫刻，絵画など日本の文化の面にも大きな影響を与えた。

●ポイント
■気候帯の広がりをおさえる。
赤道を中心に，熱帯→乾燥帯→温帯→亜寒帯(冷帯)→寒帯。標高が高いと周囲より気温が低い。
■気候帯の特徴をおさえる。
熱帯▶熱帯雨林とサバナ。乾燥帯▶砂漠とステップ。温帯▶温暖湿潤気候，西岸海洋性気候，地中海性気候。亜寒帯(冷帯)▶針葉樹の森。
■宗教の広がりをおさえる。
キリスト教▶ヨーロッパ，南北アメリカ，オセアニア。イスラム教▶西アジア，東南アジア，アフリカ北部。仏教▶東アジア，東南アジア。ヒンドゥー教▶インド。

第2章 世界の諸地域

p.30〜31 ■■ステージ1
●教科書の要点
①ヒマラヤ山脈　②雨季
③乾季　④米
⑤小麦　⑥仏教
⑦都市化　⑧一人っ子政策
⑨世界の工場　⑩大気汚染
●教科書の資料
(1)Aペキン　Bシャンハイ
(2)経済特区
(3)①沿海部　②内陸部

なぞろう 重要語句　永久凍土　温暖湿潤気候　雨季　乾季

●教科書チェック　一問一答

① チベット高原　　② モンスーン
③ 稲作　　　　　　④ 畑作
⑤ 遊牧　　　　　　⑥ かんがい
⑦ イスラム教　　　⑧ キリスト教
⑨ 一人っ子政策　　⑩ 世界の工場

ミス注意！

★稲作と畑作…取り違いに注意しよう。

稲作	畑作
米を作る。降水量が多く，比較的気温が高い，東アジアから南アジアにかけて盛ん。	小麦や豆類などを作る。稲作地域よりも降水量が少ない，中国北部やインド西部などで盛ん。

p.32～33　ステージ1

●教科書の要点

① ハングル　　　　② 一極集中
③ 二期作　　　　　④ プランテーション
⑤ 東南アジア諸国　⑥ 数学
⑦ 英語　　　　　　⑧ ペルシア
⑨ 石油輸出国機構　⑩ 難民

●教科書の資料

(1) A インダス川　　B ガンジス川
　　C デカン高原
(2) X 米　　Y 小麦　　(3) 茶

●教科書チェック　一問一答

① 儒教　　　　　　② ソウル
③ 油やし　　　　　④ 工業団地
⑤ ASEAN
⑥ 情報通信技術〔ICT〕関連産業
⑦ 原油　　　　　　⑧ パイプライン
⑨ OPEC　　　　　⑩ レアメタル

ミス注意！

★ASEANとOPEC…取り違いに注意しよう。

ASEAN	OPEC
東南アジア諸国連合。地域のほとんどの国が加盟し，貿易や人の交流が進む。	西アジアの産油国を中心に結成された。石油価格を調整し，利益を守ることが目的。

p.34～35　ステージ2

❶ (1) A 黄河　　　B 長江
　(2) X 稲作　　Y 畑作　　Z 遊牧
　(3) ア　　(4) 仏教

❷ (1) ① 世界の工場　　② 経済格差
　　　③ 儒教　　　④ ソウル
　(2) イ　　(3) う
　(4) ア　　(5) ア

❸ (1) 米　　　　　　(2) イ，エ
　(3) プランテーション
　(4) 東南アジア諸国連合〔ASEAN〕
　(5) ① シンガポール　　② タイ
　(6) スラム

❹ (1) A ガンジス川　　B デカン高原
　(2) 綿花
　(3) 情報通信技術〔ICT〕関連産業
　(4) ① スリランカ　　② バングラデシュ

❺ (1) 原油
　(2) ① レアメタル　　② 難民

━━━━━ 解説 ━━━━━

❶ (1)長江は中国で最も長い川，黄河は長江について中国で2番目に長い川である。

(2)(3)稲作が盛んな地域は，季節風の影響で降水量が多い東アジアから南アジアにかけての平野部である。中国北部やインド西部など，降水量があまり多くない地域では，小麦やとうもろこしなどの畑作が農業の中心となっている。乾燥した西アジアや中央アジアでは，羊やらくだの遊牧など，牧畜が主に行われている。

❷ (3)経済特区は沿海部のシェンチェンやチューハイなどに設けられ，日本企業をはじめとする外国企業が多く進出した。

❸ (1)Xのインドシナ半島では，米を1年に2回栽培する二期作が行われている。

❹ (2)インドでは，特にデカン高原で盛んに生産される綿花を原料にして，綿工業が古くから発達していた。

(3)情報通信技術（ICT）関連産業は，パソコンやインターネットなど，情報や通信に関連する技術を用いた産業である。

なぞろう
重要語句

季節風	経済特区	一極集中	華人
き せつ ふう	けい ざい とっ く	いっ きょく しゅう ちゅう	か じん

(4)①スリランカはインド洋の島国で，中央部の高地で茶の栽培が盛んである。②バングラデシュは人口が多く，安い賃金で労働力を得られるので，外国企業が多く進出している。特に縫製業が発展し，衣類の輸出が増えている。

5 (1)ペルシア湾の周辺には油田が集中し，世界有数の原油の産地となっている。

p.36~37　ステージ3 総合

1 (1)ヒマラヤ山脈
(2)① B　② C　③ A
(3)① エ　② ウ
(4)① X 米　　Y 小麦

② 　X　　　　　　　　Y

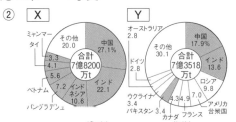

その他 20.0
ミャンマー 3.3
タイ 4.1
5.6
ベトナム 7.2
バングラデシュ
インドネシア 10.6
中国 27.1%
インド 22.1
合計 7億8200万t

オーストラリア 2.8
その他 30.1
ドイツ 2.8
ウクライナ 3.4
パキスタン 3.4
カナダ 4.3 フランス 4.9
アメリカ合衆国 7.0
ロシア 9.8
インド 13.6
中国 17.9%
合計 7億3518万t

(5)① I 外国　　II 税金　②大気汚染
③例人口の高齢化が進んだため。
(6)ア

2 (1)華人　(2)A エ　　B ウ
(3)例東南アジア諸国連合〔ASEAN〕の加盟国間で，輸入品にかける税金を互いになくすこと。

3 (1)イ
(2)① C カスピ海　　D ペルシア湾
②サウジアラビア
(3)例数学の教育水準が高いため。

――――――解説――――――

1 (2)Bはマレーシア，Cは中国，Aはサウジアラビアに位置する。①降水量が少ないことから乾燥帯。②年間を通じて高温で降水量が多いことから熱帯。③温暖で降水量が多いことから温帯。
(3)キリスト教が主に信仰されているのはエのフィリピン，仏教が主に信仰されているのはウのタイである。アのイランではイスラム教，イのインドではヒンドゥー教を信仰する人が多い。
(4)① Y のグラフにはヨーロッパ州や北アメリカ州

の国々が見られるため，小麦とわかる。
(5)③人口増加を抑えるため，一人っ子政策によって一組の夫婦がもつことのできる子どもの数を一人に制限した。しかし，高齢化が急速に進んだため，2016年に見直された。
(6)イ，ウは中国にあてはまる。

2 (2)Aはベトナム，Bはインドネシアである。アはシンガポール，イはタイについての文。
(3)通常，自国の産業を守るために，輸入品には関税という税金がかけられる。近年は貿易を盛んにするため，この関税を低く設定したりなくしたりする政策がとられることも多い。東南アジア諸国連合（ASEAN）でも域内の貿易を活発にするため，このような取り組みが進められている。

3 (1)Aのスリランカや，Bのインドのアッサム地方などで茶の栽培が盛んである。

p.38~39　ステージ1

●教科書の要点
①国際河川　　　　②フィヨルド
③北大西洋海流　　④キリスト教
⑤プロテスタント　⑥ゲルマン系
⑦スラブ系　　　　⑧民族
⑨植民地　　　　　⑩ヨーロッパ連合
⑪ユーロ

●教科書の資料
(1)ヨーロッパ連合〔EU〕
(2)EC　　　　　(3)国境

●教科書チェック　一問一答
①アルプス山脈　　②氷河
③偏西風　　　　　④西岸海洋性気候
⑤地中海性気候　　⑥亜寒帯〔冷帯〕（気候）
⑦カトリック　　　⑧正教会
⑨ラテン系言語　　⑩ユーロ

ミス注意！……………………………………

★ECとEU…取り違いに注意しよう。

EC	EU
ヨーロッパ共同体。	ヨーロッパ連合。
1967年発足。	1993年発足。

なぞろう 重要語句

二期作（にきさく）　工業団地（こうぎょうだんち）　石油輸出国機構（せきゆゆしゅつこくきこう）

p.40〜41 ■ステージ1

●教科書の要点
① 混合農業　② 酪農
③ 地中海式農業　④ フランス
⑤ ルール　⑥ 航空機
⑦ 賃金　⑧ イギリス
⑨ ウラル　⑩ タイガ〔針葉樹林〕
⑪ パイプライン

●教科書の資料
(1) A 混合農業　B 酪農　(2) オリーブ，オレンジ

●教科書チェック　一問一答
① フランス　② 小麦
③ 食料自給率　④ ドイツ
⑤ 先端技術産業　⑥ 航空機
⑦ 経済格差　⑧ ヨーロッパ連合〔EU〕
⑨ 亜寒帯〔冷帯〕　⑩ パイプライン

ミス注意！

★混合農業と地中海式農業…取り違いに注意しよう。

混合農業	地中海式農業
穀物や家畜の餌の栽培と，家畜の飼育を行う。	冬に小麦を，夏にオレンジやオリーブの栽培。

p.42〜43 ■ステージ1

●教科書の要点
① ナイル川　② サハラ砂漠
③ サヘル　④ 奴隷
⑤ イスラム教　⑥ 国境
⑦ アフリカ連合　⑧ ギニア
⑨ レアメタル　⑩ モノカルチャー
⑪ 非政府組織〔NGO〕

●教科書の資料
(1) 鉱産資源
(2) A 金　B 銅　C ダイヤモンド
(3) レアメタル

●教科書チェック　一問一答
① サバナ　② 熱帯林
③ 乾燥帯　④ アラビア語
⑤ 南北アメリカ大陸　⑥ 植民地
⑦ カカオ豆　⑧ フェアトレード
⑨ スラム　⑩ NGO

p.44〜45 ■ステージ2

❶ (1) A アルプス山脈　B ライン川
　(2) ① 偏西風　② 北大西洋海流
　(3) キリスト教
　(4) X ア　Y ウ　Z イ　(5) ア

❷ (1) ① 酪農　② 混合農業　(2) 夏
　(3) 航空機　(4) イ　(5) タイガ

❸ (1) A ナイル川　B サハラ砂漠
　(2) ① c　② b　(3) イスラム教
　(4) ① X 植民地　Y アフリカ連合（AU）
　② イ

❹ (1) ① A コートジボワール
　　B 南アフリカ共和国
　② イ　③ ア
　(2) レアメタル
　(3) ① モノカルチャー経済　② 砂漠

■解説■

❶ (2) ヨーロッパの大部分は，日本に比べて高緯度に位置しているが，暖流の北大西洋海流と偏西風の影響で比較的温暖である。
(4) X のドイツなどヨーロッパ北西部には，英語やドイツ語などのゲルマン系言語が分布する。Y のロシアなどのヨーロッパ東部には，ロシア語やポーランド語などのスラブ系言語が分布する。Z のイタリアなど，ヨーロッパ南部では，イタリア語やスペイン語などのラテン系言語が主に使われる。
(5) パスポートなしで国境を行き来している。

❷ (1) ① A はデンマーク，B はオランダで，いずれも酪農が盛んである。
(2) 地中海沿岸は，夏は高温で乾燥し，冬は比較的雨が多い。この地域では，夏の乾燥に強いオレンジやオリーブなどを栽培し，雨が降る冬に小麦を栽培する地中海式農業が行われている。
(4) イのポーランドなど，東ヨーロッパの国々は工業化が遅れ，賃金が安いことからドイツやフランス，日本などの工場が多く進出している。
(5) E のロシアは，国土の大部分が亜寒帯（冷帯）に属し，針葉樹林のタイガが広がっている。

❸ (2) ① の雨温図は，気温の低い冬に降水量が多いことから，温帯の地中海性気候に属する c の都市

なぞろう重要語句

へんせいふう	きたたいせいようかいりゅう	こんごうのうぎょう	らくのう
偏西風	北大西洋海流	混合農業	酪農

があてはまる。②の雨温図からは，一年中高温であることが分かるので，赤道付近に位置し熱帯に属するbの都市があてはまる。

4 (1)②コートジボワールやガーナが位置するギニア湾岸の一帯は，一年中雨が多くて気温が高く，カカオ豆の栽培に適している。アの茶はケニア，ウのコーヒーはエチオピアやウガンダ，エのたばこはジンバブエやザンビアで栽培が盛んである。

---

p.46〜47 ■■■ステージ3 総合

1 (1)都市　**ア**
　気候　**西岸海洋性気候**
　(2)A　**ライン川**　**国際河川**
　(3)**白夜**
　(4)①**ラテン**　②**カトリック**
　(5)例**面積や人口規模が小さい国が多く，協力して大国に対抗するため。**
2 (1)例**作物の栽培と家畜の飼育を組み合わせた農業。**
　(2)**う**　(3)**地中海式農業**
　(4)**イ**
3 (1)**う**　(2)**ウ**
　(3)地域　**サヘル**
　　問題　**砂漠化**
　(4)言語　**アラビア語**
　　宗教　**イスラム教**
　(5)**アフリカ連合〔AU〕**
　(6)**ウ**
4 (1)①**イ**　②**ア**　③**ウ**
　(2)**フェアトレード**
　(3)例**国の経済が不安定になりやすいモノカルチャー経済の問題を抱えている。**

■■■ 解説 ■■■

1 (4)ヨーロッパ南部では，主にラテン系言語が使われ，キリスト教のカトリックが信仰されている。北西部では，主にゲルマン系言語が使われ，プロテスタントが信仰されている。東部では，スラブ系言語が使われている。また，ロシアやギリシャでは正教会を信仰する人が多い。
(5)EU加盟国全体では，人口の合計でアメリカ合衆国を上回り，国内総生産（GDP）の合計で中国を上回っている。

2 (2)フランスは混合農業が特に盛んで，EU最大の農業国。あはイギリス。いのオランダは酪農が盛んな国。うのイタリアは地中海式農業が盛んな国。
(4)一般に，東ヨーロッパでは西ヨーロッパより労働者の賃金が低い。ア，イは西ヨーロッパの記述。ドイツのルール工業地域は，ライン川流域にある。付近で産出される石炭と，ライン川の水運を背景に発展し，第二次世界大戦後の西ヨーロッパの経済成長を支えた。現在の西ヨーロッパでは，高度な技術を用いて航空機などを生産する先端技術産業が成長している。

3 (6)Xは南アフリカ共和国で，かつてアパルトヘイトという少数の白人が多数の黒人を支配する政策が行われてきた歴史があり，現在も経済格差の問題が残っている。アはコートジボワール，やガーナ，イはケニア。

4 (1)①カカオ豆が多いのでコートジボワール。②は銅からザンビア。③は原油からナイジェリア。
(3)特定の農産物や鉱産資源の輸出に頼って成り立つ経済を，モノカルチャー経済という。天候による豊作・不作や国際情勢などの影響で価格が変動しやすいため，国の収入が不安定になりやすい。

---

p.48〜49 ■■■ステージ3 資・思

1 (1)①**経済特区**
　②例**外国企業を招くため，税金など特別な制度を設けた地域。**
　(2)①**沿海部**
　②例**沿海部と内陸部の間で一人あたりの総生産額が異なる経済格差がみられる。**
2 (1)①**イ**　②**ア，エ，オ**　③**ウ，カ**
　(2)例**より低い賃金で労働者を雇えるため，外国企業が進出したから。**
3 (1)**東ヨーロッパ**　(2)**ウ**
　(3)例**より高い平均年収で働ける場所を求めて移住しているから。**
4 (1)①**南**　②**ヨーロッパ**
　(2)例**直線の国境線になっている。**

なぞろう 重要語句　地中海式農業　砂漠化　奴隷　鉱産資源

12

❶ (1)①②中国は経済特区の設置によって，外国企業を受け入れることで，1990年代から急速に経済成長し，「世界の工場」とよばれるようになった。
(2)①経済成長によって，沿海部の都市は著しく発展し，シャンハイなどの巨大都市も生まれている。

❷ (1)日本企業が多く進出している国は工業化が進んでいると考えられる。①は進出企業数が少ない国，②は1991年の時点ですでに多くの企業が進出していた国，③は1991年の進出企業数が多くはないが，近年の進出企業数が多い国をそれぞれ選ぶ。

❸ (2)ア外国人労働者を多く受け入れるのは西ヨーロッパの国。イEU設立時の6か国に東ヨーロッパの国はない。エ東ヨーロッパの国でユーロを導入している国は多くはない。
(3)比較的収入が低い傾向にある国から，より高い収入を求めて工業が発達したドイツやフランスに移って働く人が多い。

❹ (1)サハラ砂漠より北の国ではアラビア語，南の国ではヨーロッパの言語が使われている。
(2)植民地時代に，民族のまとまりを無視して引いた境界が現在も多くの国境となっている。そのため，同じ国内でも地域により民族や言語，宗教，文化が異なることがある。

ポイント

■アジアの特色をおさえる。
中国▶経済特区の設置で急成長。経済格差や環境問題が発生。韓国▶重工業→ICT関連産業が発展。一極集中が課題。東南アジア▶ASEAN諸国の工業化。南アジア▶インドのICT関連産業の成長。西アジア▶原油の輸出で産油国が発展。中央アジア▶レアメタルなどの鉱産資源。

■ヨーロッパの特色をおさえる。
文化▶キリスト教（プロテスタント，カトリック，正教会）農業▶混合農業，酪農，地中海式農業。工業▶航空機などの先端技術産業，自動車工業。

■アフリカの特色をおさえる。
農業▶カカオなどの輸出用農産物の栽培。鉱業▶金，ダイヤモンド，銅，レアメタルの採掘。課題▶モノカルチャー経済，紛争など。

---

p.50〜51 ■ステージ❶

●教科書の要点
①ロッキー山脈 ②プレーリー
③亜寒帯〔冷帯〕 ④先住民
⑤移民 ⑥奴隷
⑦スペイン ⑧企業
⑨放牧 ⑩かんがい

●教科書の資料
(1)①東 ②西
(2)A小麦 Bとうもろこし・大豆
　C綿花

●教科書チェック 一問一答
①グレートプレーンズ ②ミシシッピ川
③アパラチア山脈 ④ハリケーン
⑤ネイティブアメリカン ⑥ヒスパニック
⑦カナダ ⑧適地適作
⑨アグリビジネス ⑩穀物メジャー

ミス注意！
★グレートプレーンズとプレーリー

グレートプレーンズ	プレーリー
ロッキー山脈の東にある高原上の大平原。	ミシシッピ川の西に広がる，丈の長い草原。

---

p.52〜53 ■ステージ❶

●教科書の要点
①五大湖 ②ピッツバーグ
③自動車 ④サンベルト
⑤バイオテクノロジー ⑥シリコンバレー
⑦ショッピングセンター ⑧消費
⑨ファストフード ⑩地球温暖化

●教科書の資料
(1)A原油 B鉄鉱石
(2)南
(3)シリコンバレー

●教科書チェック 一問一答
①石炭 ②鉄鋼
③デトロイト ④先端技術産業
⑤航空宇宙産業 ⑥シェールガス
⑦車社会化 ⑧多国籍企業
⑨フードバンク ⑩温室効果ガス

なぞろう 重要語句

非政府組織	五大湖	移民	適地適作
ひ せい ふ そ しき	ご だい こ	い みん	てき ち てき さく

p.54～55 ■ステージ2

① (1)A ロッキー山脈　　Bアパラチア山脈
　　C ミシシッピ川
　(2)五大湖
　(3)①東　　②西
　(4)ヒスパニック　　(5)ア
　(6)アフリカ州

② (1)① b　　② a　　③ c　　④ d
　(2)適地適作　　(3)ウ
　(4)世界の食料庫

③ (1)① う　　② あ
　(2)サンベルト
　(3)ア　　(4)ウ　　(5)シェールガス

④ (1)アメリカ合衆国　　(2)A
　(3)地球温暖化
　(4)①ショッピングセンター　　②大量
　(5)多国籍企業

■ 解説 ■

① (1)Aロッキー山脈には, 標高4000mを超える高
山が連なっている。
　(2)五大湖はアメリカ合衆国とカナダの国境付近に
位置している。
　(4)ヒスパニックはYのメキシコやカリブ海諸国,
南アメリカ州の国々から移住したスペイン語を話
す人々。
　(6)アメリカ合衆国で暮らすアフリカ系の人は, 奴
隷として連れてこられた人々の子孫が多い。

② (3)ア以前は, 広大な農地での農作業を家族数人
で行う農家が多かったが, 現在では企業的な経営
が多い。イ植民地時代に由来する大規模なプラン
テーションが多いのは, 東南アジア, アフリカ州,
南アメリカ州。

③ (1)①・(3)アメリカ合衆国で最も早く工業が発達
した地域は, 五大湖周辺などの北東部である。鉄
鋼業で発展したピッツバーグや, 自動車工業が発
達したデトロイトなどがこの地域に位置する。

④ (2)アメリカ合衆国は車社会化が進んでおり, 自
動車の保有台数が多い。
　(4)巨大なショッピングセンターは, 広い土地を確
保しやすい都市の郊外に多くつくられている。

p.56～57 ■ステージ1

●教科書の要点
①アンデス山脈　　②アマゾン川
③パンパ　　④奴隷
⑤焼畑農業　　⑥プランテーション
⑦アグリビジネス　　⑧スラム
⑨地球温暖化　　⑩さとうきび

●教科書の資料
(1)A スペイン語　　B ポルトガル語
(2)植民地
(3)メスチーソ

●教科書チェック　一問一答
①熱帯林　　②アルゼンチン
③カトリック　　④カーニバル
⑤ブラジル　　⑥大豆
⑦モノカルチャー経済　　⑧銅
⑨二酸化炭素　　⑩バイオ燃料

ミス注意！ ....

★ポルトガル語とスペイン語…取り違いに注意しよう。

ポルトガル語	スペイン語
南アメリカ州のうち, ブラジルで広く使われている。	南アメリカ州のブラジル以外の多くの国で広く使われている。

p.58～59 ■ステージ1

●教科書の要点
①オーストラリア大陸　　②ミクロネシア
③火山　　④砂漠
⑤移民　　⑥ヨーロッパ
⑦アボリジニ　　⑧肉牛
⑨鉄鉱石　　⑩APEC

●教科書の資料
(1)A 石炭　　B 鉄鉱石
(2)羊毛　　(3)アルミニウム

●教科書チェック　一問一答
①メラネシア　　②ポリネシア
③サンゴ礁　　④イギリス
⑤白豪主義　　⑥多文化社会
⑦ニュージーランド　　⑧小麦
⑨露天掘り　　⑩中国

なぞろう 重要語句　放牧　　先端技術産業　　多国籍企業

14

★アボリジニとマオリ…取り違いに注意しよう。

アボリジニ	マオリ
オーストラリアに古くから暮らす先住民。	ニュージーランドに古くから暮らす先住民。

p.60〜61　ステージ2

❶ (1)Aアンデス山脈　　Bアマゾン川
　　Cパンパ
　(2)あ　　(3)① b　　② c
　(4)焼畑農業（やきはた）　　(5)イ，エ

❷ (1)ブラジル　　(2)ウ
　(3)①地球温暖化（おんだんか）　　②バイオ燃料
　(4)アルゼンチン

❸ (1)イ
　(2)Aアボリジニ　　Bマオリ
　(3)白豪主義（はくごうしゅぎ）
　(4)①イギリス　　②多文化（たぶんか）
　(5)ポリネシア

❹ (1)①ウ　　②ア　　(2)あ
　(3)ボーキサイト
　(4)イ，ウ　　(5)APEC（エイペック）

◆━━━━━━ 解説 ━━━━━━◆

❶ (3)①一年中高温であることから，赤道付近に位置し熱帯に属する b 。②南半球なので季節が北半球と逆になるが，季節の変化があり1年中降水があることから温帯の c 。 a は乾燥帯の都市。
(4)伝統的な焼畑農業では，一定の周期で別の場所に移動する。耕作をやめた土地では再び植物が成長し，年月を経て森林に戻る。
(5)南アメリカ州は，かつてスペインやポルトガルが進出し，大部分が植民地として支配されていた。

❷ (2)Aはブラジル。ウモノカルチャー経済は，特定の農産物や鉱産資源の輸出に頼る経済のこと。ブラジルは，かつてはコーヒー豆の輸出に頼っていたが，近年は鉄鉱石，大豆やさとうきびの生産や，鉄鋼や自動車，航空機などの工業生産などが盛んになっている。
(3)植物は，大気中の二酸化炭素を吸収するため，植物を原料とするバイオ燃料は，燃やしても計算

上は大気中の二酸化炭素は増えない。

❸ (1)Aはオーストラリアで，沿岸部を除く国土の大部分は乾燥帯。ア Bのニュージーランド。ウは太平洋の島々やニュージーランドにあてはまる。
(3)(4)オーストラリアは，ヨーロッパ以外の移民を制限する白豪主義を採っていたが，1970年代以降に転換し，多文化社会の国へと変化した。

❹ (1)①内陸部では放牧，南東部の比較的降水量が多い地域では，肥育場（フィードロット）で肉牛が飼育されている。②ニュージーランドでは，肉用の羊や酪農用の乳牛の飼育が盛ん。
(2)オーストラリアでは，北西部で鉄鉱石，北東部・南東部で石炭が多く産出されている。
(4)オーストラリアは，イギリスとの貿易が盛んだったが，現在は距離の近いアジア諸国との貿易が中心になっている。

p.62〜63　ステージ3　総合

❶ (1)Xロッキー山脈（さんみゃく）　　Yプレーリー
　(2)①ネイティブアメリカン
　　②スペイン語　　③ウ
　(3)①ア
　　②例地域の気候や土壌（ちいき・どじょう）などの自然環境（かんきょう）に合わせて行う農業。
　(4)①先端技術産業（せんたんぎじゅつさんぎょう）　　②シリコンバレー
　(5)大量生産・大量消費（たいりょうせいさん・しょうひ）（の生活様式）

❷ (1)①ア　　②ウ　　③エ
　(2)①チリ　　②ベネズエラ
　(3)例開発にともなう伐採（ばっさい）により，熱帯林が減少している。

❸ (1)温帯（おんたい）　　(2)①い　　②う
　(3)①イギリス
　　②例かつて，この国はイギリスの植民地だったため。
　　③ア

◆━━━━━━ 解説 ━━━━━━◆

❶ (2)②ヒスパニックは，メキシコや中央アメリカの国々などからアメリカ合衆国へ移住してきた人々で，多くはスペイン語を話す。③アはヨーロッパ系の移民，イはグラフ中で「アジア系」に

なぞろう
重要語句　熱帯林（ねったいりん）　焼畑農業（やきはたのうぎょう）　サンゴ礁（しょう）　白豪主義（はくごうしゅぎ）

含まれる中国からの移民。エはヒスパニック。

(3)①写真は，肉牛の大規模な肥育場（フィードロット）。肉質を高めるため，出荷前の肉牛に栄養価の高いえさを与えている。②さまざまな農産物が，各地の自然環境に合わせて栽培されている。

(4)Bは北緯37度の緯線である。これより南のサンベルトとよばれる地域が，現在のアメリカ合衆国の工業の中心となっている。

❷ (1)②バイオ燃料は，植物からつくられる燃料である。ブラジルでは，さとうきびを原料とするバイオ燃料の生産が盛んであり，バイオ燃料で走る自動車も普及している。

(3)Xのアマゾン川流域では，熱帯林を伐採して鉱山や道路，牧場，農地などがつくられるなど，開発が進んでいる。熱帯林の減少によって，貴重な動植物が絶滅したり，自然環境に適応した先住民の生活が脅かされたりすることや，二酸化炭素の吸収量が減少して地球温暖化が進むことが心配されている。

❸ (1)Aのニュージーランドは，全域が温帯の西岸海洋性気候で，適度な雨が降るため，牧草がよく育ち，羊や牛の牧畜が盛んである。

(2)あ北西部は，家畜の飼育ではなく，鉄鉱石が産出する地域。

(3)②オーストラリアの主要貿易相手国は，以前の宗主国であるイギリスが上位にあった。近年は，アジアとの貿易上のつながりが強くなっている。

<hr>

p.64～65 ■■■ ステージ❸ 資・思

❶ (1)①少ない　②広い
　③39
　(2)例ア，酪農が盛んで，<u>大都市に向けて乳製品を生産している</u>。
　例イ，<u>綿花の栽培が盛んな地域</u>だったが，大豆やとうもろこしの生産が増えている。
　例ウ，果樹や野菜を生産しており，多くの<u>ヒスパニック</u>が農作業を支えている。

❷ (1)例さとうきびから再生可能エネルギーであるバイオ燃料がつくられている。
　(2)例さとうきびの生産時に二酸化炭素を吸収

することから，二酸化炭素の排出量を抑えることができるため。

❸ (1)①ヨーロッパ　②アジア
　(2)イ
　(3)例ヨーロッパ〔白人〕以外の移民を制限する
　(4)例距離が近い

❹ (1)2月から5月〔冬から春〕
　(2)例南半球にあるニュージーランドは北半球と季節が逆になるため。

<hr>

■■■■■■■■■■■■■■▶ 解説 ◀■■■■■■■■■

❶ (2)アメリカは，地域の気候や土壌などの自然環境に合わせた適地適作の農業を行っている。

❷ (1)バイオ燃料は，主に植物を原料にして生産され，とうもろこしや，さとうきびなどが広く使われている。

❸ (3)白豪主義という。白豪主義の内容がわかるように書く。

(4)オーストラリアはイギリスの植民地であったため，イギリスとの結び付きが強かったが，現在はヨーロッパよりも距離が近い，中国や日本などのアジアの国々との結び付きが強くなっている。

❹ (2)北半球と季節が逆になることを利用して，北半球の端境期（市場の流通量が最も少なくなる時期）に輸出することができる。

ポイント

■**アメリカ合衆国の産業の特色をおさえる。**
農業▶大型機械を用いた大規模な企業的経営。
適地適作。工業▶サンベルトで先端技術産業。

■**南アメリカの特色をおさえる。**
文化▶主な言語はスペイン語，ポルトガル語。
産業▶ブラジルは世界一のコーヒー豆生産国で，近年は工業化が進む。開発▶アマゾン川流域で開発が進み，熱帯林が減少。

■**オーストラリアの特色をおさえる。**
社会▶移民政策を転換し，多文化社会へ変化。
産業▶小麦栽培と牛・羊の牧畜。鉄鉱石や石炭など鉱産資源を輸出。

なぞろう 重要語句 ｜多｜文｜化｜社｜会｜　｜ア｜ジ｜ア｜太｜平｜洋｜経｜済｜協｜力｜

第3部 日本のさまざまな地域

第1章 身近な地域の調査

p.66～67 ステージ1

●教科書の要点
① 仮説　　　　　② 調査計画書
③ 野外調査〔フィールドワーク〕
④ ルートマップ　⑤ 国土地理院
⑥ 縮尺　　　　　⑦ スケッチ
⑧ 文献調査　　　⑨ 分析
⑩ 考察

●教科書の資料
(1)① 郵便局　② 裁判所　(2)1
(3)A 発電所〔変電所〕　B 図書館
　C 老人ホーム　　D 神社
(4)イ，エ

p.68～69 ステージ2

❶ (1)ウ　(2)a ウ　b ア　c エ　d イ
　(3)① ウ，カ　② イ，エ　③ ア，オ
❷ (1)縮尺　(2)ア　(3)B オ　C ア
❸ (1)ルートマップ　(2)イ　(3)南東
　(4)ア　(5)ア　(6)イ

━━━ 解説 ━━━

❶ (3)①の具体的な数値を知りたい場合には，市区町村の役所・役場や各省庁のホームページ，観光協会などから統計資料を入手する。②の産業について知りたい場合には，農業協同組合や商工会議所などからパンフレットなどを入手する。③の歴史や変化について知りたい場合には，図書館や郷土資料館，博物館などで，郷土史をはじめとした郷土の資料や新聞の縮刷版などを調べる。

❷ (2)畑の地図記号は∨，果樹園は♂，茶畑は∴である。

❸ (2)3×25000＝75000より，75000cm＝750mと求められる。
(3)地図では，特にことわりがない場合は，上が北，下が南，左が西，右が東を示すので，右下は南東にあたる。

(4)イ地形図1中の西側に消防署があるが，警察署は見られない。ウこの地形図中の地域は，比較的平らな地形で，等高線が狭い間隔で集まっているところはみられない。

第2章 日本の地域的特色

p.70～71 ステージ1

●教科書の要点
① 山脈　　　　　② 環太平洋
③ 日本アルプス　④ 盆地
⑤ 扇状地　　　　⑥ 三角州
⑦ リアス海岸　　⑧ 干拓
⑨ 海溝　　　　　⑩ 潮目

●教科書の資料
(1)A 飛驒山脈　B 木曽山脈　C 赤石山脈
(2)フォッサマグナ　(3)東側

●教科書チェック　一問一答
① 造山帯　　　② アルプス・ヒマラヤ造山帯
③ 平野　　　　④ 台地
⑤ 砂浜海岸　　⑥ 埋め立て
⑦ 人工海岸　　⑧ 大陸棚
⑨ 暖流　　　　⑩ 寒流

ミス注意！

★扇状地と三角州…取り違いに注意しよう。

扇状地	三角州
川が山間部から平地に出たところにできる。	川が海などに流れこむ河口部にできる。

p.72～73 ステージ1

●教科書の要点
① 温帯　　　　　② 亜寒帯
③ 梅雨　　　　　④ 北西
⑤ 南東　　　　　⑥ 津波
⑦ 火山　　　　　⑧ 水不足
⑨ 減災　　　　　⑩ ハザードマップ

●教科書の資料
① 南西諸島の気候　② 瀬戸内の気候
③ 内陸の気候　　　④ 日本海側の気候
⑤ 太平洋側の気候　⑥ 北海道の気候

なぞろう重要語句　環太平洋造山帯　飛驒山脈　木曽山脈

い砂や泥からできている。

❸ (1)冬は**a**の向きで北西の季節風が吹き，日本海側に多くの雪をもたらす。夏は**b**の向きで南東の季節風が吹き，太平洋側で雨が多く降る。

❹ (1)アの火砕流は火山の噴火，エの干ばつは雨が少ないことから起こる。

●教科書チェック　一問一答

① 季節風 （きせつふう）
② 台風 （たいふう）
③ 高潮 （たかしお）
④ 液状化 （えきじょうか）
⑤ 火砕流 （かさいりゅう）
⑥ 土石流 （どせきりゅう）
⑦ 冷害 （れいがい）
⑧ 公助 （こうじょ）
⑨ 自助 （じじょ）
⑩ 共助 （きょうじょ）

ミス注意！･･････････

★高潮と津波…取り違いに注意しよう。

高潮	津波
台風などの影響で，海水面が上昇する。沿岸部が浸水することもある。	海底で地震が起きたときに起こる。沿岸部が浸水することもある。

---

p.74〜75 ■■ステージ2

❶ (1)ア，ウ　　(2)エ
(3)A奥羽山脈（おううさんみゃく）　B紀伊山地（きいさんち）
(4)フォッサマグナ　(5)イ

❷ (1)A信濃川（しなのがわ）　B吉野川（よしのがわ）　C関東平野（かんとう）
　D筑紫平野（つくし）　(2)リアス海岸（かいがん）
(3)①扇状地（せんじょうち），ウ　②三角州（さんかくす），ア
(4)黒潮（くろしお）エ　親潮（おやしお）イ

❸ (1)季節風（きせつふう），向き**a**
(2)①温帯（おんたい）　②四季（しき）〔季節〕
(3)Aエ　　Bア　　Cイ　　Dウ
(4)イ

❹ (1)Aウ　　Bイ　　(2)イ，エ
(3)やませ　　(4)防災（ぼうさい）
(5)共助（きょうじょ）　　(6)ハザードマップ

■■■■■■ 解説 ■■■■■■

❶ (1)日本列島は，ロッキー山脈やアンデス山脈などとともに環太平洋造山帯に含まれる。イアルプス山脈とエヒマラヤ山脈は，アルプス・ヒマラヤ造山帯に含まれる。
(3)奥羽山脈は，東北地方を太平洋側と日本海側に分ける山脈である。

❷ (2)志摩半島では，リアス海岸の地形を生かし，真珠をつくる貝の養殖が盛んである。
(3)①扇形の地形が特徴。桃やぶどうの生産が盛んである。②川の河口部に広がる低地で，粒の小さ

---

p.76〜77 ■■ステージ3 総合

❶ (1)X環太平洋造山帯（かんたいへいようぞうざんたい）
　Yアルプス・ヒマラヤ造山帯
(2)①日本アルプス　②木曽山脈（きそさんみゃく）
　③右図
(3)石狩川（いしかり）
(4)リアス海岸

❷ (1)A対馬海流（つしま）　B親潮（おやしお）（千島海流）（ちしま）
(2)C大陸棚（たいりくだな）　D海溝（かいこう）
(3)例暖流の黒潮（だんりゅう くろしお）と寒流の親潮（かんりゅう おやしお）が接する潮目（しおめ）で，海底の栄養分が巻き上げられてプランクトンが集まるから。

❸ (1)亜寒帯（あかんたい）（冷帯）（れいたい）
(2)①那覇（なは）　②岡山（まつもと）　③松本（まつもと）
(3)例日本海を渡る季節風（きせつふう）が水分を含んで雲をつくり，山地にぶつかって雪を降らせるから。
(4)ウ

❹ (1)南海トラフ（なんかい）　(2)**b**ア　　**c**ウ
(3)①東北地方太平洋沖地震（とうほくちほうたいへいようおきじしん）〔東日本大震災〕（ひがしにほんだいしんさい）
　②津波（つなみ）
(4)ア

■■■■■■ 解説 ■■■■■■

❶ (2)Zは北から順に，飛驒山脈，木曽山脈，赤石山脈の3つの山脈。
(3)北上川は東北地方，筑後川は九州地方，淀川は近畿地方を流れる川である。
(4)山地が海に迫っている海岸。波が穏やかで水深が深くなっている。古くから天然の良港として使

なぞろう 重要語句

せんじょうち	さんかくす	たいりくだな	かいこう	くろしお
扇状地	三角州	大陸棚	海溝	黒潮

われ，養殖も盛んである。

❷ (2)C浅くて平らな水深200mまでの海底。D太平洋側の大陸棚の先に水深約8000mを超える海溝がある。

(3)Eの海域は，暖流の黒潮と寒流の親潮がぶつかる潮目（潮境）にあたる。潮目では，性質が異なる2つの海流によって海底の栄養分が巻き上げられ，魚のえさとなるプランクトンが集まる。

❸ (1)日本列島の大部分は温帯であるが，Aの北海道はほぼ全域が亜寒帯（冷帯）に属している。

(2)①気温が高く降水量が多い南西諸島の気候，②一年中降水量が少なく比較的温暖な瀬戸内の気候，③降水量が少なく夏と冬の気温差が大きい内陸の気候。

(3)北西の季節風は，水分を含んだ雲を運んで山地にぶつかり，日本海側に多くの雪を降らせる。そののち，乾いた風となって山地を越え，太平洋側に吹き下ろす。このため，冬の太平洋側の地域は乾燥した晴れの日が多くなる。

(4)南西諸島は，台風の進路にあたることが多い。

❹ (1)海溝ほどの深さがない，海底にある幅のある溝をトラフという。静岡県から高知県にかけての太平洋沖にある南海トラフでは，過去に大規模な地震が何度も発生している。

(2)イ地震の振動により水と砂を多く含む地面が一時的に液体のようになる現象のこと。

(4)公助は，国や都道府県，市区町村が行う救助や支援である。イは共助，ウは自助の例である。

p.78〜79 ■ステージ1

●**教科書の要点**
①過密
②過疎
③少子高齢社会
④鉱産資源
⑤水力
⑥再生可能エネルギー
⑦持続可能な社会
⑧近郊農業
⑨食料自給率
⑩栽培漁業

●**教科書の資料**
(1)富士山型
(2)つぼ型
(3)①老年人口
②生産年齢人口

●**教科書チェック　一問一答**
①三大都市圏
②高齢化
③少子化
④火力発電
⑤原子力発電
⑥省エネルギー
⑦レアメタル
⑧促成栽培
⑨沖合漁業
⑩養殖業

ミス注意!
★促成栽培と抑制栽培…取り違えに注意しよう。

促成栽培	抑制栽培
農作物の成長を早める工夫をする栽培方法。	農作物の成長を遅らせる工夫をする栽培方法。

p.80〜81 ■ステージ2

❶ (1)①ア　　②ウ
(2)①A東京　　B大阪　　②イ
(3)①過密地域　　②過疎地域
(4)少子高齢社会

❷ (1)Aサウジアラビア　　Bオーストラリア
(2)①石炭　　②価格

❸ (1)A火力発電所　　B水力発電所
　　C原子力発電所
(2)ウ，エ
(3)再生可能エネルギー　　(4)ア

❹ (1)米　　(2)Aイ　　Bウ　　Cア
(3)近郊農業　　(4)う
(5)食料自給率　　(6)エ

◆ 解 説 ◆

❶ (1)日本の人口ピラミッドは，アのような富士山型から，イのつりがね型を経て，少子化と高齢化が進んだ現在ではウのようなつぼ型となっている。
(3)過密地域では，人口が急速に増えて住宅の不足や交通機関の混雑が発生する。一方，過疎地域では，人口が減少し，学校や病院，公共交通機関が運営できなくなるなどの問題が発生している。

❷ (1)A原油の最大の輸入先はサウジアラビア。Bは鉄鉱石の最大の輸入先はオーストラリア。

❸ (1)火力発電所は，電力を多く使う工業地域や大都市の近くに多い。主にダムの水を使う水力発電所は山間部に，原子力発電所は，冷却水を得やすい沿岸部にある。

なぞろう 重要語句　津波　洪水　少子高齢社会　過密　過疎

(2)レアメタルは，世界的に埋蔵量が少ない金属のこと。プラチナやリチウムのほか，クロムやマンガンなどがあり，パソコンや自動車などの生産に欠かすことができない。

(3)太陽光のほか，水力，風力，地熱，波力などのエネルギーがある。

(4)電力などの消費量を減らすために，省エネルギー技術が活用されている。

❹ (2)りんごは，Aの青森県や長野県など冷涼な地域，みかんは，Cの和歌山県や愛媛県，静岡県など温暖な地域で生産が盛んである。Bの山梨県は，ぶどうのほかに，桃の生産量も多い。

(4)豚の飼育は，うの鹿児島県，宮崎県などで大規模に行われている。

(6)養殖業や栽培漁業が行われているが，水産物の輸入も行われている。

---

p.82～83 ステージ1

●教科書の要点
①先端技術〔ハイテク〕 ②輸送
③加工貿易 ④産業の空洞化
⑤第1次 ⑥第2次
⑦サービス ⑧高速交通網
⑨高速通信網 ⑩地域区分

●教科書の資料
(1)A京浜工業地帯 B中京工業地帯
C阪神工業地帯 D北九州工業地帯
(2)E東海工業地域 F瀬戸内工業地域
(3)太平洋ベルト

●教科書チェック 一問一答
①軽工業 ②重化学工業
③工業団地 ④貿易摩擦
⑤第3次産業 ⑥小売業
⑦情報通信技術 ⑧航空機
⑨情報格差 ⑩関東地方

ミス注意！

★軽工業，重化学工業，先端技術産業

軽工業	重化学工業	先端技術産業
繊維や食品など。	機械や鉄鋼，石油化学製品など。	半導体など高度な技術が必要。

---

p.84～85 ステージ2

❶ (1)A中京工業地帯 B阪神工業地帯
(2)う
(3)ア，ウ
(4)①軽 ②加工貿易
③多国籍企業 ④産業の空洞化

❷ (1)ウ
(2)A第1次産業 B第2次産業
C第3次産業
(3)① B ② C ③ C ④ A
(4)①医療 ②ICT

❸ (1)Aウ Bア
(2)b
(3)①旅客 ②貨物 ③鉄道
(4)ア
(5)通信ケーブル〔海底ケーブル〕

❹ (1)主題図
(2)ア
(3)A東北地方 B関東地方 C中部地方
D近畿地方 E九州地方

解説

❶ (3)アの輸送機械工業やウの電気機械工業などの組み立て型の工業は，交通網の整備により，高速道路沿いなど輸送がしやすい内陸部に工場が進出している。イの石油化学工業やエの製鉄業は，海外から原料を輸入するため，港がある臨海部に工場が立地している。

❷ (1)電子商取引は，インターネットを利用した販売方法。2000年代後半から急激に販売額が伸びていることから，ウがあてはまる。アはデパート，イはコンビニエンスストア。

❸ (1)イ液化ガスやエ原油は，資源に乏しい日本が外国から輸入しているもの。
(2)海上輸送は，時間がかかる反面，一度に重いものを大量に安く運べる。航空輸送は，一度に多くを運ぶことはできないが，短時間で輸送できる。野菜や生花は鮮度が重要なので，航空輸送の方が適している。

❹ (2)日本で人口の多い地域は，太平洋ベルトのように，工業が発達している地域でもある。

なぞろう 重要語句

促成栽培　　抑制栽培　　京浜工業地帯

p.86～87 ステージ3 総合

❶ (1)つぼ型
(2)例生産年齢人口が減少するため，労働力が不足する。
(3)ウ　(4)①エ　②ア
(5)①水力　②原子力　③地熱

❷ (1)例野菜などの成長を早めて出荷時期をずらす工夫をする栽培方法。
(2)イ　(3)①養殖業　②栽培漁業

❸ (1)①Y，中京工業地帯　②X，北関東工業地域
(2)イ　(3)第3次産業　(4)イ

❹ (1)成田国際空港
(2)製品：例資源や自動車などの重い製品。
長所：例安く，大量に輸送できる。
(3)ア　(4)情報通信技術

━━━━━━━━━━◆ 解 説 ◆━━

❶ (1)人口ピラミッドは，出生率・死亡率ともに高く人口が増加する富士山型，出生率・死亡率が下がり人口が停滞するつりがね型，出生率がさらに下がり高齢化が進むつぼ型に大きく分類できる。
(3)ア，イ，エは人口が集中して過密が進む都市部の説明，ウは都市部への人口流出によって過疎となった地域にあてはまる。

❷ (1)促成栽培とは逆に，農作物の成長を遅らせる工夫をする栽培方法を抑制栽培という。促成栽培や抑制栽培は，収穫の時期をずらして価格の高い時期に出荷することを目的に行われる。
(2)豚や肉用の鶏の飼育は，九州地方の鹿児島県や宮崎県などで盛んに行われている。

❸ (1)Xは北関東工業地域，Yは中京工業地帯，Zは瀬戸内工業地域。
(2)現在の日本で最も盛んな工業は機械工業。
(3)第3次産業には，観光に関わる宿泊・飲食サービス業などが含まれる。沖縄県や北海道は観光客が多く，第3次産業の就業人口の割合が高い。
(4)イ海外に工場を移す日本企業が増え，国内では産業の空洞化が起こっている。ア日本の食料自給率は長期的にみて低下している。ウ第3次産業に従事する人の割合は増えている。

❹ (3)日本では，新幹線などが利用できる近・中距離の都市間輸送や，大都市圏内の通勤・通学などで鉄道が多く利用されており，旅客輸送に占める鉄道の割合が高くなっている。

p.88～89 ステージ3 資・思

❶ (1)①例河川が盆地や平野に出るところ。
②例水はけがよいため，果樹園に利用される。
(2)例太平洋から湿った南東の季節風が吹くから。
(3)特徴　例一年を通して比較的降水量が少ない。
災害　水不足

❷ (1)型　ウ
理由　例老年人口の割合が最も高く，少子高齢化が進んでいるから。
(2)東北地方，中国・四国地方

❸ (1)イ，理由　例山地にダムが建設されるため。
(2)A，理由　例発電量の8割以上を火力発電に頼っており，原子力発電の割合が低い。

❹ (1)野菜・いも類
(2)例大消費地向けに，新鮮さが求められる野菜などを生産しているため。
(3)ウ，エ

━━━━━━━━━━◆ 解 説 ◆━━

❶ (1)扇状地の中央部は，粒の大きい砂や石からできていて水が地下にしみこみやすいため，稲作にはあまり向いていない。
(2)気候は季節風や海流の影響を受けており，太平洋側では，夏に海から湿った風が吹きつけるため降水量が多くなる。
(3)瀬戸内は，中国山地や四国山地に季節風がさえぎられるため，比較的降水量が少ない。そのため水不足に備えため池が多く作られている。

❷ (1)日本の人口ピラミッドは，「つぼ型」で，少子高齢化が進行すると予測されている。老年人口の割合が高くなってきている。アは1930年の日本のもの。

❸ (1)ダムの水を利用する水力発電は山地に建設される。アは火力発電所で，燃料の輸入に便利な点や，送電しやすい点から大都市や工業地域に近い沿岸部に位置している。原子力発電所は冷却水を

なぞろう 重要語句　貿易摩擦　産業の空洞化　高速通信網

得やすい沿岸部に位置するが，火力発電所のように大都市の近くにはない。

(2)以前の日本は，全体の4分の1ほどの電力を原子力発電でまかなっていたが，東日本大震災の影響で，2011年以降，原子力発電の割合が大きく低下しており，ほかの国と比較すると火力発電の割合がかなり大きい。Bアメリカ，Cドイツ，Dフランス，Eブラジル。

④ (1)(2)関東地方には，東京をはじめ人口が多い大消費地が多く，野菜・いも類など近郊農業が特に盛んである。

(3)(2)と同じ理由とあるので，関東地方と同じように人口の多い地域を考える。大阪府，愛知県の周辺は関東地方の次に人口が集中していることから，この2府県を含む地方では関東地方と同様に近郊農業が盛んであると推測できる。

ポイント

■日本の地形の特色をおさえる。
地形▶環太平洋造山帯。平野・盆地▶扇状地，三角州，台地。海岸▶リアス海岸，砂浜海岸。海流▶黒潮，親潮，対馬海流，千島海流。

■日本の気候の特色をおさえる。
▶国土が南北に長く，季節風の影響。6つの気候▶北海道の気候，日本海側の気候，太平洋側の気候，内陸の気候，瀬戸内の気候，南西諸島の気候。

■日本の資源・エネルギーの特色をおさえる。
資源▶多くの資源を輸入。原油は西アジアなどから輸入。エネルギー▶火力中心→再生可能エネルギーの開発が進む。

■日本の産業の特色をおさえる。
農業▶稲作や果樹栽培，近郊農業，促成栽培や抑制栽培。工業▶太平洋ベルト中心の加工貿易→産業の空洞化。第3次産業▶仕事をもつ人の7割。

■地域間の結びつきの特色をおさえる。
輸送▶海上輸送は大量に安く，航空輸送は速やかに輸送。高速道路→国内の輸送は自動車が中心。通信▶国際間の通信網が整備。→情報格差の問題。

■地域区分の特色
7地方区分▶北海道，東北，関東，中部，近畿，中国・四国，九州。

なぞろう 重要語句 阿蘇山（あそさん） 有明海（ありあけかい）

第3章 日本の諸地域

p.90〜91 ■ステージ1

●教科書の要点
①カルデラ ②梅雨（つゆ）
③桜島（さくらじま） ④地熱発電（ちねつ）
⑤畜産（ちくさん） ⑥筑紫（つくし）
⑦北九州工業地帯（きたきゅうしゅう） ⑧IC〔集積回路（しゅうせきかいろ）〕
⑨台風（たいふう） ⑩サンゴ礁（しょう）

●教科書の資料
(1)A霧島山（きりしまやま）　B桜島
(2)シラス　　　(3)さつまいも，茶

●教科書チェック　一問一答
①有明海（ありあけかい） ②南西諸島（なんせいしょとう）
③火山灰（かざんばい） ④温泉（おんせん）
⑤宮崎（県） ⑥二毛作（にもうさく）
⑦福岡（市） ⑧八幡製鉄所（やはたせいてつしょ）
⑨琉球王国（りゅうきゅう） ⑩アメリカ〔アメリカ合衆国（がっしゅうこく）〕

ミス注意！

★二毛作と二期作…取り違えに注意しよう。

	二毛作	二期作
	同じ土地で年に2種類の作物を栽培。筑紫平野などに見られる。	同じ土地で同じ作物を年に2回栽培。東南アジアなどの稲作に見られる。

p.92〜93 ■ステージ2

① (1)A九州山地（きゅうしゅう）　B筑紫平野（つくし）
　　C宮崎平野
(2)Dア　　Eイ
(3)①リアス海岸（かいがん）　②大陸棚（たいりくだな）
(4)地熱発電（ちねつ）　(5)屋久島（やくしま）

② (1)ア　　　　(2)ア，ウ
(3)①シラス台地（だいち）　②ア

③ (1)い
(2)①北九州工業地帯（きたきゅうしゅう）　②イ
(3)集積回路（しゅうせきかいろ）　(4)水俣（市）（みなまた）

④ (1)台風（たいふう）　(2)イ，エ
(3)①第3次　②琉球（りゅうきゅう）　③観光（かんこう）　(4)ウ

■■■■■■■■■ 解　説 ■■■■■■■■■

なぞろう 重要語句 地熱発電（ちねつはつでん） 琉球王国（りゅうきゅうおうこく）

❶ (1)B筑紫平野は，福岡県から佐賀県にかけて広がる平野で，九州地方を代表する米の産地。

(2)ウの桜島は鹿児島県，エの霧島山は鹿児島県と宮崎県の県境に位置する火山である。

(3)②長崎県は，大陸棚が広がる海域に面しており，漁獲量は全国有数となっている。

(4)地熱発電は，火山の地下深くにあるマグマで熱せられた地下水から，熱水と蒸気を取り出して行う。火山が多い九州地方では，八丁原を初めとしてとして，各地で地熱発電が盛んに行われている。

❷ (1)九州地方では，Aの鹿児島県や宮崎県で畜産が盛んに行われており，豚や鶏，肉牛の飼育数が多くなっている。都道府県別の飼育数では，豚は鹿児島県が最も多く，肉牛と乳牛は北海道が最も多くなっている。

(2)Bは，促成栽培が盛んな宮崎平野である。イのさとうきびは沖縄県，エのいちごは福岡県や佐賀県で生産が盛んである。

(3)②二毛作が行われているのは筑紫平野。

❸ (1)九州地方最大の都市は福岡市である。福岡市には，周辺の市町村から多くの人々が通勤・通学をしており，福岡市を中心とする市街地の広がりは，福岡都市圏ともいわれている。

(2)明治時代に，官営の八幡製鉄所が造られ，この製鉄所を中心に鉄鋼業が発達した。

(3)IC（集積回路）は，シリコン（ケイ素）の結晶で作られた薄い基板の上に，超小型の回路を集めた電子装置である。

(4)水俣市は，汚染された海を浄化する取り組みを進め，現在では九州地方を代表する環境モデル都市となっている。

❹ (1)現在は，台風による強風に備えた鉄筋コンクリートの住居が多くなっている。

(2)アのりんごは青森県，ウのぶどうは山梨県の生産量が多い。

(3)沖縄県では観光業が重要な産業なので，観光業が含まれる第3次産業の就業人口割合が高い。

(4)現在も，沖縄県には多くのアメリカ軍の専用施設が置かれ，沖縄島では島の面積の約15％を占めている。

---

p.94～95 ■■■ ステージ1

●**教科書の要点**

① 中国
② 四国
③ 本州四国連絡橋
④ フェリー
⑤ 瀬戸内工業地域
⑥ 石油化学
⑦ 愛媛
⑧ 促成栽培
⑨ 地域おこし
⑩ 石見銀山
⑪ しまなみ

●**教科書の資料**

(1)① 12　② 8

(2)高知県　　　　(3)促成栽培

●**教科書チェック　一問一答**

① 瀬戸内海
② 黒潮〔日本海流〕
③ 瀬戸大橋
④ 徳島（県）
⑤ 石油化学工業
⑥ 倉敷（市）
⑦ 高知平野
⑧ 岡山（県）
⑨ 過疎（化）
⑩ 地域おこし

ミス注意！

★山陰と山陽…取り違いに注意しよう。

山陰	山陽
中国山地より北の日本海側の地域。	中国山地より南の瀬戸内海側の地域。

---

p.96～97 ■■■ ステージ2

❶ (1)A中国山地　　B四国山地
　　　C吉野川　　　D讃岐平野

(2)① 山陰　② 南四国　③ 瀬戸内

(3)ため池

❷ (1)山陽自動車道
(2)本州四国連絡橋

(3)① B　② A　　(4)ア

❸ (1)① 瀬戸内工業地域
　　② 石油化学工業，自動車工業　③ あ

(2)ア

❹ (1)ウ　　(2)イ

(3)① い，島根（県）　② あ，鳥取（県）

■■■■■■■■■■■■■■▶ 解説 ◀■■■■■

❶ (2)瀬戸内は，中国山地と四国山地によって季節風がさえぎられ，年間を通じて降水量が少ない。

❷ (3)Aはしまなみ海道とよばれる尾道－今治ルー

なぞろう 重要語句

北九州工業地帯　二毛作　山陰　瀬戸内

ト，Bは瀬戸大橋とよばれる児島（倉敷）－坂出ルートである。Cは神戸－鳴門ルートで，大鳴門橋と明石海峡大橋がかかっている。

❸ (1)②資源にとぼしい日本では，貨物船で原料となる鉄鉱石や石炭，原油を輸入する必要がある。また，自動車工業などの重い工業製品は，船で輸送される。こうしたことから，重化学工業の工場は多く主に臨海部にある。臨海部に広がる瀬戸内工業地域でもこれらの重化学工業が盛んである。
(2)イの宇部とウの岩国は，山口県の都市。エの福山は広島県の都市。

❹ (1)Aは愛媛県である。アは岡山県，イは高知県の農業の特色。
(2)Bの高知県では，なすやピーマンなど，野菜の促成栽培が盛んであり，農業産出額では，野菜・いも類が高い割合を占めている。Xは米，Yは果実，Zは畜産である。

p.98～99 ステージ1

●教科書の要点
①淀川（よどがわ）　②中国
③リアス海岸（かいがん）　④季節風
⑤黒潮（くろしお）〔日本海流〕　⑥ため池（いけ）
⑦大阪　⑧りん
⑨滋賀（しが）　⑩天下の台所

●教科書の資料
(1)琵琶湖（びわこ）
(2)淀川
(3)京阪神大都市圏（けいはんしんだいとしけん）
(4)ニュータウン

●教科書チェック　一問一答
①紀伊山地（きい）　②志摩半島（しま）
③淡路島（あわじ）　④明石海峡大橋（あかしかいきょうおおはし）
⑤和歌山（県）　⑥ため池
⑦神戸（市）（こうべ）　⑧赤潮（あかしお）
⑨大阪（市）　⑩運河（うんが）

<mark>ミス注意！</mark>
★琵琶湖…漢字に注意しよう

○　琵琶湖	✕　比巴湖
滋賀県にある，日本最大の湖。	

p.100～101 ステージ1

●教科書の要点
①地下水　②大気汚染（おせん）
③埋め立て（うめたて）　④リサイクル
⑤世界遺産（いさん）　⑥デザイン
⑦すぎ　⑧ひのき
⑨高齢（こうれい）　⑩養殖（ようしょく）

●教科書の資料
(1)①電線　②電柱
(2)平安京（へいあんきょう）

●教科書チェック　一問一答
①阪神工業地帯（はんしんこうぎょうちたい）　②大気汚染（おせん）
③中小企業（ちゅうしょうきぎょう）　④奈良（市）
⑤京都（市）　⑥古都
⑦町家（まちや）　⑧伝統的工芸品（でんとうてきこうげいひん）
⑨熊野古道（くまのこどう）　⑩真珠（しんじゅ）

<mark>ミス注意！</mark>
★埋め立てと干拓…取り違いに注意しよう

埋め立て	干拓
海などに土砂を入れて陸地にすること。	浅い海などを排水して陸地にすること。

p.102～103 ステージ2

❶ (1)①大阪平野　②近江盆地（おうみぼんち）
　　③紀伊半島（きい）　④若狭湾（わかさわん）
(2)aイ　　bウ　　cア

❷ (1)A京都（市）　B神戸（市）（こうべ）
　　C大阪（市）
(2)ニュータウン
(3)合成洗剤（せんざい）
(4)ウ　(5)町工場　(6)イ

❸ (1)文化財（ざい）
(2)①A平安京（へいあんきょう）　B平城京（へいじょうきょう）
　　②Aウ　　Bイ
(3)①町家（まちや）　②碁盤（ごばん）　③高さ

❹ (1)①え　②ウ
(2)①ズワイガニ　②真珠（しんじゅ）

解説
❶ (1)④若狭湾沿岸には，複雑に入り組んだリアス海岸が見られる。

<mark>23</mark>
<mark>解答と解説</mark>

なぞろう重要語句　南四国（みなみしこく）　本州四国連絡橋（ほんしゅうしこくれんらくきょう）　琵琶湖（びわこ）

(2)a 京都府。日本海に面する北部では雪が多い。b 兵庫県。瀬戸内海に面する南部は降水量が少ない。c 和歌山県。暖流の黒潮の影響で温暖である。

❷ (1)京都の「京」，大阪の「阪」，神戸の「神」から，京阪神大都市圏という。

(2)1960年代から大阪府の千里地区や泉北地区などにニュータウンが造られた。

(4)Xは阪神工業地帯。イウかつては重化学工業が盛んだったが，近年は，工場の閉鎖や他地域への工場の移転が進んでいる。ア1960年代に起きた問題。近年は地下水ではなくリサイクル水が工業用水として多く使われている。

❸ (2)Aは京都府，Bは奈良県。②アは兵庫県。姫路城の周辺地域でも，歴史的景観を保全する取り組みが進められている。

❹ (1)①あ丹波高地，い鈴鹿山脈，う六甲山地。②ア紀伊山地で生産される良質な木材は，建築材や家具などに加工され，高い価格で取り引きされるものもある。イ奈良県十津川村など，林業が盛んな地域での取り組み。ウ価格が安い外国産の輸入が増える中で木材価格が低迷し，近年は従事者の高齢化と後継者不足が課題になっている。

p.104〜105 ステージ3 総合

❶ (1)例水を通しやすい。　(2)二毛作
(3)①A，石炭　②B，地熱発電
③C，アメリカ軍の専用施設〔基地〕
(4)エ

❷ (1)山陰　(2)①ウ　②イ　③ア
(3)瀬戸内工業地域　(4)瀬戸大橋
(5)例移動時間の短縮によって大都市まで買い物などに出かける人が増え，地方都市の消費が減少したため。

❸ (1)石油化学コンビナート
(2)①エ　②ウ　③イ　(3)高知平野

❹ (1)A琵琶湖　B淀川　(2)ウ
(3)①太陽光発電　②中小企業
(4)①ウ　②ア　③イ
(5)例大都市中心部の人口増加に伴い，住宅地が足りなくなったから。

━━━━━ 解 説 ━━━━━

❶ (1)九州南部に広がるシラスは，火山灰が積もった土壌で，水はけがよい。

(2)米を収穫したあとに同じ耕地で小麦などを作る二毛作が行われているので，耕地利用率が高くなっている。

(3)①遣唐使が博多湾から中国に向かうなど，福岡市は古くから港町として発展した。鉄鋼業は八幡製鉄所が造られた北九州市を中心に発展した。②別府温泉などの有名な温泉地がある。日本最大級の地熱発電所は八丁原地熱発電所のこと。③15世紀半ばから17世紀にかけて栄えた琉球王国の史跡や，伝統的工芸品などが受け継がれている。第二次世界大戦後，1972年までアメリカ軍の統治下にあった。

(4)1970年代以降，九州にはIC（集積回路）の工場が多く進出したが，近年は自動車の組み立て工場や関連工場が多く進出している。

❷ (1)中国・四国地方は，北から山陰・瀬戸内・南四国に分けられる。

(2)①は太平洋側の気候，②は瀬戸内の気候，③は日本海側の気候。

(4)本州四国連絡橋のうち，瀬戸大橋は岡山県と香川県を結ぶ児島（倉敷）－坂出ルートにかかっている。尾道－今治ルート（しまなみ海道）は広島県と愛媛県，神戸－鳴門ルート（大鳴門橋・明石海峡大橋）は兵庫県と徳島県を結んでいる。

❸ (1)石油化学コンビナートでは，各工場を結んだパイプラインで，原料や燃料などを送っている。

(3)黒潮の影響で温暖な気候を生かしている。

❹ (2)夏を中心に降水量が非常に多いことから，ウの潮岬があてはまる。紀伊半島は，南東の季節風の影響で，特に雨が多い。アは日本海側の気候。

(3)①阪神工業地帯では，移転した臨海部の工場の跡地に，近年，新しい工場のほか物流施設やテーマパークなどが開発されている。②東大阪市や八尾市などに多い。

(4)エは大阪府のこと。

(5)京阪神大都市圏では，1960年代ごろから人口が急増した。

なぞろう 重要語句　淀川　京阪神大都市圏　阪神工業地帯

p.106〜107　ステージ3　資・思

❶(1)例盛んな火山活動による地熱を利用して発電している。

(2)①アジア州　②例距離が近いため。

(3)例水はけのよいシラスを生かし，茶などの栽培や畜産が盛ん。

❷(1)例同じ3時間で移動できる範囲が広がった。

(2)例本州四国連絡橋が完成したため。

❸(1)ア，例高い価格で売ることができるから。

(2)例温暖な気候を生かし，冬にビニールハウスを利用して栽培しているため。

(3)イ

❹(1)例都市の中心部から離れた，私鉄の沿線に多く造られている。

(2)①例新しく林業につく若い人を増やすため。②例外国産の輸入材におされ，地元産の木材が売れない。

━━ 解説 ━━

❶(1)九州地方には，火山が多く，温泉も多い。日本の温泉の源泉数の4割が集まっている。

(2)福岡から見ると東京よりも中国や韓国などアジア各国に近い。

❷(1)1985年は，四国と本州の間の移動手段はフェリーであったが，本州四国連絡橋の開通により大幅に移動にかかる時間が短縮した。

❸(1)(2)温暖な気候を生かし，ビニールハウスなどで栽培する方法を促成栽培という。ほかの産地の出荷量が少ない時期に出荷することで高く販売できる。

(3)本州四国連絡橋の開通と，保冷トラックの普及などで，遠くの消費地へもトラックで輸送できるようになった。

❹(1)ニュータウンは大阪や神戸の中心部から放射状に点在しており，鉄道の中でも私鉄の沿線にあることがわかる。

(2)①資料2から，近年林業従事者が減っていることを読み取る。②木材の消費量を増やし，さらに地元産の木材の魅力を発信することにもつながる。国産材は近年，安い外国産の木材との競争で木材価格が下がり，出荷できるにも関わらず伐採されない森林が多くなっている。

ポイント

■九州地方の特色をおさえる。

自然▶火山や温泉が多い。南西諸島にはサンゴ礁などの美しい自然。農業▶促成栽培やシラス台地での畑作・畜産。工業▶古くから北九州工業地帯が発展。

■中国・四国地方の特色をおさえる。

自然▶山陰，瀬戸内，南四国で異なる気候。交通▶本州四国連絡橋の開通。農業▶愛媛県のみかん。高知県の促成栽培。工業▶瀬戸内工業地域に石油化学コンビナート。過疎▶山間部や離島で深刻。地域おこしの取り組み。

■近畿地方の特色をおさえる。

自然▶日本最大の琵琶湖。都市▶各地にニュータウン。古都▶奈良・京都は文化財が多い。景観を守る取り組み。工業▶阪神工業地帯。中小企業の工場が多い。

p.108〜109　ステージ1

●教科書の要点
①赤石山脈　②長良川　③東海　④北陸　⑤北西　⑥中央高地　⑦繊維　⑧組み立て　⑨伊勢　⑩三重

●教科書の資料
(1)伊勢　(2)①石油化学工業　②自動車工業　(3)名古屋（市）

●教科書チェック　一問一答
①日本アルプス　②信濃川　③濃尾平野　④みかん　⑤季節風　⑥避暑地　⑦石油化学コンビナート　⑧名古屋港　⑨中京工業地帯　⑩東海道新幹線

p.110〜111　ステージ1

●教科書の要点
①東海工業地域　②台地　③豊川用水　④菊　⑤扇状地　⑥桑畑　⑦ぶどう　⑧長野　⑨越後　⑩副業

なぞろう 重要語句　伝統的工芸品　東海　北陸　中央高地

●教科書の資料

(1)A 新潟県　　B 長野県　　C 愛知県
(2)銘柄米　(3)高原野菜　(4)抑制栽培

●教科書チェック　一問一答

①園芸農業　　　　　　②施設園芸農業
③焼津港　　　　　　　④養蚕
⑤製糸業　　　　　　　⑥精密機械工業
⑦電気機械工業　　　　⑧単作
⑨地場産業　　　　　　⑩伝統的工芸品

ミス注意！

★中京工業地帯と東海工業地域…取り違いに注意しよう。

中京工業地帯	東海工業地域
愛知県を中心に広がる工業地帯。	静岡県の太平洋沿岸に広がる工業地域。

p.112〜113　ステージ2

❶ (1)A 飛騨山脈　　B 越後平野
　(2)C 浅間山　　D 富士山　(3)ウ
　(4)① 北陸　　② 中央高地　③ 東海
　(5)X ウ　　Y イ　　Z ア
❷ (1)X 名古屋（市）　Y 豊田（市）
　(2)A イ　　B ア　　C ウ
　(3)渥美半島　　(4)① エ　　② イ
❸ (1)① ア　　② イ
　(2)① 山梨（県）　　② イ，ウ
　(3)① エ　　② ア
❹ (1)① 新潟（県）　　② ア
　(2)B 輪島塗　　C 越前和紙
　(3)地場産業　　(4)イ

解説

❶ (1)A 木曽山脈，赤石山脈とともに，日本アルプスとよばれる。B 日本で最も長い信濃川が流れる。
(2)阿蘇山は熊本県にある。御嶽山は長野県と岐阜県の県境にある。
(3)ア木曽川，イ長良川は揖斐川とともに「木曽三川」とよばれる。ウ天竜川は静岡県などを流れる。
(5)X 冬の降水量が多い日本海側の気候。Y 年間を通じて降水量が少ない内陸性の気候。Z 夏の降水量が多い太平洋側の気候。
❷ (3)渥美半島は，水が不足しやすく作物の栽培が

難しかったが，豊川用水の整備によって，園芸農業が盛んになった。
(4)①静岡県の牧ノ原や磐田原で栽培が盛んである。②愛知県の渥美半島では菊の電照栽培が行われている。ア促成栽培が盛んな高知県などの生産量が多い。ウ栃木県や九州地方で栽培が盛ん。
❸ (1)①夏の涼しい気候を利用する抑制栽培が行われているので，夏に出荷量の多いものを選ぶ。
(2)②水はけのよい扇状地などで盛んに栽培される。アは和歌山県や愛媛県，静岡県など，エは山形県などの生産量が多い。
(3)イウ静岡県浜松市やその周辺地域で盛んに生産されている。
❹ (1)②イ冬に雪が多い北陸地方は，単作地帯。ウ雪どけ水が豊富な地域である。
(2)B 石川県，C 福井県。高岡銅器は富山県，小千谷縮や越後三条打刃物は新潟県の伝統的工芸品。

p.114〜115　ステージ1

●教科書の要点

①関東ローム　　　　　②台地
③季節風　　　　　　　④ゲリラ豪雨
⑤23　　　　　　　　　⑥政治
⑦経済　　　　　　　　⑧東京国際空港〔羽田空港〕
⑨都市問題　　　　　　⑩ニュータウン
⑪政令指定都市

●教科書の資料

(1)神奈川県　　　　　(2)昼間人口
(3)東京大都市圏　　　(4)イ

●教科書チェック　一問一答

①関東平野　　　　　　②利根川
③ヒートアイランド現象　④特別区
⑤都心　　　　　　　　⑥副都心
⑦成田国際空港　　　　⑧過密
⑨再開発　　　　　　　⑩横浜（市）

ミス注意！

★関東ロームとシラス台地…取り違いに注意しよう。

関東ローム	シラス台地
関東平野に広がる火山灰が堆積した赤土。	九州南部で，古い火山灰が厚く積もった台地。

なぞろう
重要語句　施設園芸農業　養蚕　精密機械工業　単作

p.116～117 ステージ1

●教科書の要点

① 情報通信技術
② 商業
③ 印刷業
④ 埋立
⑤ 千葉
⑥ 群馬県
⑦ 高速道路
⑧ 輸送
⑨ 過疎
⑩ Ｉターン

●教科書の資料

(1) 費用

(2) イ

(3) 群馬（県）

●教科書チェック　一問一答

① テーマパーク
② サービス業
③ 東京（都）
④ 京浜工業地帯
⑤ 京葉工業地域
⑥ 北関東工業地域
⑦ 工業団地
⑧ 日系人
⑨ 近郊農業
⑩ Ｕターン

ミス注意！

★京浜工業地帯と京葉工業地域…取り違いに注意しよう。

京浜工業地帯	京葉工業地域
東京都・神奈川県・埼玉県にまたがる。	千葉県の東京湾岸の臨海部にある。

p.118～119 ステージ2

❶ (1)① 越後山脈　② 関東山地
　　③ 三浦半島　④ 房総半島

(2) 関東ローム　(3) 北西　(4) ア

❷ (1)① 首都　② 夜間人口

　　③ａ ウ　ｂ イ　ｃ ア

(2) 政令指定都市　(3) Ｅ，横浜（市）

(4) 東京国際空港〔羽田空港〕

❸ (1)① ICT　② サービス業

(2) ウ

(3) Ａ京浜工業地帯　Ｂ京葉工業地域
　　ｃ北関東工業地域

(4) ウ　(5) エ

❹ (1)① 新鮮　② 野菜　③ 近郊

(2) イ　(3) 群馬（県）　(4) イ

■ 解説 ■

❶ (1)③・④近海を黒潮が流れる三浦半島や房総半

島は冬でも温暖な気候となっている。

(2)関東ロームは，浅間山や富士山などの噴火による大量の火山灰が積もってできた赤土。関東ロームに覆われた台地は水が得にくく，畑や住宅地，ゴルフ場などに利用されている。

(3)北西の季節風は，越後山脈にぶつかって日本海側の地域に雪を降らせたあと，乾いた風となって関東平野に吹き降りる。この風は地域によって「からっ風」「男体おろし」などとよばれている。

(4)イの伊豆諸島は，大島，三宅島，八丈島などからなる島々で，東京都に属している。ウの南西諸島は鹿児島県，沖縄県にある島々。

❷ (1)②千代田区は皇居や中央官庁，大企業などが多い東京の中心部にあたり，多くの人が通勤や通学で移動してくる。このため，昼間人口が夜間人口を大きく上回る。③東京都は，面積は小さいが，人口は日本で最も多い。よって東京都の割合が低いｃが面積，東京都が10％程度を占めるｂが人口。東京都の割合が高いａが外資系企業数。

(2)Ａはさいたま市，Ｂは千葉市，Ｃは相模原市，Ｄは川崎市。

❸ (2)新聞社や出版社が多いため，印刷業の出荷額が多い。

(3)京葉工業地域では，船で輸入した原油を原料とする石油化学工業が盛んである。

(4)群馬県や栃木県で生産された工業製品は，以前は，東京港や横浜港から輸出されていた。しかし，北関東自動車道の開通により，茨城県の茨城港から効率よく輸出できるようになった。

(5)近年東京周辺では，高速道路沿いに，輸送や利用に便利なことから物流センターや大型ショッピングセンター，アウトレットモールが多くつくられている。製鉄所は，原料を船で輸入する必要があることから臨海部にある。

❹ (1)大都市周辺では近郊農業が盛ん。消費地までの輸送距離が短いため，野菜などを新鮮なうちに市場まで届けることができ，輸送費用を抑えることができる。

(2)栃木県では「とちおとめ」などのいちごが盛んに栽培されている。また，乳牛の飼育が盛んである。

なぞろう　重要語句

しゅと	とうきょうだいとしけん	せいれいしていとし
首都	東京大都市圏	政令指定都市

(3)群馬県嬬恋村では，夏でも涼しい気候を生かしたキャベツの栽培が盛んである。道路網の整備などにより，嬬恋村のように消費地から遠い地域でも野菜の生産が盛んになった。

(4)イ学校の閉鎖は，人口減少による過疎による。

p.120〜121 ステージ3 総合

❶ (1)A甲府盆地　　B渥美半島

(2)①い　　②あ

(3)①Ⅰ新潟県　　Ⅱ愛知県　　Ⅲ長野県

②米

(4)Xイ　　Yエ

❷ (1)う　　(2)①織物機械　　②自動車

(3)例冬になると雪に覆われ，農作業を行うことが難しかったから。

❸ (1)利根川

(2)例北西の季節風が日本海側に雪を降らせたあと，乾いた風となって吹き降りてくるため。

(3)①ヒートアイランド現象　②ターミナル駅

(4)①あ　　②う　　③え

❹ (1)①イ　　②ア

(2)Aイ　　Bア　　Cウ

(3)例道路網が整備され，保冷トラックで長距離輸送ができるようになったため。

―――――◀ 解説 ▶―――――

❶ (2)①は内陸の気候，②は日本海側の気候。

(3)①②a新潟県は，全国でも有数の米どころであり，農業産出額では米が高い割合を占めている。b抑制栽培が盛んな長野県は野菜や果実の生産額が多い。c愛知県は渥美半島の施設園芸農業で花を栽培しているほか，野菜の生産も盛ん。

(4)X長野県の野辺山原。Y静岡県の牧ノ原台地。

❷ (3)雪が多い北陸では，農業ができない冬の間の副業として工芸品の生産が行われた。これらの技術を土台にして地場産業が発展している。

❸ (2)「からっ風」とよばれる風が原因。

❹ (1)①京葉工業地域は石油化学工業が盛ん。

(3)野菜や果物，牛乳，鶏卵などは，新鮮さが求められるが，長距離でも鮮度を落とさずに運べるようになった。

ポイント

■中部地方の特色をおさえる。

自然▶東海，中央高地，北陸で異なる気候。中央に日本アルプス。東海▶自動車工業が盛んな中京工業地帯や東海工業地域。園芸農業。中央高地▶高原野菜や果樹の栽培。精密機械工業や電気機械工業。北陸▶米の単作。地場産業。

■関東地方の特色をおさえる。

自然▶日本最大の関東平野に関東ローム。人口▶東京大都市圏に集中。サービス業や商業が発展。過密による都市問題。農業▶近郊農業。工業▶京浜工業地帯。内陸部の北関東工業地域に工場が進出。

p.122〜123 ステージ1

●教科書の要点

①リアス海岸　　②季節風

③観光　　④政令指定都市

⑤冷害　　⑥消費

⑦津軽　　⑧潮目〔潮境〕

⑨出稼ぎ　　⑩岩手

●教科書の資料

(1)A西洋なし　　Bりんご　　Cもも

(2)山形

●教科書チェック　一問一答

①奥羽山脈　　②やませ

③伝統行事　　④仙台〔市〕

⑤減反政策　　⑥銘柄米

⑦三陸海岸　　⑧養殖業

⑨工業団地　　⑩伝統的工芸品

ミス注意！

★やませとからっ風…取り違いに注意しよう。

やませ	からっ風
夏，東北地方の太平洋側に冷害を起こす風。	冬，関東地方に吹き降ろす乾いた風。

p.124〜125 ステージ2

❶ (1)A奥羽山脈　　B津軽平野　　C庄内平野　　D北上川

(2)①ア　　②イ

(3)①三陸　　②リアス海岸

なぞろう 重要語句

けいひんこうぎょうちたい
京浜工業地帯

きたかんとうこうぎょうちいき
北関東工業地域

❷ (1)イ　(2)仙台（市）

(3)①やませ　②日照（れいがい）　③冷害

(4)Xウ　Yア　Zイ

❸ (1)①ア，青森（県）

②エ，山形（県）

③カ，福島（県）

(2)A親潮（千島海流）（おやしお ちしま）

B黒潮（日本海流）（くろしお）

(3)①ア　②イ

❹ (1)①あ出稼ぎ（でかせ）　い工業団地（だんち）　②イ

(2)イ

(3)①ア　②エ　③ウ　④イ

■━━━━━━ 解　説 ━━━━━━■

❶ (1)A奥羽山脈は，東北地方の中央部で背骨のように南北に長く連なり，東北地方を太平洋側と日本海側とに分けている。B青森県の津軽平野ではりんごの栽培，C山形県の庄内平野では稲作が盛んに行われている。

(2)冬に吹く北西の季節風は，奥羽山脈にぶつかって多くの雪を降らせる。このことから，冬の降水量が多い①の雨温図が，奥羽山脈の西側に位置するアの都市にあてはまると判断できる。

(3)リアス海岸となっている三陸海岸の湾は波が穏やかで，養殖業などの漁業が盛んである。

❷ (1)アのねぶた祭は青森県青森市，イの竿燈まつりは秋田県秋田市，ウの七夕まつりは宮城県仙台市で行われる祭りが有名である。

(2)宮城県の県庁所在地である仙台市があてはまる。

❸ (2)潮目（潮境）には，暖流にすむ魚と寒流にすむ魚の両方が集まり，好漁場となっている。

(3)①イの若狭湾は福井県と京都府が面している。ウの英虞湾は三重県の志摩半島にある湾である。いずれの地域もリアス海岸が見られる。

②アの真珠は英虞湾など，ウのかきは三陸海岸などで盛んに養殖が行われている。三陸海岸では，わかめの養殖も盛んに行われている。

❹ (1)②電気機械工業では，部品の輸送に便利であることから，高速道路沿いに工場が多い。アの石油化学工業，ウの鉄鋼業は，原料や製品の輸送に便利な臨海部に工場がある。

p.126〜127 ステージ1

●教科書の要点

①濃霧（のうむ）　②オホーツク

③利雪（りせつ）　④アイヌ

⑤客土（きゃくど）　⑥減反（げんたん）

⑦輪作（りんさく）　⑧根釧台地（こんせん）

⑨栽培漁業（さいばいぎょぎょう）　⑩エコツーリズム

●教科書の資料

(1)日本海側

(2)東部

(3)親潮〔千島海流〕（おやしお ちしま）

(4)流氷

●教科書チェック　一問一答

①十勝平野（とかち）　②亜寒帯〔冷帯〕（あかんたい れいたい）

③梅雨（つゆ）　④札幌（市）（さっぽろ）

⑤泥炭地（でいたんち）　⑥屯田兵（とんでんへい）

⑦酪農（らくのう）　⑧北洋漁業（ほくようぎょぎょう）

⑨知床（半島）（しれとこ）　⑩エコツーリズム

ミス注意！

★転作と輪作…取り違いに注意しよう。

転作	輪作
生産する作物を別のものに替えること。	栽培する作物を年ごとに変えること。

p.128〜129 ステージ2

❶ (1)X日高山脈（ひだかさんみゃく）　Y津軽海峡（つがるかいきょう）

(2)イ　(3)B

(4)①あ　②い

(5)札幌市（さっぽろ）

❷ (1)①石狩平野（いしかり）　②客土（きゃくど）

(2)①ア　②アイヌ（の人々）　③開拓使（かいたくし）

(3)イ

❸ (1)A十勝平野（とかちへいや）　B根釧台地（こんせんだいち）

(2)エ　(3)輪作（りんさく）

(4)ア

(5)①北洋漁業（ほくようぎょぎょう）　②排他的経済水域（はいたてきけいざいすいいき）

(6)ウ，エ

❹ (1)①旭川（市）（あさひかわ）　②函館（市）（はこだて）

(2)①知床半島（しれとこ）　②世界遺産（いさん）

(3)イ

なぞろう 重要語句

冷害（れいがい）　減反政策（げんたんせいさく）　伝統行事（でんとうぎょうじ）　工業団地（こうぎょうだんち）

30

━━━━━━ **解 説** ━━━━━━

❶ (2)ア阿蘇山は熊本県，ウ大雪山は北海道の中央部，エ浅間山は群馬県と長野県の県境にある。

(3)流氷は，Bのオホーツク海沿岸に押し寄せる。流氷を間近で観察できる観光船が運行されていて，多くの観光客が訪れている。

(4)①冬の降水量が多いことから，北西の季節風の影響で雪が多い日本海側のあの札幌。②夏の気温が低いことから，濃霧が発生しやすく夏でも気温が上がりにくい太平洋側のいの釧路。

❷ (1)②石狩平野は，有数の稲作地帯になっているが，かつては泥炭地が広がり，農業に向かない土壌だった。そこで客土や，大規模な排水路を整備して水はけをよくするなどの土地改良が行われた。

(2)①北海道は古くは蝦夷地とよばれ，明治時代以降に開拓が進められた。②北海道には，独自の言語や文化をもつアイヌの人々が古くから暮らしてきた。北海道の各地には，アイヌ語に由来する地名が数多くある。

(3)1970年代以降，国の減反政策のもとで転作を行う農家が増え，北海道の田の面積は減少する傾向にある。

❸ (2)キャベツの生産量は愛知県が最も多い。

(3)同じ作物を栽培し続けると土地がやせてしまうので，これを防ぐ目的で，年ごとに栽培する作物を変える輪作が行われている。

(4)根釧台地は日本有数の酪農地帯である。この地域では，多くの乳牛が飼育され，生乳やバターなどの乳製品が盛んに生産されている。

(6)アのわかめは東北地方の三陸海岸沿岸など，イののりは九州地方の有明海などで養殖が盛んに行われている。

❹ (2)知床半島には手つかずの豊かな自然が残っている。

(3)エコツーリズムとは，自然環境の保全と観光の両立をめざす旅行のあり方のことである。イ知床などで行われている取り組み。ア小樽で行われている取り組みで，文化財を活用している。ウホテルなどの宿泊施設を増やすことは自然環境の保全にはつながらない。

━━━━ p.130〜131 ━━ **ステージ❸** 総合 ━━━━

❶ (1)盛岡（市），仙台（市）

(2)イ

(3)Aイ　　Bエ

(4)例東北地方の太平洋側で夏の時期に吹く，冷たく湿った北東の風。

❷ (1)ウ

(2)減反政策

(3)①りんご　　②さくらんぼ

(4)例暖流の黒潮と寒流の親潮が出会う潮目があり，魚が豊富なため。

❸ (1)①石狩平野　②十勝平野　③根釧台地

(2)①い　　②あ

(3)Aア　　Bウ　　(4)a

❹ (1)A白神山地　B知床半島

(2)①イ　　②ア　　③ウ

(3)イ，エ

━━━━━━ **解 説** ━━━━━━

❶ (1)盛岡市は岩手県，仙台市は宮城県の県庁所在地である。

(4)やませが吹くと，日照時間が減少して気温が下がるため，稲などの農作物が十分に育たずに収穫量が減る冷害が起こることがある。

❷ (2)減反政策は，米の消費量が減少して米が余るようになった1970年代から進められた。その後，輸入米に対する国産米の競争力を高めるなどの目的から，2018年度に廃止された。

❸ (2)①は札幌市，②は函館市についての説明。

(4)bは小麦，cは生乳の割合。

❹ (2)Aは冬の降水量が多いことから日本海側の気候の秋田県横手市，Bは年間の気温が低いことから北海道の気候の北海道網走市，Cは夏の降水量が多いことから太平洋側の気候の宮城県仙台市の雨温図である。

(3)アかつては出稼ぎに行く人が多くいたが，工場の進出などによって働く場所が増えた現在では，出稼ぎはほぼなくなっている。ウかつてはアラスカ沖などでの北洋漁業が盛んであったが，各国が排他的経済水域を設定して漁ができる範囲が制限されるようになったため，現在は衰退している。

なぞろう
重要語句

銘柄米　根釧台地　濃霧　開拓使　屯田兵

p.132～133 ステージ3 資・思

1 (1)例ほかの地域に比べて，夏と冬の気温差が大きく，降水量が少ない。

(2)例標高が高く，山に囲まれている。

(3)①輸送機械（工業）

②例輸送に便利な，高速道路沿いや臨海部に多い。

2 (1)ア

(2)例アは子どもと30代の割合が高く，高齢化が進んでいないから。

3 (1)例北関東自動車道の開通で，茨城港に貨物を輸送しやすくなったから。

(2)ウ

4 (1)①青森県，岩手県の太平洋側の地域。

②例冷たいやませが太平洋側から吹くことで，霧や雲が多く発生し，日照時間が減少し，稲の成長に影響を与えたから。

(2)例冷害に強い品種を開発し，栽培している。

(3)例1戸あたりの耕地面積が広く，効率が良く大規模な生産が行われている。

解説

1 (1)(2)太平洋側の東海は，夏に降水量が多い。日本海側の北陸は，冬の降水量が多い。内陸に位置し標高が高い中央高地は，夏と冬の気温差が大きく，年間の降水量が少ない。

(3)①東海には，名古屋市を中心とする中京工業地帯と，静岡県の太平洋沿岸地域の東海工業地域がある。いずれも，自動車などの輸送用機械の生産が盛んである。②資料3を見ると，工業が盛んな都市が，海の近くや高速道路に沿って分布していることがわかる。

2 (1)(2)1970年代から都市の郊外につくられるようになったニュータウンには，都心に通勤する人々が住んでいたことから，働く世代の人口が多いアが当時のものと考えられる。現在は居住する人々の高齢化が進んでいる。

3 (1)(2)北関東工業地域で生産された工業製品は，以前は横浜港や東京港から輸出されていたが，2011年に北関東自動車道が開通したことで，茨城港にも運ばれて輸出されるようになった。

4 (1)①太平洋側の地域で，米の作況指数が低くなっている。冷害とは，夏に日照時間が少ないなどのため稲が十分生育できず，収穫量が減る被害のこと。夏に東北地方に吹く冷たい湿った北東風のやませの影響などで発生する。

(2)寒さに強い品種の開発のほか，水田に深く水を張り，稲の根の保温効果を高める方法や，情報システムの利用などによって，冷害に備えている。

ポイント

■東北地方の特色をおさえる。

自然▶やませによる冷害。農業▶銘柄米や果樹の生産。漁業▶三陸海岸沖合に潮目（潮境）。養殖業。工業▶伝統的工芸品の生産。工業団地。

■北海道地方の特色をおさえる。

自然▶亜寒帯（冷帯）の気候。流氷。農業▶稲作や大規模な畑作，酪農。漁業▶北洋漁業は水あげ量減少。養殖業や栽培漁業。

第4部 地域の在り方

第1章 身近な地域の調査

p.134 ステージ1

●教科書の要点

①特色　②持続可能な社会
③調査計画書　④主題図
⑤考察　⑥要因
⑦構想　⑧提言

p.135 ステージ2

1 (1)Aオ　Bエ　Cア　Dイ　Eウ

(2)①あう　いア　うイ　②ウ

2 (1)持続可能な社会　(2)主題図

(3)調査計画書

(4)出典

解説

2 (1)持続可能な社会では，将来の世代のために限りある資源を有効に活用することが求められる。これを実現するための取り組みの一つが，資源のリサイクルである。

なぞろう 重要語句　北洋漁業　養殖業　栽培漁業

定期テスト対策 得点アップ！ 予想問題

p.138 第1回

1. (1)アフリカ大陸，南極大陸
   (2)アジア州，ヨーロッパ州
   (3)エ
   (4)ア
   (5)緯線（いせん）
2. (1)南アメリカ大陸
   (2)ア
   (3)南緯（なんい）40度・東経（とうけい）60度
   (4)例緯度が高いところほど，面積が大きく表される。

────── 解 説 ──────

1. (2)Aは，面積が世界最大のロシアである。
   (3)アのスイス，イのモンゴル，ウのネパールは，いずれも海に面していない内陸国である。
   (5)国境線が直線となっているのは，かつてヨーロッパ諸国の植民地として支配されたことのなごりである。
2. (2)中心からの距離と方位が正しい地図1では，中心からの最短コースが直線で表される。しかし，緯線と経線が直角に交わる地図2では，最短コースは直線にはならない。
   (4)地図2では，高緯度地域ほど面積は実際よりも大きく表される。このため，北極付近のグリーンランドは一部の大陸よりも大きく表されている。

p.139 第2回

1. (1)ウ
   (2)12月31日午後3時
   (3)C
2. (1)①A日本海　Bオホーツク海
   ②エ　③ア　④う
   (2)例魚などの水産資源（しげん）や，海底にある鉱産資源（こうさん）を利用する権利（けんり）。
   (3)イ

────── 解 説 ──────

1. (1)ア中東はおおむね西アジアの地域にあたる。イ太平洋を挟んで向かい合っている。
   (2)日本の標準時子午線は東経135度。東経と西経の間の経度差は経度の数の和で求められるので，

この場合は135＋120＝255度となる。経度15度ごとに1時間の時差が生じるから，255÷15＝17。よって，時差は17時間と求められる。日本のほうが時刻は進んでいるので，ロサンゼルスは日本の時刻の17時間前の時刻となる。

2. (1)②北方領土に含まれるのは歯舞群島。尖閣諸島は沖縄県石垣市に属する島々。③ウは日本の最南端の沖ノ鳥島のこと。④う島根県の県庁所在地は松江市。あは青森県，いは新潟県，えは大分県でいずれも県名と県庁所在地名は同じである。
   (3)イ讃岐は現在の香川県にあたる。高知県の昔の国名は土佐といった。

p.140 第3回

1. (1)亜寒帯（あかんたい）〔冷帯〕
   (2)イ　(3)エ
   (4)ウ
   (5)例標高が高いから。
   (6)B
2. (1)Aウ　Bイ
   (2)モスク
   (3)キリスト教

────── 解 説 ──────

1. (2)アのオアシスは砂漠のなかでも水が得られるところ，ウのツンドラは寒帯のうち，夏の間だけこけ類が生える気候。エのステップは乾燥帯のうち，草原がみられる気候である。
   (3)アのアルパカとイのリャマはアンデス山脈の高地で飼育されている。ウのカリブーは，北アメリカの寒帯の地域にみられる。
   (5)Eの地域は，アンデス山脈に位置して標高が高いため，赤道付近であっても年間を通じて気温が低くなっている。
   (6)写真は，熱帯の地域にみられる伝統的な住居。家の中に熱や湿気がこもらないように高床になっている。
2. (1)ウはタイ，イはインド。アのエジプトなど北アフリカではイスラム教の信者が多い。エのブラジルなど南アメリカにはキリスト教の信者が多い。

33

p.141　第4回

1 (1)チベット高原

(2)ウ　　(3)イ

(4)ウ

(5)Xイ　　Yア

(6)ウ

(7)原油

(8)中央アジア

(9)例一年を通して降水量が多い。

── 解説 ──

1 (1)ヒマラヤ山脈の北側に広がる高原。

(2)ア人口の増加を抑えるために一人っ子政策が行われてきたが現在は廃止された。イ中国では，機械工業などの重化学工業が発展している。

(3)アシャンハイは長江の河口付近に位置する中国最大の都市だが，経済特区ではない。ウ中国の北部に位置する首都。エインドの情報通信技術関連産業が盛んな都市。

(4)Cはマレーシア。

(5)Dの韓国は，以前は衣類などの軽工業の製品が輸出の中心となっていた。1990年代以降，技術革新を行った結果，情報通信技術関連産業が発展し，工業製品の輸出の割合が高くなっている。

(6)Eはインド。ウASEANは東南アジア諸国連合のことで，南アジアのインドは加盟していない。

(7)Fはサウジアラビア。

(8)Gはカザフスタン。アジア州は東から，東アジア，東南アジア，南アジア，中央アジア，西アジアに区分される。

(9)降水量を示す棒グラフから，一年中一定量以上の降水量があるとわかる。

p.142　第5回

1 (1)地中海
(2)偏西風

(3)①ウ　　②エ
(4)例EU加盟国の間では自由に国境を行き来できるから。

(5)え

2 (1)ア　　(2)サバナ

(3)あ　　(4)ア

(5)アフリカ連合〔AU〕

── 解説 ──

1 (3)①はドイツ，②はフランスである。アは東ヨーロッパの国々，イはノルウェーがあてはまる。

(4)EU加盟国の間では，パスポートを提示することなく国境を通過することができる。

(5)えのポーランドなど，近年新たにEUに加盟した東ヨーロッパの国々は，西ヨーロッパの国々に比べて一般に労働者の賃金が低い。

2 (3)原油が輸出の80％以上を占めていることから，あのナイジェリアと判断できる。いはカカオ豆の生産が盛んなコートジボワール，うは銅の生産が盛んなザンビア，えは南アフリカ共和国。

(4)アフリカにはさまざまな民族が暮らしているが，ヨーロッパ諸国の植民地になったときに民族の分布とは関係なく境界線が引かれた。その境界線が現在も国境として使われているため，異なる民族が一つの国とされているところも多く，民族間の争いの原因ともなっている。

p.143　第6回

1 (1)ロッキー山脈

(2)ウ

(3)Aア　　Bエ

2 (1)え　　(2)ウ

(3)ニューヨーク

(4)aウ　　bイ　　cア　　dエ

(5)ヒスパニック

(6)例多くの国に生産や販売の拠点をもち，世界的に活動している企業。

── 解説 ──

1 (3)Aの地域は降水量が少なく，肉牛の放牧が盛んである。Bはとうもろこしや大豆の畑作が盛んな地域。

2 (1)北緯37度以南の地域であるサンベルトは，先端技術産業が発達している。

(2)ア五大湖周辺のピッツバーグにあてはまる。イデトロイトがあてはまる。エシェールガスはアメリカ合衆国の各地で生産されている。

(4)ヨーロッパ系の次に多いアフリカ系の人々の多くは，奴隷としてアフリカ大陸から連れてこられた人々の子孫である。

(6)アメリカの多国籍企業には，有名なソフトウェア会社やファストフード店があてはまる。

解答と解説

34

p.144　第7回

1 (1)**イ**

(2)**パンパ**

(3)①**灰**　②**バイオ燃料**

(4)**え**

2 (1)①**え**

②例**ヨーロッパ以外からの移民が制限されていたから。**

③**イ**　④**イ**

(2)**ウ**

━━━━ 解　説 ━━━━

1 (1)ブラジルの各地で多く栽培されているのは，世界最大の生産量であるコーヒー。

(2)ラプラタ川下流域で小麦などが栽培されている。

(3)②さとうきびを原料としたバイオ燃料が普及している。

(4)銅の生産が盛んなのはえのチリ。あは原油の生産が盛んなベネズエラ，いはペルー，うはボリビアである。

2 (1)Aはオーストラリア。①オーストラリアでは，内陸の大部分は乾燥帯であり，温帯は南東部や南西部の一部に分布する。北部のあは熱帯。②オーストラリアでは，白豪主義の政策がとられていたが，1970年代初めに廃止され，近年はアジアやオセアニアの国々からの移民が多い。④ア鉄鉱石は北西部，イ金は南東部や南西部，エボーキサイトは北部，南部で産出される。

(2)Bのニュージーランドでは，年間を通して適度に雨が降る気候を生かし，肉用の羊が多く飼育されている。

p.145　第8回

1 (1)**イ**

(2)**北東**

(3)**イ**

(4)**ア**

(5)**A**

2 (1)A**イ**　　B**ウ**　　C**ア**

(2)**ア**

(3)**ルートマップ**

━━━━ 解　説 ━━━━

1 (1)1250mは125000cm。125000÷5＝25000より，縮尺は2万5千分の1と求められる。

(3)アには田，ウには広葉樹林，エには針葉樹林の地図記号がみられる。

(5)等高線の間隔が狭いところほど，土地の傾きは急である。

2 (2)イの分析は調査を実行したあとに行う。ウの考察は分析が終わったあとに行う。いずれもテーマを決めてから行う。

(3)ルートマップは，野外調査（フィールドワーク）を行う前に準備しておく。

p.146　第9回

1 (1)**い**

(2)**三角州**

(3)**A**

(4)**火砕流**

(5)例**冬の季節風が中国山地に，夏の季節風が四国山地にさえぎられるから。**

2 (1)**過疎**

(2)**近郊農業**

(3)**ア**

(4)**ウ**

(5)例**賃金の安い海外に工場をつくって生産するようになり，国内の生産が衰退したから。**

(6)**第3次産業**

━━━━ 解　説 ━━━━

1 (1)日本で最も長い川である信濃川が，いの越後平野を流れている。うの関東平野には，流域面積が日本最大の利根川が流れている。あは石狩平野，えは濃尾平野。

(3)冬の降水量が多いので，日本海側の気候の都市を選ぶ。Bは瀬戸内の気候，Cは太平洋側の気候に含まれる。

(4)液状化と津波は地震，高潮は台風によって起こる。

2 (1)過密は人口が集中する地域のこと。

(3)日本は原油を主にサウジアラビアやアラブ首長国連邦などの西アジアの国々から輸入している。

(4)中京工業地帯は国内で最も工業出荷額が多い。次いでアの京浜工業地帯，イの阪神工業地帯と続く。

(6)第1次産業には農業や林業・漁業，第2次産業には鉱工業や建設業，第3次産業には商業やサービス業が分類される。

p.147 第**10**回

1 (1)例温暖な気候を利用してきゅうりなどの野菜の成長を早めて出荷する栽培方法。
　(2)①イ　　②カ　　③オ
　(3)ウ

2 (1)C
　(2)鳥取砂丘
　(3)ア
　(4)エ
　(5)石見銀山
　(6)イ，エ

――――――――解説――――――――

1 (2)①の九州地方で最も人口が多い都市は，福岡県福岡市である。②は鹿児島県，③は熊本県。
　(3)アの太陽光発電のパネルやイの蓄電池は，阪神工業地帯の臨海部などで近年生産が盛んになったものである。

2 (1)降水量が少ないことから，瀬戸内の気候とわかる。A・Dは日本海側の気候，Bは太平洋側の気候である。
　(2)Aは鳥取県。
　(3)Bの高知県では，温暖な気候を生かし，なすなどの野菜の促成栽培が盛んである。イのなしは鳥取県，ウのオリーブは香川県で生産されている。
　(4)水島地区に石油コンビナートがあるのは岡山県倉敷市。ア広島県福山市は鉄鋼業が盛んな都市。イ・ウ山口県宇部市と愛媛県新居浜市はともに石油化学工業が盛ん。
　(5)世界遺産に登録された石見銀山は，観光を通じて島根県の地域おこしにも活用されている。
　(6)しまなみ海道は，本州四国連絡橋のうちの一つで，広島県尾道市と愛媛県今治市の間を結ぶルートである。

p.148 第**11**回

1 (1)リアス海岸
　(2)淀川
　(3)①オ　　②イ　　③エ
　(4)ニュータウン
　(5)林業

2 (1)例地下水をくみ上げすぎて地盤沈下が起きたこと。
　(2)イ　　(3)イ

――――――――解説――――――――

1 (1)Aは若狭湾，Bは志摩半島の英虞湾である。
　(2)Cは琵琶湖である。淀川の水は京阪神大都市圏の人々の生活用水に利用されている。
　(3)①は奈良市，②は京都市，③は大阪市について述べている。
　(5)紀伊山地では古くから林業が盛んで，「吉野すぎ」や「尾鷲ひのき」などが有名である。現在は高齢化により林業のにない手不足が問題になっている。

2 (1)地下水のくみ上げすぎによる地盤沈下が問題になった。そのため，現在では工業用水の多くがリサイクルされている。
　(2)アは北九州工業地帯，ウは中京工業地帯があてはまる。
　(3)伝統的な町並みの景観を損なわないように，古い建物の内部のみを店舗や施設に改装して利用している。

p.149 第**12**回

1 (1)例夏と冬，昼と夜の気温差が大きいこと。
　(2)木曽山脈
　(3)う
　(4)ウ

2 (1)イ
　(2)え
　(3)四日市（市）
　(4)エ
　(5)例雪が多い冬の期間に屋内で作業できるから。
　(6)イ

――――――――解説――――――――

1 (3)あは浅間山，いは八ヶ岳である。
　(4)アは新潟県，イは香川県，エは佐賀県から福岡県にかけて広がる平野である。

2 (1)Aは長野県。アは静岡県，ウは愛知県の渥美半島について述べている。
　(3)B中京工業地帯に含まれる。
　(4)Cは新潟県。アの輪島塗とイの九谷焼は石川県，ウの高岡銅器は富山県の伝統的工芸品である。
　(6)イ製紙・パルプ工業は静岡県富士市周辺で盛んである。浜松市周辺では，ピアノなどの楽器やオートバイの製造が盛ん。

p.150 **第13回**

① (1)利根川

(2)関東ローム

(3)Ｉターン

(4)①イ　②カ

(5)例北西の季節風が乾いた風となって吹きつけ，乾燥している。

② (1)ア　(2)神奈川県

(3)ア　(4)い

───► 解説 ◄───

① (5)北西の季節風は，越後山脈にぶつかって大量の雪を降らせる。このため，関東地方に吹き下ろすときには乾いた風となる。

② (2)神奈川県には，横浜市，川崎市，相模原市の３つの政令指定都市がある。

(3)日本の総人口は約１億2700万人なので，総人口のおよそ４分の１が集中している。

(4)関東地方では，臨海部の京浜工業地帯や京葉工業地域で工業が発達してきたが，高速道路の整備が進むにつれて，内陸部の北関東工業地域に多くの工場が進出するようになった。高速道路の近くを中心に電気機械や自動車などの工場が集まる。

p.151 **第14回**

① (1)北上川　　　Ｂ庄内平野

(2)りんご　(3)イ　(4)ア

② (1)アイヌ　(2)栽培漁業

(3)ア

(4)例政府によって，米の生産量を減らす減反政策が行われたから。

───► 解説 ◄───

① (2)Ｘの青森県が全国の生産量の約半分を占めているので，りんごであると判断できる。

(3)ア現在は工業団地などが造られて働く場所が増えたため，出稼ぎは少なくなっている。ウ中部地方の中央高地の産業の様子である。

② (2)稚魚や稚貝を放流して育てる漁業を栽培漁業といい，いけすなどで育てて増やすものを養殖業という。

(3)酪農が盛んな地域はＢの根釧台地，畑作が盛んな地域はＡの十勝平野である。このほか，北海道では，石狩平野で稲作が盛んである。

(4)日本人の食生活が変化して米の消費量が減り，

米が余るようになったことから，政府によって減反政策が行われた。現在は廃止されている。

p.152 **第15回**

① (1)え　(2)ウ

(3)EU（ヨーロッパ連合）

(4)イ　(5)ウ

(6)例輸出品の国際価格によって国の収入が大きく変動し，経済が安定しなくなる点。

② (1)イ

(2)例土が火山灰が積もってできた土地で，水を蓄えにくいため。

(3)Ａ　(4)ア

(5)エ→イ→ア→ウ

───► 解説 ◄───

① (4)Ａ国はインド。アはサウジアラビア，ウはアメリカ合衆国の説明である。

(5)Ｂの太平洋の島々は熱帯に属する。この地域ではタロいもが主食とされてきた。アのライ麦は東ヨーロッパやロシアで栽培が盛んな作物，イのなつめやしは乾燥した地域の作物，エのとうもろこしはアンデス山脈の高地やアメリカ合衆国など，世界各地で栽培される作物である。

(6)地図中，ナイジェリア・ベネズエラ・エクアドルの経済は，原油の輸出に頼るものとなっている。原油は世界の国々が必要とする量に応じて国際価格が大きく変動する。このため，地図中の国々の収入は原油の国際価格の影響を強く受け，経済が不安定になりがちである。

② (1)イの赤石山脈と，木曽山脈，飛驒山脈を合わせて「日本アルプス」とよんでいる。アは奥羽山脈，ウは紀伊山地，エは中国山地である。

(2)九州南部には鹿児島県の笠野原など火山の噴出物が積もってできたシラス台地が見られる。水を非常に通しやすいため，稲作には不向きである。畑作地や住宅地として活用されている。

(3)Ａの島根県は過疎と高齢化が進行している。Ｂの愛知県は名古屋大都市圏，Ｃの埼玉県は東京大都市圏に位置する。Ｄの宮城県では，県庁所在地の仙台市を中心として都市圏が形成されている。

(4)イは群馬県や長野県の農業，ウは三重県四日市市。